ENSAIOS DO ASSOMBRO

ENSAIOS DO ASSOMBRO
Peter Pál Pelbart

© n-1 edições, 2019
ISBN 978-856-694-384-9

Embora adote a maioria dos usos editoriais do âmbito brasileiro, a n-1 edições não segue necessariamente as convenções das instituições normativas, pois considera a edição um trabalho de criação que deve interagir com a pluralidade de linguagens e a especificidade de cada obra publicada.

COORDENAÇÃO EDITORIAL Peter Pál Pelbart
    e Ricardo Muniz Fernandes
DIREÇÃO DE ARTE Ricardo Muniz Fernandes
ASSISTENTE EDITORIAL Inês Mendonça
PREPARAÇÃO Clarissa Melo
REVISÃO Pedro Taam
PROJETO GRÁFICO Érico Peretta

A reprodução parcial deste livro sem fins lucrativos, para uso privado ou coletivo, em qualquer meio impresso ou eletrônico, está autorizada, desde que citada a fonte. Se for necessária a reprodução na íntegra, solicita-se entrar em contato com os editores.

1ª edição | Maio, 2019

n-1edicoes.org

Peter Pál Pelbart

ENSAIOS DO ASSOMBRO

Para Mariana

GUERRA É SEMPRE

> "O ditador totalitário não consegue deixar de se sonhar como Zeus trovejante, fulminando à distância a seu bel-prazer qualquer espírito indomável. Ele não pode tolerar sequer a sombra da ideia de que possa subsistir algum homem, um único homem, capaz de escapar à universal alienação mental. Está em jogo o triunfo incondicional do irreal, portanto, a capitulação incondicional de toda inteligência e sua descida de círculo em círculo até este último degrau dos abismos, no qual são repetidas sem fim, com rangidos das engrenagens, fórmulas para sempre imutáveis da possessão."[1]
>
> Armand Robin

O autor deste livro não conseguiu, até o dia de sua publicação, livrar-se da sensação de que escrevia tendo ao fundo um rumor de batalha. De fato, o Brasil dos últimos anos transformou-se em um campo de batalha a céu aberto. Apesar da perturbação cotidiana e da insônia daí decorrentes, nunca deixei de suspeitar que, ao ouvir as notícias, eu era vítima de uma espécie de alucinação auditiva.

Antes de finalizar o manuscrito, fui apresentado por Stella Senra aos textos de Armand Robin, de quem extraí a epígrafe acima. Na leitura de suas páginas extraordinárias sobre a propaganda radiofônica estalinista que, segundo o

---

[1] Armand Robin, *La fausse parole* suivie de *Outre-Ecoute 1955*. Paris: Plein Chant, 1979, p. 60. [Versão brasileira em preparação organizada, traduzida e prefaciada por Stella Senra, no prelo da n-1 edições.]

poeta, também beirava a alucinação auditiva, e que se aplicam perfeitamente ao neofascismo atual, fui tomado por reminiscências pessoais ou históricas, na maioria colhidas de relatos familiares.

Poucos meses depois de meu nascimento, Budapeste foi palco de combates de rua violentos, em que a resistência contra a invasão soviética deixou um saldo de 20 mil mortos. Era o fim da "Primavera Húngara". A Segunda Guerra Mundial, concluída anos antes com o extermínio de 400 mil judeus húngaros, também sempre povoou a memória familiar, assim como as deportações, os campos, os esconderijos, a liberação da Hungria pelas tropas soviéticas e o júbilo subsequente. Assim como a construção de um novo mundo, o idealismo juvenil dos pais comunistas, a guinada política autoritária, a escalada de terror, a prisão de companheiros de luta e as confissões de alta traição à pátria socialista obtidas sob severa tortura.

Eu não poderia passar incólume por essa memória, por assim dizer, hereditária. Quase nada disso vivi na própria pele e, no entanto, tudo isso esteve e continua presente em mim como um passado que não passa, como um duplo que me acompanha. Sobretudo nos últimos anos, quando a atualidade pareceu reavivá-lo, para não dizer ressuscitá-lo, com outros protagonistas e uma nova paisagem. Não é prerrogativa de ninguém, claro! Qualquer indígena, afrodescendente ou morador(a) das periferias brasileiras traz no corpo e na memória marcas de hecatombes não menos dolorosas – é o mínimo que se pode dizer.

No livro *A trégua*, Primo Levi conta o seguinte episódio. Finda a guerra, quando voltava para casa saído de Auschwitz, discute com um sobrevivente grego sobre o que importa mais durante a guerra, sapatos ou comida. O grego argumenta que sapatos, pois "quem tem sapatos pode ir em busca de comida, ao passo que o inverso não funciona". Mas a guerra já terminou, retruca Levi, ao que o interlocutor lhe responde: "Guerra é sempre."

Eis uma notícia que não para de chegar. Por óbvia que pareça, não é todo dia que ela se escancara à luz do dia. Quando o passado crava suas garras sobre o dorso do presente, como nos últimos anos, não há como negá-lo: somos tomados de assalto pela evidência ancestral como se ela ferisse nossa mais elementar crença no mundo.

É deste assombro que nasceu o presente livro.

- 13   PRÓLOGO
- 23   ESTRATÉGIAS VITAIS

GUERRA E LUTA

- 57   1. "Eu trago a guerra" (Nietzsche)
- 63   2. É a política a continuação da guerra por outros meios? (Foucault)
- 73   3. O capitalismo e a guerra civil ilimitada (Alliez & Lazzarato)
- 85   4. A máquina de guerra contra a guerra (Deleuze & Guattari)
- 92   5. PlayStation e necroética (Chamayou & Weizman)
- 99   6. Cólera e alegria (Comitê Invisível)

IMAGINAÇÃO POLÍTICA

- 111   7. "Anota aí, eu sou ninguém" (Jornadas de Junho)
- 122   8. Entrevista com Foucault sobre a cátedra da PUC-SP
- 125   9. Por que um golpe atrás do outro? Ensaio sobre a Assombração Nacional
- 144   10. Adendo sobre a utopia oswaldiana

BIOPOLÍTICA, NECROPOLÍTICA, SUBJETIVIDADE

- 149   11. Revolta e subjetividade
- 150   12. "Depois do sujeito, quem vem?"
- 157   13. Dessubjetivação nomádica, subjetivação herética
- 162   14. Necropolítica nos trópicos
- 168   15. Negros, judeus, palestinos – Do monopólio do sofrimento
- 180   16. Filosofia e nazismo
- 190   17. Fragmentos de um pesadelo em curso

ARTE, FORMAS-DE-VIDA, VIDAS SEM FORMA

- 209   18. Da performance como liturgia (Marina Abramović)
- 220   19. Cartografia da danação urbana (Virginia de Medeiros)
- 233   20. *Gólgota Picnic*, ou Sobre a teologia da destruição (Rodrigo García)
- 245   21. Zoopoética (Renata Huber)
- 253   22. Nada é (Yuri Firmeza)
- 258   23. Mudar o valor das coisas (Hélio Oiticica)
- 278   24. Sopro e vibração (Antonin Artaud)

- 285   Homenagem – Ele era um desertor
- 291   **REFERÊNCIAS DOS TEXTOS**
- 299   **SOBRE O AUTOR**

PRÓLOGO

"Viver a vida como uma iniciação. Mas a quê? Não a uma doutrina, porém à vida mesma e à sua ausência de mistério."[1] É com esses termos que Giorgio Agamben involuntariamente crava uma consigna órfica no coração de nosso presente biopolítico. Porém o que é isso, hoje, a "vida mesma"? Será a vida própria de cada um(a), tal como lhe aparece em sua existência individual e privada? Ou é a vida "ela mesma", independente de quem a vive ou como a enuncia? Mas como poderia, em nosso contexto, a vida ser pensada sem a inflexão que lhe imprime cada qual que a vive e a expressa, seja um indivíduo ou um coletivo? Se para nós a vida é indissociável do modo em que é vivida, reformulemos a pergunta: como evitar que a maneira pela qual a vida se vê infletida (se "subjetiva", diríamos hoje) corresponda a uma privatização do tipo "a *minha* vida", o que facilmente desemboca na desqualificação da vida de outrem? Seria possível pensar uma vida "não apropriável", mas suscetível de ser "subjetivada"? Como apreendê-la enquanto "inapropriável" e ao mesmo tempo "singular"? Eis um primeiro desafio que atravessa este livro.

Cada vez, no entanto, parece mais difícil conceber o "inapropriável" em um contexto em que tudo – da terra ao ar, dos minerais aos planetas, dos genes às ideias – torna-se propriedade, mercadoria, matéria vendável, valor de troca. Como sustentar tal aposta na "inapropriabilidade" da vida quando todos tratam justamente de apropriar-se dela, fazendo crer que dela estão cuidando e que cada vivente a desfruta livremente? Não haveria por trás dessa ilusão fabricada, de

---

[1] Giorgio Agamben e Monica Ferrando, *La muchacha indecible*: Mito y misterio de Kore. Madrid: Sexto Piso, 2014, p. 53.

cuidado e liberdade, uma crescente redução da vida à sua dimensão manipulável, vendável, objetificável? Os que defendem sua sacralidade não raro desembocam em algum fundamentalismo, se não mercadológico, religioso. Assim, dos psicofármacos à geopolítica nuclear, da gestão religiosa ou moral da sexualidade até as políticas xenófobas em relação aos imigrantes, parece que sempre e em cada situação, sob pretexto de protegê-la, otimizá-la, expandi-la, mais e mais uma espécie de pacto mefistofélico vai se impondo: em troca do "empoderamento" de uns, sacrifica-se a vida dos outros (pobres, negros, índios, subalternos, a floresta, a fauna, a terra). Ou ainda, em troca do domínio absoluto, se vende ao diabo a própria alma e o próprio corpo – isto é, as próprias condições da existência sobre a terra.

No limite, não se pode falar hoje da *vida* em geral sem certo assombro, pois é preciso partir das vidas que supostamente merecem viver e das que são condenadas a perecer segundo uma repartição variável, conforme o contexto e suas determinações biopolíticas. O traçado dessa fronteira entre quem deve viver ou morrer talvez seja a fonte maior de embate hoje em dia, dos imigrantes africanos arriscando-se para chegar à Europa até a execução de lideranças comunitárias que despontam em nossas periferias. Que o avesso de uma política que "investe" a vida (biopolítica) seja ao mesmo tempo uma política que "extermina" a vida (tanatopolítica), Foucault o mostrou há décadas a partir do exemplo extremo do nazismo, que se via no direito de decidir quais populações eram dignas de habitar a terra e quais não o eram. Estamos ainda no rastro dessa descoberta, ou à sombra desse paradigma. Já o fato de que a tanatopolítica tenha recebido mais recentemente, por Achille Mbembe, o nome de necropolítica, apenas confirma, a partir do continente mais espoliado ou esquecido do globo, que tal lógica não foi episódica, mas é sistêmica e se expande em nosso presente.

Em todo caso, permanece a pergunta sobre o estatuto político da vida nos dias atuais. A vida de ser vivente, eis a matéria "nova" que o pensamento de Foucault trouxe para o centro do debate, e com a qual os movimentos contestatórios das últimas décadas tiveram que se haver. Como escreveu o filósofo: "Durante milênios, o homem permaneceu o que era para Aristóteles: um animal vivente e, além disso, capaz de existência política; o homem moderno é um animal em cuja política está em questão a sua vida de ser vivente."[2] Se não terminamos de desdobrar as consequências dessa virada biopolítica, ao menos uma de suas implicações se impõe como uma evidência: somos forçados a pensar conjuntamente *vida, subjetividade, política*. Que o acento por vezes seja mais militante, ou bem poético, filosófico, ecológico, antropológico, significa apenas que são múltiplas as maneiras pelas quais a questão pede para ser abordada.

Nesse contexto, colocou-se a nós, entre outros, o desafio de abordar a subjetividade enquanto interface entre o poder e a vida, seja como subjetivação, seja como dessubjetivação.[3] Quais vidas se subjetivam, quais se dessubjetivam, quando, como e por quê? E que efeitos tem cada uma dessas inflexões a cada momento? De submissão ou de liberação? É onde os termos vida, subjetividade e política perdem seu aspecto genérico ou abstrato, pois remetem a maneiras precisas de *colocar-se* ou *desaparecer* (nem sempre a primeira solução é

---

[2] Michel Foucault, *História da sexualidade I*: A vontade de saber, trad. Maria Thereza da Costa Albuquerque. Rio de Janeiro, São Paulo: Ed. Graal, 1977, p. 134.

[3] Devemos a Muriel Combes essa intuição, em seu belo livro *La vie inséparée*.

mais liberadora – quantas vidas precisam da clandestinidade para sobreviver?), *variar* ou *persistir, expandir-se* ou *contrair--se* – distintas estratégias vitais. Seria preciso, certamente, uma intimidade maior com o reino animal e vegetal, para nem mencionar o domínio antropológico, a fim de que tal amostragem não fosse conduzida pela rédea antropocêntrica.

Nessa coletânea priorizamos indícios extraídos de nosso contexto, local e global, em todo caso específico, e que abarcam, por razões humanas, demasiado humanas, sobretudo os últimos anos, a partir da eclosão multitudinária de 2013, um evento cuja importância não se pode subestimar e que, a meu ver, talvez de modo abusivo, poderia ser associado a uma tentativa do que Nietzsche chamou de transvaloração de todos os valores.

Significa dizer que uma movimentação de placas tectônicas estava em curso, nem sempre visível a olho nu, em domínios os mais diversos, pondo em xeque as hierarquias tradicionais de raça, gênero, família, espécies, saberes, modos de relação com o tempo, a memória, o corpo, a terra, o invisível – a lista é imensa – e que a eleição do candidato fascista tentou frear. Mas parece que, apesar da conjuntura política sinistra, parte disso que sofreu tamanho deslocamento não tem volta. Talvez seja precisamente a constatação do caráter irreversível desse movimento que tenha suscitado as crispações mais reativas e assombrosas. Em todo caso, novos modos de persistência e resistência aparecem, com laivos de êxodo ou desconexão, desmontagem e destituição, revelando linhas de força e de fuga antes desconhecidas. É o que a seção "Imaginação política" traz à tona, de maneira polêmica, já que foram textos redigidos no calor dos acontecimentos, de junho de 2013 até o golpe institucional de 2016 e seus desdobramentos. Por mais que a reação política, midiática, jurídica tenha tentado calar ou esmagar tais manifestações dissidentes, culminando na virada fascista, elas perfazem um ciclo e deixam no ar inúmeros signos e vestígios a serem revisitados. Os protagonistas que carregam tais marcas sabem que elas são suscetíveis de serem retomadas ou reativadas se e quando a ocasião se oferecer. Não se deveria, portanto, desmerecer o valor de tais testemunhos tomados como que "ao vivo", nem aquilo que, apesar de efêmero, eles nos legam ou nos dão a pensar. Devo agregar uma circunstância que se entrelaça com a elaboração desses textos. Trata-se da própria editora em que este livro é agora publicado, fundada em 2011 por iniciativa do autor destas linhas e dois sócios (hoje apenas um), chamada n-1 edições. Penso que algumas de nossas publicações nos últimos anos tocaram problemáticas candentes, na sua maioria tratadas, até então, a partir de perspectivas desbotadas ou francamente caducas. Não consigo desvincular a elaboração dos textos que o leitor tem em mãos dessa antenagem a que me obrigou a função até então para mim de todo desconhecida – a saber, a de editor – e das reviravoltas que tais leituras me proporcionaram. Percebi que uma editora pode ser uma máquina de guerra, na sua escala diminuta, ao fazer circular perspectivas, energias, sensibilidades que vão no contrafluxo da claustrofobia reinante. Ao enlaçar-se a movimentos muito concretos, também fortalece novos protagonistas ou aspirações, servindo-lhes de inspiração ou instrumento nos embates em curso e por vir.

■

Mas é hora de relançar o jogo: qual é mesmo a questão central deste livro? Talvez seja formulável como um paradoxo. Da publicidade às políticas de Estado, da transformação de tudo em mercadoria, rendimento, estatística, produtividade, até a estilização da existência em clichês descartáveis, a cada dia fica mais evidente uma tomada de assalto da existência na sua mais íntima ou pública dimensão, corporal e anímica, libidinal e artística. Mas proporcionalmente cresce a dificuldade de enunciar o que nos foi sequestrado. O "nos" é apenas uma maneira genérica de falar, pois seria preciso esmiuçar como cada classe, grupo, etnia, categoria, prática, sensibilidade, esfera do vivo se encontra mergulhado em dispositivos e mecanismos que reiteram hierarquias, exclusões, invisibilizações, extermínios. Parece cada vez mais difícil designar o grau de sequestro, extorsão, extração, predação, apropriação, vampirização da existência coletiva e individual – ou disso que chamamos, também por comodidade, de vitalidade. Daí nosso assombro.

Sabemos que o vitalismo é um termo problemático. Alguns o associam às correntes mais suspeitas, do ponto de vista filosófico, ideológico ou político, pois veem no nazismo um herdeiro que justamente abusou da defesa da vida ou da vitalidade, quando não lhe sequestrou o conteúdo. Mas o culto da força e da vitória, da hierarquia e do comando, da pureza da raça, da sacralidade da terra, da propriedade ou do Estado defende *uma* forma de vida exclusiva e excludente. É nas antípodas disso que seria preciso tornar a ouvir o termo *vida*. Para ficarmos em uma formulação feliz de Lapoujade: não permanecer na fraqueza de cultivar apenas a força, porém ter a força de estar à altura da própria fraqueza. A vida assim concebida é justamente aquela que "escapa" à modulação biopolítica e, eventualmente, à tanatopolítica que lhe é correlata. Para retomar termos já conhecidos, décadas mais tarde, trata-se ainda e sempre de uma vida não fascista.

Mas, então, do que falamos quando nos referimos à "vida mesma", ou a uma "vida não fascista", ao fazer ressoar o órfico grego e o metamórfico contemporâneo? Claro, não se trata do culto da inviolabilidade da vida individual, pessoal, privada, porém da linha transversal que perpassa o indivíduo e o coletivo, bem como os ziguezagues da história, e que em cada acontecimento dobra-se à sua maneira.

Considere-se a linha do vivente que atravessa animais, homens e deuses no rito órfico, ou a linha da animalidade que atravessa o animal, o homem e o além-do-homem em Nietzsche.[4] Não será algo dessa ordem que se enuncia no ultimíssimo texto de Deleuze, intitulado justamente "Imanência: uma vida"? Como tentamos mostrá-lo alhures, *uma vida* é todo o contrário do que Agamben entende por *vida nua*, pois a vida reduzida a seu estado de *atualidade* biológica (zoé, mera vida, vida nua, vida sem forma) nada tem a ver com a vida pensada na sua *virtualidade*, apta, portanto, a atualizar--se em formas diversas, justamente por não estar presa a *uma* forma-de-vida. O que nos importa é esticar tal fio em direções muito distintas. Que vitalismo e (des)subjetivação possam indicar direções (bio)políticas e (cosmo)políticas muito diversas, conforme as diferentes formas-de-vida em guerra, eis um segundo vetor que atravessa alguns textos aqui reunidos. "Chamamos *pensamento* o que converte a forma-de-vida em *força*, em efetividade sensível. Em cada situação se apresenta uma linha distinta de todas as outras, uma linha *de crescimento de potência*. O pensamento é a aptidão para distinguir e seguir essa linha. O fato de que uma forma-de-vida só possa ser assumida seguindo essa linha de crescimento de potência carrega esta consequência: *todo pensamento é estratégico*."[5]

---

[4] Vanessa Lemm, *Nietzsche's Animal Philosophy*. New York: Fordham University Press, 2009.

[5] Tiqqun, *Contribuição para a guerra em curso*, trad. Vinícius Honesko. São Paulo: n-1 edições, 2019.

Duas palavrinhas sobre a organização deste livro.

Em um contexto de índole protofascista, tanto no Brasil como no mundo, pareceu-me incontornável primeiramente falar da guerra, da luta, do combate, tratando de apreender o *modus operandi* do que nos é proposto hoje no sequestro da vitalidade social. Depois dessa análise, o desafio consistia em pensar para aquém ou além da própria guerra, recusando o tabuleiro que ela nos impõe – ao instalar-se nele ou ao utilizar suas peças, teremos sido derrotados de antemão.

Em seguida, quisemos mostrar, na modesta escala que é a nossa, algumas intervenções precisas, localizadas, situadas, que, em uma linguagem provocativa, nos últimos anos fomos levados a escrever, ler ou publicar. Foi um período de grande tensão, instabilidade, recheado de golpes e sobressaltos, que, no entanto, deram a ver as rachaduras em nosso arranjo político, bem como as movimentações insurgentes em curso.

Na terceira seção, quisemos problematizar de maneira mais explícita as relações entre necropolítica, biopolítica e subjetividade, inspirados por um leque de autores cujas diferenças não impedem que ressoem entre si, dando a ver mais agudamente o contorno do que nos espera.

E, na última seção, alguns problemas em que se entrelaçam vida, dessubjetivação e novas gestualidades políticas parecem "animar-se", ganhando cores e densidade a partir de práticas estéticas diversas. Não que eu possua qualquer competência na matéria, porém, instado a escrever sobre alguns trabalhos específicos, fui levado a avaliá-los a partir desse conjunto de perspectivas, o que, em um efeito bumerangue, ajudou a iluminá-lo. Foi aí, como que transversalmente a matérias estranhas a mim, que brotaram mais algumas intuições, ainda embrionárias.

Por fim, considerei apropriado redigir uma abertura a respeito das *estratégias vitais*, em que arrisco algumas direções que atravessam o conjunto. Como salientei, a quase totalidade dos textos incluídos nesta coletânea foi redigida depois de 2013 – e, portanto, sob o seu signo, consciente ou inconscientemente. Com isso, é todo um horizonte que veio à tona – o estatuto da revolta, da insurreição, do intempestivo e, sobretudo, como tal evento provoca uma ruptura na percepção coletiva e individual, remodelando-a. Deleuze tinha razão quando notava que a política é uma questão de percepção – não atentamos o suficiente para essa dimensão: como percebemos, o que percebemos, o que fazemos perceber... todo um campo de visibilidade a ser trabalhado que a escrita roça e com a qual ela se entrelaça, desde que o faça a partir de um plano intensivo. Só assim pode ela detectar aquilo que machucava tanto Pasolini: o fascismo verdadeiro, aquele que penetra nas almas, nos corpos, nos gestos, na linguagem, e cujos sinais hoje se multiplicam.[6]

Quanto à necessidade de um livro, nesse preciso momento, ela é sempre duvidosa. Foi Kafka quem teve a melhor definição do que esperar de um livro – ou melhor, do efeito de deslocamento sem o qual sua leitura torna-se supérflua: "Acho que só devemos ler a espécie de livros que nos ferem e trespassam. Se o livro que estamos lendo não nos acorda com uma pancada na cabeça, por que o estamos lendo? Porque nos faz felizes, como você escreve? (...) Mas nós precisamos de livros que nos afetam como um desastre, que nos magoam profundamente, como a morte de alguém a quem amávamos

---

[6] Pier Paolo Pasolini, *Saggi sulla politica e sulla società*, ed. W. Siti e S. De Laude. Milão: Arnoldo Mondadori, pp. 119, 261.

mais do que a nós mesmos, como ser banido para uma floresta longe de todos. Um livro tem que ser como um machado para quebrar o mar de gelo que há dentro de nós".[7]

7 Franz Kafka, carta a Oskar Pollak, 1904.

ESTRATÉGIAS VITAIS

I

Deleuze se diz vitalista, e o repete várias vezes. Não se trata, obviamente, de uma filiação à corrente dominante no século XVIII, que postulava um místico "princípio vital" a expensas de qualquer explicação científica ou racional. Nem, decerto, está ligado a um culto do vitalismo predominante no século XIX, que reivindicou a superioridade de certas raças no combate a seres ditos degenerados, o que desaguou no fascismo.[1] Como o afirma Zourabichvili, do ponto de vista filosófico, em Deleuze, não há propriamente um conceito de vida em geral. Mas pode-se, sim, falar de *tipos de vida* dominantes, como em Espinosa ou Nietzsche: alto/baixo, nobre/escravo, superabundante/depauperado, ativo/reativo, afirmativo/negativo, alegre/triste, saudável/doentio, intenso/inerte, forte/fraco, rico em possibilidades... Mas cada par mencionado deve ser tomado quase que às avessas do senso comum. Veja-se apenas um exemplo, tal como se apresenta em Deleuze: "Há na vida uma espécie de falta de jeito, de fragilidade da saúde, de constituição fraca, de gagueira vital que é o charme de alguém. O charme, fonte de vida, como o estilo, fonte de escrever. A vida não é sua história; aqueles que não têm charme não têm vida, são como mortos. Só que o charme não é de modo algum a pessoa. É o que faz apreender as pessoas como combinações,

---

[1] François Zourabichvili, *Le vocabulaire de Deleuze*, org. Robert Sasso e Arnaud Villani. Paris: Vrin, 2003, p. 85. (Les Cahiers de Noesis) [Ed. bras. *O vocabulário de Deleuze*, trad. André Telles. Rio de Janeiro: Relume Dumará, 2009. (Coleção Conexões)]

e sortes únicas que determinada combinação tenha sido tirada. É um lance de dados necessariamente vencedor (...). Por isso, através de cada combinação frágil é uma potência de vida que se afirma, com uma força, uma obstinação, uma perseverança ímpar no ser".[2]

A falta de jeito, a fragilidade, a fraqueza, a gagueira, nada disso constitui um déficit ou sinal de diminuição vital, apenas compõe as condições eventuais para a manifestação de uma potência outra – que, por paradoxal que pareça, por vezes requer justamente o desfazimento parcial do corpo orgânico, atlético, demasiado blindado diante do desafio de se deixar desterritorializar em favor de outras possibilidades. A organização funcional e equilibrada, por demais presa à sua forma, pode impedir derivas outras, bem como o surgimento de novas formas. Qual variação é ainda possível? Quais derivas? Que experimentações podem surpreender? Em termos mais conceituais, a quais diferenciações esta vida, este corpo – individual ou coletivo – estão abertos? Qual o grau de criatividade ou de imprevisto que ele ainda contém ou é capaz de sustentar? Como pode ele escapar da camisa de força que representa sua forma atual, organização, estrutura consolidada? Se a plasticidade criadora é um critério para avaliar o tipo de vida ali presente, o outro é o grau de intensidade. Pois, em última instância, é a intensidade o critério imanente capaz de avaliar tal ou qual tipo de vida e sua "altura". Qual nota será tocada de maneira mais intensa em tal ou qual existência? De que modo tal ou qual existência atingirá sua potência própria? Não são perguntas teóricas, mas parte de uma experimentação prática que cabe a cada vida singular ensaiar,

---

[2] Gilles Deleuze e Claire Parnet, *Diálogos*, trad. Eloisa Araújo Ribeiro. São Paulo: Ed. Escuta, 1998, p. 13.

sem que jamais qualquer modelo possa servir de exemplo ou fórmula, nem qualquer formato deva ser tomado como um objetivo genérico.

Qualquer ideal nos reconduziria ao que justamente se trata de esconjurar: o modelo, a transcendência. Daí os desvios necessários, internos e externos, não raro enigmáticos ou aberrantes (atravessar o muro, perder o rosto, desfazer o organismo), cuja lógica se revela apenas *après coup*, até que se libere ou se atinja tal nota da vida (como uma nota musical!), tal vibração, tal afeto. Os livros de Deleuze estão repletos de exemplos, literários ou não, que vão dos esquizos aos nômades, dos bebês aos moribundos, dos traidores aos anômalos, de Nietzsche a Artaud, do Caos às Caóides, do passeio de Lenz aos cavaleiros errantes... Em todos eles há um excesso, uma linha de fuga, um movimento de desterritorialização, uma aspiração ao Fora, um desfundamento, ou o que David Lapoujade chamou de "movimentos aberrantes". Mas também uma espécie de coleta vital, como que de um mel: "extrair na vida o que pode ser salvo, o que se salva sozinho de tanta potência e obstinação, extrair do acontecimento o que não se deixa esgotar pela efetuação, extrair no devir o que não se deixa fixar em um termo. Estranha ecologia: traçar uma linha, de escritura, de música ou de pintura. São correias agitadas pelo vento. Um pouco de ar passa".[3]

Não se trata, pois, de desvelar uma essência última da vida, nem coincidir por fim com um suposto núcleo da existência, mas sim, por meio de ziguezagues os mais diversos, elevar-se à altura de uma potência desconhecida, arrancar uma intensidade inaudita e inantecipável. Muitas vezes isso só é possível no decorrer de uma travessia tumultuada, de impotência,

---

3 Ibidem, p. 89.

fragilidade, vulnerabilidade, gagueira, ou ainda errância, crise, loucura, colapso, ou, como o diz lindamente o filósofo, de uma "falta de jeito".

Nenhuma dessas experimentações deve ser vista como individual, solitária, embora possa tomar essa forma no plano da biografia, pois cada uma delas é também um agenciamento coletivo de enunciação. Não é uma pessoa (Kafka, Artaud, Godard), mas um impessoal feito de múltiplas vozes, fluxos, vetores; não é um indivíduo (Lenz), mas a vida das pedras, plantas, nuvens com a qual ele faz corpo; não é uma extravagância, mas uma intensidade; não é uma dissidência associal (Bartleby), mas um movimento que o atravessa e arrasta seu entorno para longe da sociabilidade estabelecida; não é um estado, mas uma deriva (devir-animal, devir-invisível); não é A VIDA, mas um movimento, uma nota da vida que aí ecoa, um afeto vital que se libera.

O que poderíamos chamar, levando em conta esse contexto, de "a vida como iniciação à vida"? Não pressupõe tal expressão um núcleo próprio à vida, genuíno, autêntico, puro, que se revelaria apenas ao final da iniciação? Ou será preciso, na contramão dessa leitura um pouco óbvia, pluralizar ao máximo os sentidos que o termo "vida" evoca *para nós*?[4] Arrisquemos: vida como experimentação, variação, diferenciação, invenção, devir, capacidade de composição, poder de afetar e ser afetado, possibilidade de adentrar outros seres e seus pontos de vista, chance de migrar na escala de durações dos entes no cosmos, ser e pensar diferentemente; ou ainda,

---

4 Estamos cientes do livre uso que fazemos de uma fórmula órfica que remonta à antiguidade grega. A licença poética, aqui assumida como um *ritornelo*, embora alavancada por uma página de Agamben, não guarda relação alguma com o sentido original da expressão que um estudo histórico-filosófico revelaria.

errância, heterogênese, resistência, criação de possíveis, virtualidade, potência... Quantas maneiras de decliná-la! Não nos escapa o fato de termos aqui elencado a constelação conceitual cara a Deleuze e a seu universo, desde a conceituação própria a ele (diferença, diferenciação, devir, acontecimento), a Espinosa (potência, poder de afetar e ser afetado, composição), a Bergson (criação de possíveis, migração na escala de durações), a Nietzsche (criação, perspectivismo), a Foucault (fazer ou pensar diferentemente), a Guattari (heterogênese) – e, em cada pensador, é de outro modo que a "iniciação" a tal experiência se dá, ainda que leve os nomes mais triviais (salto, mergulho, desterritorialização, elevação à altura de, tecnologia de si, desfundamento, cartografia). A vida, que parecia um fenômeno de natureza biológica ou metafísica, desdobra-se aquém ou além dessa dualidade, revelando-se de modo plural, a partir de suas declinações várias, por um lado, e das vias de acesso a cada uma delas, sempre singulares, por outro. Quão longe estamos de qualquer redução à nua dimensão biológica, embora nada haja a temer quando dessa ciência e das vizinhas, de suas inovações e de sua lógica, toma-se tanta coisa emprestada, como o faz Deleuze, sobretudo em *Diferença e repetição* (Darwin, Geoffroy Saint-Hilaire, Weissman) e em *Mil Platôs* com Guattari (von Uexüll, Simondon, François Jacob, Monod), ou como Nietzsche mesmo o fez com a biologia de sua época, ao pensar o vivente como incorporação de exterioridades e experimentação de formas novas, na contramão da mera adaptação.[5]

Mas talvez haja outra série que comparece, em Deleuze, menos efusiva, positiva ou produtiva, e que constitui como que a contraface do conjunto mencionado – a da

5 Barbara Stiegler, *Nietzsche et la biologie*. Paris: PUF, 2001.

improdutividade (o corpo sem órgãos), da contemplação contraente (o girassol que "contempla" os elementos do cosmos dos quais deriva e que ele contrai, ou de que ele constitui a contração), da besteira (Flaubert, a individuação e o fundo),[6] do adoecimento (Nietzsche ainda e o perspectivismo para o qual abre uma enfermidade), do esgotamento (Beckett e o fim dos possíveis), do penúltimo suspiro (o afogado de Dickens, uma vez roçando a morte e que, por isso mesmo, situa-se para além do bem e do mal – *uma vida*).

Não estaríamos mesclando tudo, a dimensão ativa e passiva, biológica e espiritual, material e imaterial, corpórea e incorpórea, humana e inumana, orgânica e aorgânica, tática e metafísica? Ou justamente é este o desafio, arrancar a vida de sua camisa de força humana, demasiado humana (cientificista, organicista, determinística, finalizada, antropológica) e assim devolvê-la aos agenciamentos materiais e imateriais, semióticos e bioquímicos em que se vê enredada, em seus processos não lineares, imprevistos e imprevisíveis? Que nos seja permitido endossar o agudo comentário de um intérprete: "Não há, pois, vida em geral, a vida não é um absoluto indiferenciado, mas uma multiplicidade de planos heterogêneos de existência, repertoriáveis segundo o tipo de avaliação que os comanda ou anima (distribuição de valores positivos e negativos); e esta multiplicidade atravessa os indivíduos mais do que os distingue uns dos outros (ou ainda, os indivíduos não se distinguem se não em função do tipo de vida dominante em cada um deles)".[7]

Não podemos, mesmo com essa apreciação, deixar de

---

6 Gilles Deleuze, *Diferença e repetição*, trad. Roberto Machado e Luiz L. B. Orlandi. Rio de Janeiro: 2018, p. 204.

7 F. Zourabichvili, op.cit., pp. 85-86.

ressaltar a perspectiva (meta)física presente em Deleuze, mais propriamente bergsoniana, que concebe a vida enquanto virtualidade da própria matéria e, em contrapartida, a postula como um excesso em relação às suas materializações individuadas:

"Por conseguinte, é ao recusar circunscrever a vida nos limites do vivente formado, e assim definir a vida pela organização, que a *tendência* evolutiva ou criadora que atravessa o vivente pode ser pensada, para além da alternativa insatisfatória entre mecanicismo e finalismo. Essa recusa conduz, bem entendido, seja a dar-se a vida sob a forma de um princípio distinto da matéria, seja a conceber a matéria mesma como vida, não – entende-se – nela alojando almas diretoras, o que testemunharia somente da incapacidade de abandonar a imagem da vida como organização ou como subjetividade constituída, mas chamando vida a atividade criadora anônima da matéria, que, em dado momento de sua evolução, se faz organização: esta segunda via desemboca na concepção de uma vitalidade basicamente inorgânica. Não há aí fantasia terminológica, ainda menos (...) fantasmagoria mística; nessa redefinição da vida está em jogo, repitamo-lo, pensar em quê o vivente formado está em excesso sobre sua própria organização, em quê a evolução o atravessa e o desborda (...). Enfim, se a vida deve se conceber aquém da organização, como pura criação da natureza, não há lugar para suspeitar-se da mínima metáfora na sua invocação para além dela – vida psíquica e criação de pensamento. Com efeito, todo o processo deriva da vida não orgânica, na medida em que não reconduz a uma forma constituída, mas dela escapa, e esboça uma nova apenas para poder em seguida ir alhures, para outros esboços: o que se chama aqui "vida" não depende da natureza dos elementos (formação material, psíquica, artística etc.) mas da relação de desterritorialização mútua que as arrasta para limiares inéditos."[1]

Eis-nos, portanto, em condições de pensar em que medida tal excedente, tal transbordamento, impede um "indivíduo" de coincidir consigo mesmo ao final do processo, um pouco como em Simondon a energia potencial não se esgota em um indivíduo atual – ele é apenas o instantâneo de um processo incessante. Tal cisão entre um indivíduo e a matéria metaestável da qual ele provém, mas que nele permanece ativa, entre o Limite e o Ilimitado, significa que, por mais imanente que seja o processo, não se trata, ao fim e a cabo, de reencontrar uma identidade qualquer, perdida ou autêntica, mas esbarrar no inantecipável. Essa matriz da não-coincidência-consigo-mesmo, que é quase um clichê no pensamento contemporâneo, mesmo antes de Freud, não nos joga necessariamente em uma egologia negativa (que se assemelha à teologia negativa), frequente em tantas teorizações psicanalíticas ou metafísicas sobre o sujeito como falta-a-ser.

Já podemos voltar à frase "a vida como iniciação à vida", evitando simultaneamente a tentação quer da plenitude identitária, quer da indigência ontológica. Ousemos entradas distintas, porém complementares, marcadas por uma cisão vital. Para dizê-lo de maneira simplória, nelas todas, *a vida* como iniciação não coincide com *a vida* à qual se é iniciado, mas tampouco é extrínseca a ela. E isso, em quatro sentidos possíveis.

[1] Ibidem, pp. 88-89.

1. É pela *vida individual* que se tem acesso à *vida mesma*. Em outros termos, é através da *existência pessoal* que se atinge a *dimensão impessoal* que nos atravessa e extrapola – essa *matéria vital* que não pertence a ninguém, pois justamente é inapropriável e inatribuível. Mais precisamente, e como que no avesso da formulação precedente, é pela dissolução dos contornos da vida individual que se tem acesso à dimensão impessoal da vida.
2. É pela vida tomada como *arte*, procedimento, *techné* que ela se torna via de acesso singular à vida à qual se é iniciado, isto é, à vida não dada, desconhecida, a ser descoberta, em vias de ser (re)inventada.
3. É pela vida *que passa* (ou pela qual passamos) que se atinge a vida que *se experimenta* (ou que nos experimenta). Ou ainda: é pela vida *a partir da qual contemplamos* o que nos sucede que se revela a vida *que nos põe à prova*. A partir da primeira, "assistimos", perplexos e assombrados, às piruetas da segunda, testemunhando o modo pelo qual ambas nos tomam de assalto, perturbam e redistribuem nossa afetividade. Ah, então era isso!!! (Guattari)
4. Enfim, é pela vida como repetição, reiteração, que se afirma a vida como engendramento de diferenças, heterogênese, devir-outro – em suma, *transformação intensiva*.

Não surpreende que haja uma homologia estrutural desses pares com o núcleo especulativo de Deleuze, que também obedece a uma duplicidade em que o primeiro termo *afirma* o segundo: Ser *do* Devir, Eterno Retorno *da* Diferença, o Uno que se diz *do* Múltiplo, o Mesmo que *incide* sobre o Outro.

ATIVO E PASSIVO

Como se verá nos exemplos a seguir, amiúde um vetor de subjetivação percorre o primeiro termo, e outro vetor de dessubjetivação, o segundo – ou vice-versa –, acentuando uma discrepância de direções e velocidades. Nada disso constitui uma estrutura congelada, mas antes uma matriz de circulação, como em uma faixa de Moebius. Aquele que contempla não é necessariamente passivo, muito menos se situa acima daquele a quem contempla – mas está como que ao lado, como um duplo incorporal, exposto àquele a quem contempla e em interação com ele, um pouco como no conto *O duplo*, de Dostoiévski, ou no romance *O ano da morte de Ricardo Reis*, de Saramago.

Tomemos Lawrence da Arábia, em *Os sete pilares da sabedoria*. Ele admira o desprezo dos árabes pelo corpo, mas não comunga com eles tal atitude, pois para ele o espírito é indissociável do corpo. E o que fazer quando se tem vergonha, em uma situação em que o corpo é torturado e violentado, e que não nos é dado dissociar-se dele? Ter vergonha não *do* corpo, mas *pelo* corpo. "Segundo essa concepção, o corpo tem reações exteriores autônomas. O corpo é um animal. O que o corpo faz, ele o faz sozinho. Lawrence faz sua a fórmula de Espinosa: não sabemos o que pode um corpo! Em plena sessão de tortura, uma ereção; mesmo no estado de lama, o corpo é percorrido por sobressaltos, como esses reflexos que ainda sacodem a rã morta ou essa saudação dos moribundos, essa tentativa de erguer a mão que fazia com que estremecessem em uníssono todos os agonizantes turcos (...). O espírito começa olhando fria e curiosamente o que faz o corpo, é primeiramente uma testemunha, depois se comove, testemunha apaixonada, isto é, experimenta por sua vez afetos que não são simplesmente efeitos do corpo, mas verdadeiras *entidades críticas* que sobrevoam o corpo e o julgam."[2] "Entidades espirituais", "emoções, afetos".

Ou a fórmula de Rimbaud, *Eu é um outro*, capaz, segundo Deleuze, de resumir a descoberta de Kant. Com efeito, em Kant, temos o eu passivo, que está no tempo e nele sofre modificações. Por outro lado, o Eu é responsável pelo ato que opera uma síntese do tempo, distribuindo a cada instante presente, passado e futuro. "O Eu (Je) e o eu (Moi) estão, pois, separados pela linha do tempo, que os relaciona um ao outro sob a condição de uma diferença fundamental. (...) Eu não posso me constituir como um sujeito único e ativo, porém como um eu passivo que se representa somente a atividade de seu próprio pensamento, isto é, o Eu, como um Outro que o afeta. Eu estou separado de mim mesmo pela forma do tempo (...). Assim, o tempo passa no interior do sujeito para distinguir nele o eu do Eu. Ele é a forma sob a qual o Eu afeta o eu, isto é, a maneira pela qual o espírito afeta a si mesmo."[3]

Teríamos vários exemplos, ainda em Deleuze, mas, dada a menção ao testemunho e à vergonha presentes no ensaio sobre Lawrence, preferimos seguir a trilha agambeniana de *O que resta de Auschwitz*. Não nos referiremos à impossibilidade de o sobrevivente testemunhar pela vítima extinta, já que é ela a única capaz de testemunhar por si mesma e, por conseguinte, incapaz de fazê-lo, pois justamente não sobreviveu. Mas qualquer sobrevivente pode ser testemunha e espectador da própria abjeção. É, também aqui, o caso da vergonha. Ao comentar a análise da vergonha feita por Levinas, Agamben

---

[2] Gilles Deleuze, *Crítica e clínica*, trad. Peter Pál Pelbart. São Paulo: Editora 34, 1997, pp. 141-142.
[3] Gilles Deleuze, "Sur quatre formules qui pourraient résumer la philosophie kantienne", *Philosophie*, n. 9. Paris, inverno 1986, p. 30.

escreve: "Envergonhar-se significa: ser entregue ao inassumível. No entanto, este *inassumível* não é algo de exterior, mas provém da nossa própria intimidade; é aquilo que em nós existe de mais íntimo (por exemplo, a nossa própria vida fisiológica). (...) É como se nossa consciência desabasse e nos escapasse por todos os lados e, ao mesmo tempo, fosse convocada, por um decreto irrecusável, a assistir, sem remédio, ao próprio desmantelamento, ao fato de já não ser meu tudo o que me é absolutamente próprio. Na vergonha, o sujeito não tem outro conteúdo se não a própria *dessubjetivação*, convertendo-se em testemunha do próprio desconcerto, da própria perda de si como sujeito. Esse duplo movimento, de subjetivação e de dessubjetivação, é a vergonha".[4] Concomitância entre um perder-se e um possuir-se, completa o autor.

Ao desdobrar essa situação paradoxal, comparece a figura de Pessoa: "(...) acerquei-me de uma cômoda alta e, tomando um papel, comecei a escrever, de pé, como escrevo sempre que posso. E escrevi trinta e tantos poemas a fio, em uma espécie de êxtase cuja natureza não conseguirei definir. Foi o dia triunfal da minha vida, e nunca poderei ter outro assim. Abri com um título, *O guardador de rebanhos*. E o que se seguiu foi o aparecimento de alguém em mim, a quem dei desde logo o nome de Alberto Caeiro. Desculpe-me o absurdo da frase: aparecera em mim o meu mestre. Foi essa sensação imediata que tive. E tanto assim que, escritos que foram esses trinta e tantos poemas, imediatamente peguei noutro papel e escrevi, a fio, também, os seis poemas que constituem *Chuva oblíqua*, de Fernando Pessoa. Imediatamente e totalmente... Foi o regresso de Fernando Pessoa – Alberto Caeiro a Fernando

---

[4] Giorgio Agamben, *O que resta de Auschwitz*, trad. Selvino J. Assman. São Paulo: Boitempo, 2008, p. 110.

Pessoa, ele só. Ou, melhor, foi a reação de Fernando Pessoa contra a sua inexistência como Alberto Caeiro".[5]

Agamben comenta o que chama de fenomenologia da despersonalização heteronímica. "Cada nova subjetivação (o surgimento de Alberto Caeiro) não implica apenas uma dessubjetivação (a despersonalização de Fernando Pessoa, que se sujeita ao seu mestre), mas, de forma igualmente imediata, cada dessubjetivação comporta uma ressubjetivação – o retorno de Fernando Pessoa, que reage à sua inexistência, ou seja, à sua despersonalização em Alberto Caeiro".[6] Temos, assim, o indivíduo "psicossomático" Fernando Pessoa, uma dessubjetivação radical concomitante com a subjetivação de Caeiro, e um retorno a Pessoa, que já não é o indivíduo do qual se partiu, mas alguém que deve "responder por sua dessubjetivação". Eis o *éthos* da poesia.

Mais radicalmente, o testemunho feito por meio da linguagem sofre desde logo da inconsistência que lhe é própria, na medida em que, conforme Benveniste, a linguagem requer, para tornar-se discurso, uma enunciação, um *eu, agora* que, apesar de se dizer sujeito, não passa de um operador linguístico ao qual se imputam as vivências ou ações, um centro de imputação unitário que desvia, precisamente, do Aberto (diz Agamben, com Rilke) ou do Fora que caberia testemunhar. A consciência, a subjetivação, é portanto, também dessubjetivação, inconsciência.

Em um exemplo ainda mais esclarecedor, Agamben evoca Binswanger, que distingue as funções vitais, físicas e psíquicas, de um lado, e a consciência pessoal que as organiza em

---

5 Fernando Pessoa, *Obra em prosa I: Escritos íntimos, cartas e páginas autobiográficas*, p. 228, apud G. Agamben, *O que resta de Auschwitz*, p. 122.
6 G. Agamben, idem, p. 123.

uma história de vida, de outro. A coincidência entre elas é tão improvável que mais atesta a dissociação constitutiva entre ser vivo e ser que fala, bem como o inassumível desta fratura, que, no entanto, é a única possibilidade do testemunho. Tal duplicidade, ou duplicação, ou desdobramento, ou cisão, presente nos exemplos mencionados, faz com que, em todos eles, subsista um vetor de subjetivação e outro de dessubjetivação, paradoxalmente concomitantes e incongruentes.

DE SI A SI

Em seu último livro, *Les aveux de la chair*, publicado postumamente, Foucault se debruça sobre os textos dos Pais da Igreja, no século II, para mostrar, entre outras coisas, de que modo, naquele contexto, as práticas sexuais dentro do casamento foram sendo crescentemente tematizadas enquanto esfera autônoma e receberam uma atenção cada vez mais minuciosa. Não significa que o cristianismo tenha tornado mais severa a conduta sexual no matrimônio, já que a monogamia, o desprezo pelo prazer, o objetivo exclusivo da reprodução, a temperança e a prática não desviante já compunham o horizonte de preceitos herdado do entorno pagão. A novidade consistia em certa relação a si que emergia nesse contexto, menos da ordem da obediência aos preceitos do que de um trabalho sobre si. Para Foucault, não era o caso de inventariar as condutas, mas de investigar a "experiência" que deu nascimento a uma "subjetividade". "Trata-se, com efeito, da forma da subjetividade: exercício de si sobre si, conhecimento de si por si, constituição de si-mesmo como objeto de investigação e de discurso, liberação, purificação de si mesmo e salvação através de operações que lançam luz até o fundo de si, e conduzem aos mais profundos segredos até a luz da manifestação redentora. É uma forma de experiência – entendida ao mesmo tempo como modo de presença a si e esquema de transformação de si – que é então elaborada."[7] Nesse contexto, aparece a "carne" como um modo de experiência e, por meio dela, certa modalidade de "descoberta" de si.

Que distância abissal entre a tematização da carne e do desejo, feita pelos Pais da Igreja, e aquela do corpo e seus prazeres, foco maior entre os gregos. Ou ainda, entre o exame da verdade dos pensamentos relativamente aos seus objetos, entre os estoicos, e o exame do movimento dos pensamentos e suas impurezas, nos textos sobre a direção da consciência. "Problema do sujeito do pensamento e da relação do sujeito ao seu próprio pensamento (quem pensa no meu pensamento? Não estou sendo enganado, de certa forma?), e não mais questão do objeto pensamento ou da relação do pensamento ao seu objeto."[8] Em ambos, já está configurada uma relação a si, uma constituição de si, mas talvez entre os gregos tal autoafecção funcionasse mais como uma *desacoplagem* em relação aos saberes e poderes vigentes, prometendo, ao final do processo, uma autonomia em relação ao diretor de consciência, ao passo que, no cristianismo, começa uma longa história de confissão, escavação infinita da interioridade e do desejo, obediência irrestrita e ininterrupta e mortificação de si. "A *exagoreusis* não é como uma confissão no tribunal.(...) [A pureza que ela busca não é como] a restauração de si mesmo ou a liberação do sujeito. Ela é, ao contrário, o abandono definitivo de toda vontade própria: uma maneira de não ser si-mesmo (...) onde a busca da verdade de si deve constituir certa maneira de morrer para si mesmo."[9] É onde

7 Michel Foucault, Les aveux de la chair. Paris: Gallimard, 2018, pp. 50-51.
8 Ibidem, p. 139.
9 Ibidem, p. 145.

uma subjetivação coincide com uma dessubjetivação, para retomarmos as noções evocadas mais acima, porém em uma chave que é a da obediência irrestrita, a da direção de consciência. Muito diferente é a conjunção em contexto anterior, não religioso, onde a dessubjetivação não equivale à anulação de si, mas a uma estratégia vital.

II

Em 1976, Foucault problematizou a resistência a partir da ideia de vida. Se a biopolítica investe na vida como nunca, é em nome dela que se dará a resistência. Não se trata de pensar em uma primazia da vida como elemento ou fonte de resistência, e sim em uma lógica de contrapoder, de alavanca para o revide ali mesmo onde incide com maior força o poder, foco privilegiado de seu exercício: a vida, o corpo. Assim o comenta Deleuze: "Quando o poder se torna biopoder, a resistência se torna poder da vida, poder vital que não se deixa interromper nas espécies, nos meios ou nos caminhos de tal ou qual diagrama. A força vinda do fora, não é certa ideia da vida, certo vitalismo no qual culmina o pensamento de Foucault? Não será a vida esta capacidade de resistir da força?"[10]

É em uma direção inteiramente outra que vai a interpretação de Christian Laval: "Se achamos conveniente ver em Foucault um vitalismo que não existe, é porque pensamos com frequência que sua teoria do poder descrevia uma armadilha. Na falta de postularmos uma força vital primária,

---

10 Gilles Deleuze, *Foucault*. Paris: Éditions Minuit, 1986, p. 99. [Ed. bras. *Foucault*, trad. Claudia Sant'Anna Martins. Rio de Janeiro: Editora Brasiliense, 1988.]

estaríamos encerrados no círculo de poder, já que a resistência que se encontra sempre só a aperfeiçoaria. Que não haja o fora do poder significaria que estaríamos condenados a jamais sair dele. Entretanto, nesse caso seria esquecer a constante de Foucault: o desejo de viver de outro modo e pensar de outro modo está enraizado no corpo de cada um, e não na "vida" em geral. (...) Não é a vida como uma potência afirmativa e criadora que se opõe ao poder, não é uma boa biopolítica que se colocaria em oposição a um mau biopoder – essa oposição é estranha a Foucault."[11]

Assim como nem todo intérprete de Foucault subscreve a leitura de Deleuze, longe disso, tampouco a de Laval fará consenso, já que pressupõe como "constante" na trajetória do filósofo "uma vontade de viver de outro modo, um desejo de pensar de outro modo". Pouco importa se estamos entre os textos da fase arqueológica, genealógica ou antes ética, esse invariável, segundo Laval, persiste enquanto tal. "A vontade de uma vida outra é experimentada no confronto com o poder, é indissociável da recusa em se levar esta vida designada e definida pelo poder." Para ele, isso vai desde a *História da loucura* até *A coragem da verdade*. Não se trata, portanto, de um elemento vital a partir do qual parte a resistência, mas de um componente pertencente antes à esfera da vontade. Com efeito, na entrevista sobre o Irã, Foucault deplora o esquecimento da vontade em favor do desejo ou da ideologia. A vontade tem a ver com decisão, ruptura, na esteira de uma recusa da situação vigente e do poder em exercício, de uma avaliação sobre o risco, a morte, o intolerável. Nem a biopolítica anula esse ponto de vista, como vimos.

---

11 Christian Laval, "Foucault e a experiência utópica", in M. Foucault, *O enigma da revolta*, trad. Lorena Balbino. São Paulo: n-1 edições, 2019, p. 122.

Mas a questão insiste. A partir de qual elemento uma revolta se dá?, pergunta Foucault.[12] Sem descartar os fatores que um historiador deve levar em conta, sejam eles materiais, econômicos, sociais, políticos, jurídicos, religiosos, o que chama a atenção nos textos de Foucault a respeito, tratando-se, como se sabe, de um analista tão "materialista" (no sentido em que, em certo momento, sustentava que o poder se exerce em uma materialidade concretíssima, isto é, sobre os corpos), é que, em última análise, diz ele, a revolta é irredutível a qualquer explicação. "O homem que se revolta é finalmente sem explicação. [É] muito justo e muito bom que historiadores, economistas, sociólogos, analistas de uma sociedade, enfim, acho muito bom que todas essas pessoas expliquem as razões, os motivos, os temas, as condições em que elas se desenrolaram. Mas, de novo, o próprio gesto de se revoltar me parece irredutível comparado a essas análises. Quando eu disse que estava fora da história, eu não quis dizer que estava fora do tempo, o que quero dizer é que estava fora do campo de análise que é preciso elaborar, é claro, mas que ele nunca dará conta disso."[13]

Pois são aqueles que se revoltam e põem em risco sua vida os únicos capazes de colocar na balança a morte que os espreita e a morte em vida que já faz parte de seu cotidiano. "Antes morrer que vegetar", arrisca seu entrevistador iraniano Farrès. Ou seja, Foucault dá um passo que o historiador talvez não arriscasse, a saber, ainda que preserve no horizonte as condições ditas "objetivas" que favorecem uma rebelião, jamais imaginar que elas bastam. Pois importa *como* aqueles que a empreendem a vivem. Assim, ousa adentrar o "vivido"

---

12 Michel Foucault, *O enigma da revolta*, trad. Lorena Balbino. São Paulo: n-1 edições, 2019.

13 Ibidem, p. 73.

de uma revolta. Mas não é um privilégio ser contemporâneo a ela, como foi o caso de Foucault e a revolta iraniana? O filósofo pôde ir ver de perto, ao vivo, conversar com seus protagonistas, tomar *in loco* a temperatura, mapear com os dados de que dispunha a *nova forma* que tal movimento tomava. E justamente se deparou com o que chamou de "espiritualidade política". Desafiando a linhagem racional e o ideal de transparência total presentes na Revolução Francesa, um elemento outro propulsiona a revolta iraniana. Não se trata, explica ele, de religião – prática institucionalizada, com seus valores estabelecidos –, mas do que chama de uma "experiência". "Uma experiência é algo da qual saímos transformados."[14] Trata-se, nela, de um processo de transformação por meio do qual o sujeito torna-se outro do que ele mesmo. Ele se deixa para trás em favor de uma configuração ainda desconhecida. Há aí a disponibilidade de colocar-se em xeque, de abandonar-se, de vivenciar uma metamorfose da qual se sai diferente. A espiritualidade não visa outro mundo, mas o outro do mundo. Não à toa, ao mencionar a motivação que o levou a debruçar-se sobre a revolução iraniana, Foucault evoca Bataille e Blanchot.

Ora, o que esses autores tão literatos, embebidos da cultura europeia, teriam a ver com as multidões iranianas em revolta? Para Foucault, foram eles que mostraram a que ponto, em uma "experiência-limite", desbordamos as divisas que nos constituíam, os contornos que nos situavam, e experimentamos uma transformação em que já mal nos reconhecemos.

14 Michel Foucault, "Entretien avec Michel Foucault" (1978, publicado em 1980), in *Dits et écrits (1954-1988)*, t. IV. Paris: Gallimard, 2001, p. 41. [Ed. bras. "Conversa com Michel Foucault", in *Ditos e escritos*: repensar a política, v. VI, org. Manoel Barros da Motta. Rio de Janeiro, São Paulo: Editora Forense Universitária, 2010.]

Um devir-outro que está no cerne do pensamento de Bataille e Blanchot, na sua reflexão sobre a escrita, que mais tarde Foucault poderá expressar com seu "pensar diferentemente", isto é, não diferente dos demais, porém de si mesmo, "diferir de si mesmo". É o que caracterizará, segundo ele, o componente espiritual que move a revolução iraniana.

Mas voltemos a Deleuze. No livro sobre Foucault, ele insiste: "Só há ser porque há vida (...) A experiência da vida se dá, pois, como a lei a mais geral dos seres (...) mas esta ontologia desvela menos o que funda os seres do que o que os conduz por um instante a uma forma precária...".[15]

E, na entrevista sobre Foucault dada a Robert Maggiori, Deleuze amplia: "Foucault reencontra Nietzsche ao renovar a questão da morte do homem. E, se o homem foi uma maneira de aprisionar a vida, não será necessário que, sob outra forma, a vida se libere no próprio homem? A este respeito, você se pergunta se eu não puxo Foucault em direção a um vitalismo que mal aparece em sua obra. Pelo menos em dois pontos essenciais creio que há de fato um vitalismo de Foucault, independente de qualquer 'otimismo'. Por um lado, as relações de força se exercem sobre uma linha de vida e de morte que não cessa de se dobrar e de se desdobrar, traçando o próprio limite do pensamento. [E quando Bichat faz] da morte uma força coextensiva à vida: 'vitalismo sob o fundo de mortalismo', diz Foucault. Por outro lado, quando Foucault chega ao tema final da 'subjetivação', esta consiste essencialmente na invenção de novas possibilidades de vida,

---

[15] Michel Foucault, *Les mots et les choses*. p. 291, apud G. Deleuze, *Foucault*, p. 137. Na nota de rodapé, Deleuze nota que o texto, escrito a propósito da biologia do século XIX, tem um alcance maior e exprime "um aspecto constante do pensamento de Foucault".

como diz Nietzsche, na constituição de verdadeiros estilos de vida: dessa vez, um vitalismo sobre fundo estético".[16] Ao que parece, no plano da subjetivação, o vitalismo significa, sobretudo, um *modo de vida*, uma *possibilidade de vida*, um *modo de existência*, um *estilo de vida*. Na entrevista com Didier Eribon, retorna a menção a Nietzsche e à operação artista da vontade de potência como "invenção de novas 'possibilidades de vida' (...) Um processo de subjetivação, isto é, uma produção de modo de existência".[17] Como se vê, não estamos tão longe de um viés da leitura de Laval. Em todo caso, se quisermos importar o vocabulário de Agamben, diríamos que a vida, aqui, aparece como inseparável de uma forma-de-vida.

III

"'Minha' forma-de-vida não se relaciona *ao que* eu sou, mas ao *como* eu sou aquilo que sou", postula um texto extraído de *Contribuição para a guerra em curso*.[18] Ou seja, para além dos predicados – alto, feio, inteligente, velho, pobre, inútil, tagarela – que aparecem como *fatos*, cabe perscrutar a *maneira*. É talvez o mais difícil de apreender em uma vida: a diferença entre o *fato* e o *como* que ele encobre. É a singularidade de cada vida que se apaga, quando se vê soterrada ou representada por categorias visíveis que definem sua identidade. Tais categorias, imagens, clichês circulam por toda parte, estão

16 Gilles Deleuze, *Conversações*, trad. Peter Pál Pelbart. São Paulo: Editora 34, 1992, p. 114.
17 Ibidem, p. 124.
18 Tiqqun, *Contribuição para a guerra em curso*.

como que no ar que respiramos – ou, mais precisamente, fazem parte dos "dispositivos" em que estamos enredados e que fixam nossa margem de manobra, estabelecem nosso campo de possíveis. De fato, tais dispositivos distribuem os papéis, fixam as polaridades, determinam as assimetrias em quaisquer relações. Também se encarregam de fingir que algo de importante está em jogo de fato, quando, na verdade, o objetivo consiste em evitar que algo aconteça, desviando do roteiro prévio ou do "algoritmo" ali embutido.

Veja-se o exemplo cômico dado pelos autores: alguns casais pequeno-burgueses saem para beber cerveja em um sábado à noite. Bloom é um personagem inspirado em um personagem de Joyce – um homem qualquer dos nossos dias.

'Um dos Bloom 'presentes' começará a falar mal dos funcionários-que-estão-o-tempo-todo-em-greve; feito isso, e sendo conhecido o papel, uma contrapolarização de tipo social-democrata aparecerá em outro Bloom, que encenará seu papel com mais ou menos alegria etc. etc. Aí, não são corpos que falam, *é um dispositivo que funciona*. Cada um dos protagonistas ativa, em série, as pequenas máquinas significantes prontas para uso, e que sempre já estão inscritas na linguagem *corrente*, na gramática, na metafísica, no SE. A única satisfação que podemos ter nesse tipo de *exercício* é ter atuado com brio no dispositivo. *A virtuosidade é a única liberdade, irrisória, que oferece a submissão aos determinismos significantes.* Assim, gestos, atitudes, discursos, são convertidos em *identidade*.'

Qualquer debate televisivo obedece à mesma lógica. 'Os 'fanáticos' afrontarão os 'democratas'. O culto da doença acreditará desafiar o culto da saúde. E toda essa agitação binária será a melhor garantia do sono mundial. É assim que, dia após dia, SE nos poupa cuidadosamente o duro dever de existir.' Em outras palavras, é toda uma megamáquina de neutralização do *acontecimento*. 'O que está em jogo na ofensiva, aqui, não é ganhar algum enfrentamento, mas, ao contrário, fazer com que o enfrentamento *não aconteça*, esconjurar o acontecimento em sua raiz, prevenir todo salto de intensidade no jogo das formas-de-vida, por meio do qual o político adviria. O fato de que nada aconteça já é para o Império uma vitória massiva. Frente ao 'inimigo qualquer', frente ao Partido Imaginário, sua estratégia consiste em 'substituir o acontecimento que se queria decisivo, mas que permanece sendo aleatório (a batalha), por uma série de ações menores, mas estatisticamente eficazes, que chamaremos, por oposição, a não batalha.'"[19]

Antes de abordar a evacuação da batalha (ou a estratégia da não batalha), ainda uma palavra a respeito das formas-de-vida em disputa, ou da disputa sobre o sentido mesmo da expressão forma-de-vida.[20] Nunca é demais insistir na diferença entre a identidade e a maneira, entre o que se é e o como se é. "Um indivíduo não consiste jamais nele mesmo [Simondon]. Não somos seres senão nas maneiras de ser, ou ainda nas relações de composição que provêm do fato de que existir é fazer existir a existência de outros seres. Importa-nos aqui não o que "é", porém as maneiras pelas quais o que é pode tornar-se relações de existência. Em outras palavras, a virtualidade da experiência dos seres é a que tem maior realidade, pois é por ela que se realizam os mundos em vias de

---

19 Ibidem, apud Guy Brossollet, *Essai sur la non-bataille*. Paris: Belin, 1975.
20 Estelle Ferrarese e Sandra Laugier notam, na introdução de sua coletânea sobre o tema, a profusão teórica que envolve o conceito de forma-de-vida, dependendo se a leitura segue a trilha de Wittgenstein, Adorno, Foucault, Agamben ou certa antropologia. Cf: Estelle Ferrarese e Sandra Laugier, *Formes de vie*: Du biologique au social. Paris: CNRS Éditions, 2018, pp. 11-12.

se fazerem. Nunca fazemos a experiência do que nós somos, mas sempre daquilo que estamos em vias de nos tornar."[21]

Tal dimensão de virtualidade da existência, dependente sempre de uma atualização inantecipável e focada antes no *como se é* do que no *o que se é*, com privilégio no *em vias de tornar-se*, parece ausente da expressão forma-de-vida. Esta evoca, antes, um contorno já fixado ou formatado – em todo caso, sedimentado. Mas, dependendo de seu uso, pode evocar dinâmicas mais incertas e abertas. Para ficar em um exemplo simples, a pobreza tal como Agamben a lê entre os franciscanos não equivale a um estado desprovido de recursos, mas a certa "relação com um inapropriável; ser pobre significa: sustentar uma relação com um bem inapropriável".[22] Eis uma forma-de-vida em que a despossessão roça o informe, como no caso dos cínicos analisado por Foucault, em *A coragem da verdade*.

IV

Para Maurizio Lazzarato, a concepção biopolítica predominante tem ocultado o fato de que o objetivo do poder é sempre preservar as condições de exploração capitalistas.[23] "A 'vida' que está em jogo não é primeiramente a vida biológica

---

21 Josep Rafanell i Orra, *Fragmenter le monde*: Contribution à la commune en cours. Paris: Éditions Divergences: 2017, p. 73. Note-se aqui a marca de David Lapoujade de *As existências mínimas*, trad. Hortencia Santos Lencastre. São Paulo: n-1 edições, 2017.

22 Giorgio Agamben, "L'inappropriable", in *Création et anarchie*. Paris: Payot & Rivages: 2019, p. 66.

23 Maurizio Lazzarato, *Fascismo ou Revolução?: O neoliberalismo em chave estratégica*, trad. Takashi Wakamatsu e Fernando Scheibe. São Paulo: n-1 edições, 2019.

da população, mas a vida política da máquina capitalista e das elites. Sua salvaguarda implica necessariamente em colocar em perigo a vida das populações. O capital está disposto a sacrificar, sem qualquer pudor, essa 'vida' e sua reprodução, isto é, a saúde, a formação, a reprodução, a moradia de amplas camadas da população. Ou seja, sacrificar a vida dos proletários, como ele sempre fez, como continua fazendo e como continuará a fazer, reduzindo-a ao mínimo (os serviços mínimos dos neoliberais significam exatamente isso). Do mesmo modo, ele não se preocupa em absoluto com a destruição generalizada das possibilidades de vida no planeta, pois, precisamente, estas são as condições de sua acumulação. Objetar que dessa maneira ele se coloca em risco, pois tem necessidade de um planeta e da força de trabalho, equivale a não compreender nada de sua 'racionalidade'".[24]

Para Lazzarato, o neoliberalismo extrapolou o enquadre biopolítico que supostamente visava à otimização dos processos vitais da população, revelando-se mais violento e devastador do que supôs Foucault, mais destrutivo do que criativo, mais predador do que produtivo. Assim, Foucault teria deixado de explorar a crescente dimensão tanatopolítica do poder contemporâneo, embora a tenha vislumbrado no caso preciso do nazismo.

"É importante voltar a esses conceitos, pois, ao expulsar a guerra e suas articulações (o racismo, o fascismo, o sexismo), Foucault faz da biopolítica, à medida que suas pesquisas avançam, um dispositivo fundamentalmente centrado na expansão da vida e da potência das populações, técnica de controle que teria perdido todo caráter negativo (violência, repressão, guerra) para se definir como uma força positiva de produção

24 Ibidem.

ao mesmo tempo dos sujeitos, da liberdade, da segurança. A tanatopolítica (o avesso da biopolítica, conceito, aliás, jamais verdadeiramente estabelecido) vai progressivamente desaparecer, substituída pela 'governamentalidade' que, oferecendo um quadro geral às técnicas de gestão da vida, apaga o que resta ainda das análises da guerra na tanatopolítica".

"A insistência de Foucault em definir as técnicas de poder como 'produtivas', alertando-nos contra toda concepção de poder 'repressiva', destrutiva, guerreira, não corresponde em absoluto à experiência que temos do neoliberalismo. Notadamente, a partir do fim do último século, a guerra, os fascismos, o racismo, o sexismo, o nacionalismo, as 'reformas' neoliberais manifestaram a natureza 'negativa', repressiva e destrutiva do poder."[25]

Dificilmente se pode negar o caráter destrutivo e violento da agenda neoliberal. Ao incidir sobre os elos frágeis ou minoritários, ela leva de roldão, com violência inaudita, as vozes que conseguiram vir à tona desde os anos 1960. E a violência, necessariamente renovada a cada dia (pois nenhuma conquista é definitiva, é preciso reiterá-la a cada dia), atinge um limiar muito além daquele embutido nos dispositivos imanentes ao seu funcionamento. Portanto, para Lazzarato, trata-se de "partir da guerra, da luta, do afrontamento, e não da economia, do Estado, do direito, da ideologia ou da ciência". Cabe reconhecer as múltiplas guerras de subjetividade como a nova estratégia do neoliberalismo.

É aí que intervém a lógica da governamentalidade, que reside, mais do que em comandar, em determinar o campo do possível para os outros, sua margem de manobra, sua latitude de escolha ou liberdade. Em vez de impor uma

25 M. Lazzarato, idem.

direção, trata-se de delimitar o possível. Donde a insistência de Lazzarato em detectar, nessa estratégia do capitalismo, o esforço em repartir o possível e o impossível, sendo o desafio estratégico de deslocar essa fronteira.

"O que está em jogo na máquina de guerra revolucionária é desbaratar essa articulação por meio de uma ruptura que, a um só tempo, suspenda as leis da maquinaria capitalista e notadamente a distribuição do possível e do impossível, criando novas possibilidades de ação. Para tornar possível o que é impossível na ordem da máquina capitalista, destruição e criação são complementares, o que significa que a máquina de guerra, para realizar ao mesmo tempo a 'mutação', a conversão da subjetividade e a ultrapassagem do capitalismo, deve ter como objeto igualmente a "guerra" contra o capital."[26]

V

A partir da situação das vítimas do *Gulag* na União Soviética, Deleuze escreveu, em *Diálogos*, uma página que resume em boa parte sua posição a respeito do sentido possível da ideia de revolução, relevante ainda hoje. Por um lado, o "futuro da revolução", por outro, o "devir revolucionário das pessoas". A contraposição não se dá entre "revolução" e "devir-revolucionário". Ao contrário, todo o esforço consiste em pensá-los conjuntamente, de maneira não dicotômica. Nesse sentido, não se pode dizer que há um privilégio do micro em relação ao macro, como se fosse uma reação à tradição inversa, que predominou nas revoluções do século passado. Mesmo porque tal dicotomia não leva em conta a dimensão molecular

26 Ibidem.

que mais e mais o Estado, o capitalismo, os diversos dispositivos biopolíticos empregam para ampliar e aprofundar sua penetração nas várias esferas da existência, produzindo modos de subjetivação assujeitados. Portanto, a dimensão molecular é indissociável da dominação molar e dos dispositivos que atravessam o planeta a seu serviço.

Em contrapartida, uma máquina de guerra, por minúscula que seja, pode incidir sobre a esfera macro – como é o caso da luta feminista. Micro ou macro? Molecular ou molar? Doméstica ou geopolítica? As altíssimas taxas de feminicídio no Brasil, de estupro na Índia, de sequestro de mulheres pelo Boko Haram, na Nigéria; a interdição de mulheres de certa faixa etária em templos do fundamentalismo hindu – mas, por outro lado, a gradual mudança no estatuto da chefia entre as indígenas; a banda Pussy Riot, na Rússia, e suas ousadas aparições públicas em igrejas, estádios olímpicos; mais amplamente, a formação de associações de crédito do Camboja ao Senegal, sistemas bancários autônomos e autogeridos desenvolvidos por mulheres ou as cozinhas comuns no Chile e Peru, em período de forte crise econômica e falta de alimentos, nos anos 1980.[27] Tudo isso tem a ver com o devir das mulheres (e também dos homens, da comunidade LGBTQI) ou com a esfera do Estado? Uma trajetória como a de Marielle Franco, suas pautas e seu ativismo não põem em xeque tais divisões? E não é tal dicotomia um falso problema? A questão não é, pois, o de uma escolha entre o micro e o macro, entre o molecular e o molar, entre o devir revolucionário e a revolução, mas justamente uma mudança no sentido de revolução, desde que a liberemos das imagens de

---

27 Silvia Federici, *O feminismo e as políticas do comum*. São Paulo: n-1 edições, 2017, p. 16.

fracasso estatal que se foram acumulando em seu nome no último século, de tão focados que estávamos na conquista do poder e do Estado. Como o diz Silvia Federici, duas razões são responsáveis pela emergência da ideia de comum entre os movimentos sociais contemporâneos: "Por um lado, o desaparecimento do modelo estatal de revolução – que durante décadas minou os esforços dos movimentos sociais radicais na tentativa de construir uma alternativa ao capitalismo. Por outro, o esforço neoliberal de subordinar cada uma das formas de vida e de conhecimento à lógica do mercado – o que elevou nossa consciência do perigo que é viver em um mundo no qual já não temos acesso aos mares, às árvores, aos animais e nem mesmo aos nossos semelhantes a não ser por meio do nexo econômico".[28] São os novos "cercamentos". A questão de Deleuze, pois, é como se colocar para aquém e para além do Estado, entendendo justamente o quanto os poderes se tornaram mais planetários do que a esfera abarcada por ele, mas também mais infinitesimais do que ele mesmo poderia dominar. A emergência do "comum", esse esforço de desafiar os cercamentos, ganha aí seu sentido revolucionário a partir dos vários experimentos femininos coletivos. Claro que, após a derrota em uma eleição nacional e a destruição sistemática das mínimas proteções sociais em um país como o Brasil, inclusive em relação à definição mesma do que é feminino, ninguém pode ter a irresponsabilidade de ignorar a relevância do Estado. E, no entanto, como se viu no passado recente, não bastou "tomar o poder" para que uma mudança radical se efetuasse em tantos campos, inclusive micro, justamente porque a sujeição às instâncias que determinam, para além e aquém das decisões governamentais, o

28 Ibidem, p. 3.

que é possível e o que é impossível, obstruíram o caminho para uma mudança radical. Como o escreve o filósofo: "O erro seria dizer: há um Estado globalizante, mestre de seus planos e que arma suas armadilhas; e então, uma força de resistência que ou vai adotar a forma do Estado, admitindo a possibilidade de nos trair, ou então vai cair em lutas locais parciais ou espontâneas, admitindo a possibilidade de serem, a cada vez, abafadas e derrotadas. O Estado mais centralizado não é de modo algum mestre de seus planos; também ele é experimentador, faz injeções, não consegue prever o que quer que seja (...). Enormes deslizamentos de terreno acontecem *aquém* do Estado, conforme a linha de declive ou de fuga que afetam principalmente (...) a natureza das reivindicações que se tornam qualitativas tanto quanto quantitativas ('qualidade de vida' mais do que 'nível de vida') – tudo isso constituindo o que se pode chamar de um *direito ao desejo*. Não é surpreendente que todo tipo de questões minoritárias, linguísticas, étnicas, regionais, sexistas, juventistas, ressurja não apenas a título de arcaísmo, mas nas formas revolucionárias atuais que colocam novamente em questão, de maneira inteiramente imanente, tanto a economia global da máquina quanto os agenciamentos dos Estados nacionais. Em vez de apostar sobre a eterna impossibilidade da revolução e sobre o retorno fascista de uma máquina de guerra em geral, por que não pensar que *um novo tipo de revolução está se tornando possível*, que todo tipo de máquinas mutantes, viventes, fazem guerras, se conjugam e traçam um plano de consistência que mina o plano de organização do Mundo e dos Estados? Pois, mais uma vez, nem o mundo e seus Estados são mestres de seu plano, nem os revolucionários estão condenados à deformação do seu. Tudo acontece em partes incertas, 'frente a frente, de costas, ... A questão do futuro da revolução é uma questão ruim, porque, enquanto for colocada, há pessoas que não se *tornam* revolucionárias, e porque é feita, precisamente, para impedir a questão do devir revolucionário das pessoas, em todo nível, em cada lugar".[29]

VI

Como se vê, Deleuze não defende qualquer refluxo em direção ao "pequeno", "menor", "micropolítico" em detrimento de uma ruptura na escala maior, tão determinante, aliás, para esses próprios devires minoritários. A insistência de Maurizio Lazzarato em recusar a contraposição "revolução" e "devir revolucionário" vai na mesmíssima direção, radicalizando-a. Os movimentos posteriores a Maio de 1968 tais como os das mulheres, LGBTQI, negros, neocolonizados, minorias diversas, tão decisivos na reconfiguração da gramática política das últimas décadas, quando não associam suas pautas a um horizonte de ruptura maior, lembra o autor, correm o risco de serem incorporados à lógica do capitalismo, deixando intacta sua violência estrutural que, em momento posterior, já neofascista, volta-se com fúria redobrada contra essas mesmas minorias, como é o caso entre nós. Ao detectar a progressiva supressão da ideia de revolução em movimentos de esquerda, Lazzarato reafirma: "Quarenta anos de dominação neoliberal parecem ter deixado muito claro que sem relação e enriquecimento recíproco entre a "revolução" e o "devir revolucionário", os dois enfraquecem inexoravelmente (...) A questão seria antes saber se uma prática da "revolução" que integre os possíveis não realizados da

---

29 G. Deleuze, *Diálogos*, p. 169.

revolução dos anos 1960 carregados pelos movimentos dos colonizados, das mulheres, dos estudantes, das novas camadas do salariado, pode ser pensada e posta em prática."[30] O desafio consiste em reatualizar o conceito de revolução à luz do presente, e não enterrá-lo sob os escombros das derrotas pretéritas. Daí seu projeto maior: inspirado em Deleuze e Guattari, repensar o capitalismo como máquina de guerra a um só tempo criativa e destrutiva à qual seria preciso contrapor uma "máquina de guerra revolucionária". Se a mística do motim, por si só, parece inteiramente insuficiente, resta saber de que recursos se dispõe hoje para levar adiante, concretamente, a "ruptura do tempo da dominação, criando novos possíveis, inimagináveis antes de sua aparição". Como o lembra o autor: "No modelo leninista, a revolução ainda tinha a forma da realização. A classe operária era o sujeito que já continha as condições da abolição do capitalismo e da instalação do comunismo. A passagem da classe em si à classe para si seria realizada pela tomada de consciência e pela tomada do poder organizada e dirigida pelo partido que trazia do exterior aquilo que faltava às práticas "sindicais" dos operários. O processo revolucionário tomou, a partir dos anos 1960, a forma do acontecimento: o sujeito político, em vez de já estar ali em potencial, é "imprevisto" (...), não encarna a necessidade da história, mas apenas a contingência do confronto político. Sua constituição, sua "tomada de consciência", seu programa, sua organização se fazem a partir de uma recusa (de ser governado), de uma ruptura, de um aqui e agora radical que não se satisfaz com nenhuma promessa de democracia e de justiça por vir."[31] A partir desse balanço do

30 Maurizio Lazzarato, *op. cit.*
31 Ibidem.

passado recente, a questão que se coloca para o autor é radical: "ou o novo processo político consegue mudar as 'razões' do capital, ou essas mesmas razões o transformarão."

Tudo isso é apenas a ponta de um imenso cipoal, impossível de percorrer aqui na sua temível complexidade. Fica a questão: como preservar a abertura para os experimentos em curso e por vir, que, embora recusem os modelos comprovadamente caducos, ainda não encontraram sua linguagem própria, seus modos de articulação ou organização, as estratégias vitais à altura de sua potência, sobretudo num período em que a guerra liberou sua dimensão infinita?

GUERRA E LUTA

1."EU TRAGO A GUERRA"

É Nietzsche quem diz: "Eu trago a guerra. Não entre povo e povo, não tenho palavras para exprimir meu desprezo pela política de interesses, digna de maldição, das dinastias europeias (...) Eu trago a guerra, mas uma guerra contra todos os absurdos acasos de povo, estamentos, raça, profissão, educação, formação: uma guerra como entre ascensão e ocaso, entre vontade de vida e ânsia de vingança contra a vida".[1] Essa pequena frase já é suficientemente sugestiva para mostrar a que ponto Nietzsche foi aquele que declarou guerra às guerras mortíferas, em favor de uma guerra outra, espiritual, vital. Nietzsche despreza a crença no Estado forte e militarizado, e o quarto livro de Zaratustra, cujo estatuto é tão problemático no conjunto da obra, teria sido escrito, segundo Jean-Pierre Faye, já nessa perspectiva de absoluta insatisfação com seu editor antissemita – daí certas inflexões, inclusive em relação ao além-do-homem, e sua insistência no homem superior...[2] É como se ele tivesse se dado conta, subitamente, que tinha, de maneira involuntária, fornecido armas aos seus inimigos, que já começavam a sussurrar o nome de Zaratustra nos círculos nacionalistas e antissemitas. Quando recebe cartas de elogio de Théodore Fritsch, o redator-chefe da publicação *Correspondência antissemita* e autor de *Catecismo antissemita*, que diz ser Zaratustra um grande livro ariano, Nietzsche responde: "O senhor me faz vomitar, eu vomito quando o nome de Zaratustra sai de sua boca".

1 Friedrich Nietzsche, "A grande política", *Fragmentos Póstumos*, 25 [1], dez 1888 - jan 1889, KSA 13, p. 637.
2 Jean-Pierre Faye, *Le vrai Nietzsche*: Guerre à la guerre. Paris: Éditions Hermann, 1998. Livro que inspirou o presente texto.

Se a filosofia para Nietzsche pode ser lida como um êxodo, uma fuga ao deserto, é possível entender a associação saudável com os outros a quem essa libertação diz respeito, seja com os cantos sagrados da Índia, com a China, com os ameríndios, com o adorável Heine, com a Andaluzia árabe, com a "maravilhosa civilização moura", com o pensamento extraeuropeu. Mas, justamente, aqueles que podem garantir tal Europa mista, sem fronteiras, são os que fazem a travessia, que não pertencem: o nômade, o judeu, o antídoto contra o nacionalismo estreito. Nietzsche o diz com todas as letras: é uma insanidade sacrificar jovens corpos como bucha de canhão. O segredo da potência é justamente a fragilidade dos corpos jovens, potentes em vida, que a guerra europeia vai esturricar: "Que se disponha diante dos canhões de tal escolha de força e juventude e de potência, é *loucura*." Como o escreve Faye: "Não são os canhões do Führer, nem os do caudilho, nem do Duce, do kaiser, do czar, do imperador. São os jovens corpos vivos, é o *corpo* de vida, lançado como pastagem às bocas de aço." Ora, nas últimas cartas de Nietzsche, de 1889, ele vitupera um canalha designado apenas pela letra H – é a casa Hohenzollern a dinastia maldita que ele execra. Porém, no mesmo ano, está no ventre da mãe outro H, ainda mais execrável: o próprio Hitler. Faye joga muito sobre essa coincidência, não como um acaso astrológico, mas como uma intuição profunda de Nietzsche, uma antevisão das forças que se engendravam naquele momento, no qual a loucura do poder se exerce contra a potência da vida. Talvez um dos méritos visionários de Nietzsche tenha sido avançar em direção ao desastre com um pé na demência, mas continuar sustentando com o olhar a futura loucura europeia. Daí o combate insistente e delirante, nas últimas cartas, contra os antissemitas. Em 1886 surge o *Partido Antissemita*, com aqueles que Nietzsche chama estranhamente de "valetes negros" (prefigurando os camisas pardas e os uniformes da SS), que se autointitularão super-homens e designarão os outros de sub-homens, portadores de novos valores. Depois da decepção amorosa com Lou, conhece Resa, uma jovem filósofa que o visita, e que ele recebe na soleira da porta, com seu ar cansado, como que protegendo seu próprio tesouro. Ele pergunta à jovem, talvez referindo-se a seu estado pessoal: "Não acredita que esse estado é *o sintoma de uma loucura que começa?*" Resa oferece uma resposta tranquilizadora. Contudo, deveríamos considerar a pergunta de Nietzsche não apenas como uma intuição biográfica, mas como um prenúncio histórico. Há, portanto, como bem o viu Klossowski, um complô de Nietzsche contra aquilo que vai ser nietzscheano, como sua irmã e a estirpe que dela deriva, a raiva nacional, a loucura do Reich, o H que está no poder e o outro que vem vindo. É a galáxia interna nietzscheana, que descobre o grande perigo em meio à sua própria loucura, e o embate cujo palco será o século que começa com sua morte. Por isso, a furiosa guerra declarada à guerra. O filósofo enuncia, em 4 de janeiro de 1889, na penúltima frase que escreveu, na carta a Burkhardt: "Suprimido Wilhelm Bismarck e todos os antissemitas". Ora, não é surpreendente que a ultimíssima palavra de Nietzsche, seu último fôlego, tenha sido reservado à condenação conjunta do militar prussiano e do antissemita, esses aliados e irmãos gêmeos? O terror bélico precisa sempre de um judeu, de um *tchandala* (o sem casta na Índia), de um imigrante, de um refugiado sírio, africano ou haitiano, de um desqualificado, mesmo quando este assume uma identidade flutuante, o homem qualquer, o perigo onipresente, o homem sem qualidades, o anônimo. E, se a vontade de potência pode prestar-se a um equívoco, Faye insiste:

Macht é a potência do frágil, dos jovens corpos expostos aos canhões, na matança que se aproxima. Por essa razão, quando Himmler, supostamente inspirado em Nietzsche, manda pendurar nos escritórios da SS a frase "Abençoado aquele que é duro", a traição ao pensamento de Nietzsche é total. Nietzsche viu como ninguém o ovo da serpente, e tentou esmagá-lo com todas as suas forças, mas não foi ouvido. Parte das advertências e das loucas intuições de Nietzsche sobre o matadouro se cumpriram por inteiro. Por outro lado, de maneira paradoxal, a opção sionista e a militarização crescente de Israel, a idolatria do Estado, da nação, o culto à guerra, cada vez mais "preventiva" ou "preemptiva", juntamente com sua fundamentação étnica em uma guerra de civilizações, nos obriga a reencontrar hoje aquelas virtudes apontadas por Nietzsche nos judeus de *seu* tempo, precisamente em outro lugar que não entre os judeus de *nosso* tempo. Poderíamos fazer com os judeus o que fez Deleuze com os esquizos. Não estava retratando uma categoria psicossocial no elogio que lhes prestava em *O Anti-Édipo*, porém, ao contrário, construiu com isso um personagem conceitual que, na sua potência de desterritorialização, extrapola, e até mesmo contraria, o triste destino dos "loucos de hospital", personagens nos quais a processualidade justamente fica bloqueada, derrapa, se congela... Talvez algo similar poderia ser dito em relação aos judeus de Nietzsche: eles o traíram nas promessas que traziam, e seria preciso achar seus traços alhures, buscar *quem são os judeus de hoje*, quem são os *tchandala* hoje, assim como Deleuze se perguntava quem eram os esquizos de seu tempo, ou quem eram os nietzscheanos daquela época.

Nessa genealogia espúria enunciada acima, seria lícito perguntar por que coube ao *tchandala* ou ao judeu, em certo momento da obra de Nietzsche, encarnar a promessa de uma nova força… Ou por que, na obra de Deleuze, coube ao esquizo carregar tal incumbência, e, em *Crítica e clínica*, ele a deixou por conta do homem comum, do qualquer um, do homem sem qualidades, na sua reflexão sobre a camaradagem americana, a viagem, o pé na estrada, o encontro fortuito, a recusa das vozes demasiado gementes ou pretensamente salvadoras, o acordo discordante… Por que, então, em um contexto no qual já não dispomos de qualquer exterioridade dada ou prévia, como nos dias atuais, nem o *tchandala*, nem o judeu, nem o louco, nem o criminoso ou o presidiário, nem o Outro, nem o futuro radiante, em uma conjuntura na qual não há mais fora algum, na qual estamos todos dentro de uma megamáquina e de seus mecanismos cada vez mais capilares de calibragem dos afetos, inclusive do medo, para falar como Brian Massumi; por que justamente aí, nesse momento em que aparentemente a totalidade do planeta, do espaço, do tempo, da existência, do corpo e da subjetividade foram tomados de assalto; por que é que, justamente em meio a tal ambiência de controle maquínico, com seus efeitos niilísticos, assistimos a esses revides improváveis e inusitados vindos dos lugares mais inesperados, reencontrando nos *tchandalas* contemporâneos a imaginação biopolítica e a inteligência coletiva que desertaram inteiramente os espaços da representação e suas guerras perversas? Uma coisa é certa: desafiando o sequestro do comum, disseminando seus focos de irradiação, contágio e propagação intensivos, subrepresentativos, pré-individuais, asignificantes, elxs reconfiguram a subjetividade coletiva e sua potência de afetação… Mas quem são elxs? Não têm nome, não têm poder, não dominam as instituições, mal sabemos se existem e onde estão, mas é a partir desse limiar flutuante que constroem seu plano de consistência. Não quero idealizá-los, e se os uso de maneira um pouco similar ao modo em que Nietzsche usou os judeus ou Deleuze, os esquizos, é apenas para dizer isto: talvez sejam uma entre as inúmeras máquinas de guerra do tempo presente que se infiltram, desviam e deslocam a lógica brutal da guerra econômica, militar e cultural levada a cabo pelos poderes instituídos, fazendo valer seus estados de potência e recusando precisamente a vontade de poder.

2. É A POLÍTICA A CONTINUAÇÃO DA GUERRA POR OUTROS MEIOS?

> "Sou como o lagostim, eu me desloco lateralmente."[3]

Em 1973, Michel Foucault invoca a noção de guerra civil, mal elaborada, como ele mesmo lembra, do ponto de vista filosófico, político ou histórico, justamente porque o exercício do poder encobre e denega a guerra civil da qual deriva.[4] Se Hobbes pôde falar da guerra de todos contra todos, foi no sentido de uma guerra natural para justificar o pacto de soberania. A guerra civil, no entanto, afirma Foucault, não é a guerra de todos contra todos, é outra coisa: "é o estado permanente a partir do qual se pode e se deve compreender certo número dessas táticas de luta de que a penalidade é justamente um exemplo privilegiado. A guerra civil é a matriz de todas as lutas de poder, de todas as estratégias do poder e, por conseguinte, também a matriz de todas as lutas pelo e contra o poder".[5] Foucault aprofunda a diferença entre a ideia de uma *guerra de todos contra todos* e a noção de *guerra civil*. A primeira é pensada a partir dos indivíduos, em princípio iguais, equivalentes, substituíveis, em um estado de rivalidade original, em todas as esferas, seja no interior de uma família ou na sociedade como um todo, sempre a partir de suas paixões e apetites naturais. A guerra civil, em contrapartida, é enfrentamento entre elementos

---

3 Michel Foucault, *La naissance de la biopolitique*. Paris: Gallimard/Seuil, 2004, p. 80.

4 Michel Foucault, *La societé punitive*: Cours au Collège de France, 1972-1973. Paris: Gallimard/Seuil: 2013, p. 14. [Ed. bras. *A sociedade punitiva*, trad. Ivone C. Benedetti. São Paulo: Editora WMF, 2015.]

5 Ibidem, p. 15.

coletivos, religiosos, étnicos, comunitários, linguísticos, de classe etc. Ela envolve sempre massas, corpos coletivos e plurais, e não apenas ela *se dá* entre grupos, mas ela até mesma *os constitui*. É a partir da guerra civil que se produzem novas coletividades, como é o caso, por exemplo, do campesinato no final da Idade Média, que, a partir das sublevações populares que sacudiram a Europa desde o século XV, foi se consolidando como agrupamento ideológico, de interesses, de classe social. É a série de levantes, sedições, tumultos que foi dando coesão a este personagem tão importante na Revolução Francesa: o *sans-culotte*. Ele foi forjado por meio da guerra civil continuada, diferente da guerra de todos contra todos, que parte ou desemboca no indivíduo isolado, mas, que, ao contrário, é o teatro a partir do qual se consolidaram personagens coletivos. E daí a conclusão: a guerra civil não é o oposto da política, mas seu elemento constitutivo. Assim, é pela guerra civil que certos grupos se apoderam de fragmentos de poder, não no sentido de se apossar de uma fatia, de riquezas, por exemplo, mas de tomar o controle de processos, formas, regulamentos que, na sequência, implicam até uma redistribuição da riqueza. A guerra civil não destrói o poder, não o abole, mas o inflete.

Se há antítese entre guerra civil e poder, ela se dá ao nível do poder estabelecido. Pois é ele que a rejeita, ou que nela vê uma ameaça, quando, na verdade, ela o "habita, atravessa, anima, investe de todos os lados".[6] Com isso, Foucault chega à sua formulação mais incisiva: "O exercício cotidiano do poder deve poder ser considerado como uma guerra civil: exercer o poder é de certa maneira conduzir a guerra civil e todos esses instrumentos, essas táticas que se pode detectar, essas alianças devem ser analisáveis em termos de guerra

6 Ibidem, p. 33.

civil."[7] Ou seja, "o poder não é o que suprime a guerra civil, mas o que a conduz e a continua. E se é verdade que a guerra exterior é o prolongamento da política, é preciso dizer, reciprocamente, que a política é a continuação da guerra civil. Por conseguinte, é preciso recusar a imagem [proposta por] Hobbes que, com a aparição do exercício do poder soberano, a guerra foi expulsa do espaço [dele]".[8]

Temos aqui, portanto, todo um programa, que, no entanto, deve ser distinguido da hipótese marxiana. Pois a guerra civil justamente não se reduz à opressão de uma classe por outra: "Certamente, nessa espécie de guerra geral através da qual se exerce o poder, há uma classe social que ocupa um lugar privilegiado e que, por isso, pode impor sua estratégia, conquistar certo número de vitórias, acumulá-las e obter em seu benefício um efeito de sobre-poder, mas esse efeito não é da ordem da sobre-posse. O poder não é monolítico. Ele nunca está inteiramente controlado desde certo ponto de vista por certo número de pessoas. A cada instante, ele está em jogo em pequenas partes singulares, com reversões locais, derrotas e vitórias regionais, revanches provisórias"[9]. Ou seja, a distância em relação a Marx é visível, embora o curso, intitulado *A sociedade punitiva*, seja, conforme alguns comentaristas, um dos mais próximos de uma perspectiva marxiana.

Já podemos dar um salto de três anos. Em 1976, Foucault ministra o curso *Em defesa da sociedade*. Ali, ao reiterar sua recusa de pensar o poder em uma chave economicista, ele se pergunta de súbito: "Para fazer uma análise não econômica do poder, de que, atualmente, dispomos?" E sua constatação é das

---

7 Ibidem, p. 33.
8 Ibidem, p. 34.
9 Ibidem, p. 232.

mais surpreendentes: "Acho que se pode dizer que dispomos realmente de muito pouca coisa." Não é espantoso que, depois de publicado *Vigiar e punir*, uma das mais belas análises do poder já realizadas no século XX, e às vésperas de empreender sua exploração do biopoder, o autor que revelou com tamanha minúcia e acuidade os mecanismos de uma sociedade disciplinar constatasse uma espécie de pobreza teórica na problematização do poder? Eis o que ele elenca como aquele "pouco" de que dispomos: "Dispomos, primeiro, da afirmação de que o poder não se dá, nem se troca, nem se retoma, mas que ele se exerce e só existe em ato. Dispomos igualmente desta outra afirmação, de que o poder não é primeiramente manutenção e recondução das relações econômicas, mas, em si mesmo, primariamente, uma relação de força."[10] É a análise do poder em termos de "combate, de enfrentamento ou de guerra".[11] Ele assim define essa hipótese de 1976: "o poder é a guerra, é a guerra continuada por outros meios." E menciona a inversão, nesse sentido, da fórmula de Clausewitz, segundo a qual a guerra seria a política continuada por outros meios, em: "a política é a guerra continuada por outros meios." Ao explicitar essa hipótese, que seria parte do que utilizamos hoje para pensar o poder, ele elenca nela três aspectos: 1) o poder político não suspende a guerra, mas reinsere seu desequilíbrio perpetuamente "nas instituições, nas desigualdades econômicas, na linguagem, até nos corpos de uns e de outros"; 2) no interior dessa "paz civil", todos os enfrentamentos com o poder e pelo poder deveriam ser lidos, no interior do sistema político, como continuações da guerra: "Sempre se escreveria

---

10 Michel Foucault, *Em defesa da sociedade*, trad. Maria Ermantina de Almeida Prado Galvão. São Paulo: WMF, 1999, p. 21.

11 Ibidem, p. 22.

a história dessa mesma guerra, mesmo quando se escrevesse a história da paz e de suas instituições";[12] e 3) a decisão final no plano político só pode vir da guerra.

Ora, em 1976, Foucault critica o conjunto que ele mesmo defendia apenas três anos antes, qualificando-a de "hipótese Nietzsche". E pergunta, quase contra si mesmo: "É mesmo exatamente da guerra que se deve falar para analisar o funcionamento do poder? São válidas as noções de 'tática', de 'estratégia', de 'relação de força'? Em que medida o são? O poder, pura e simplesmente, é uma guerra continuada por meios que não as armas ou as batalhas?"[13] Não se trata, como mostra a sequência, de abrigar-se no polo oposto, no discurso da soberania e do direito que tiveram "como função dissolver, no interior do poder, o fato da dominação para fazer que aparecessem no lugar dessa dominação, que se queria reduzir ou mascarar, duas coisas: de um lado, os direitos legítimos da soberania, do outro, a obrigação legal da obediência".[14] É a supressão do fato da dominação que tal discurso da soberania empreende, e não teria cabimento voltar a ele.

Para pensar o poder e as múltiplas formas de dominação, o modelo da guerra é agora insuficiente: "Em quê uma relação de dominação pode se resumir à noção de relação de força ou coincidir com ela? Em que a relação de força pode se resumir a uma relação de guerra?"[15] Será que a guerra pode servir de matriz para pensar as técnicas de dominação? Será que a relação de poder é, no fundo, uma relação de enfrentamento, de luta de morte, de guerra? Parece que

12 Ibidem, p. 23.
13 Ibidem, p. 26.
14 Ibidem, p. 31.
15 Ibidem, p. 53.

tais perguntas sinalizam uma suspeita de que a guerra é ainda excessivamente "binária" para agrupar fenômenos tão múltiplos aos quais o autor fez referência; de que o antagonismo, a rivalidade ou o enfrentamento entre grupos, classes ou indivíduos sejam excessivamente codificados. E, ao explicitar o que considera o problema principal do curso do ano de 1976, diz: "como, desde quando e por que se começou a perceber ou a imaginar que é a guerra que funciona sob e nas relações de poder? Quem imaginou que a ordem civil era uma ordem de batalha?"[16] O leitor se surpreende com a pergunta seguinte: "Quem, no fundo, teve a ideia de inverter o princípio de Clausewitz, quem teve a ideia de dizer: é bem possível que a guerra seja a política praticada por outros meios, mas a própria política não será a guerra travada por outros meios?" O leitor desavisado tenderia a retrucar que, três anos antes, ele mesmo, Foucault, havia proposto tal inversão. Mas, agora, a pergunta extrapola esse *quem*, para, em uma pirueta, perguntar quem o próprio Clausewitz teria revirado, quem teria formulado o princípio que Clausewtiz inverteu? O curso acaba fazendo a genealogia do princípio de que a própria política é a continuação da guerra por outros meios, muito antes de Clausewitz inverter essa fórmula. Isto é, Foucault escavará essa tese difusa que vem de longe e que atravessa a historiografia há vários séculos, que atribui à guerra uma primazia de fundo, detectando-a por toda parte. Guerra antiga, guerra permanente, guerra interminável que a dialética há de colonizar. Não é a guerra de todos contra todos – novamente há que afastar-se de Hobbes –, mas a guerra entre raças, que teria sido, por assim dizer, a matriz de tal primazia da guerra. Guerra de raças não é ainda racismo – ela tem

---

16 Ibidem, p. 54.

antes um caráter histórico-político –, e é somente no século XIX que ganhará um cunho biológico, quando for apropriada pelos Estados, já em um contexto biopolítico no qual se trata de separar as raças que merecem viver das que devem perecer no interior de uma mesma nação. Em seu início, a luta das raças não necessariamente era reacionária, diz Foucault, e pôde servir, por vezes, até para uma prática de contra-história, cavoucando as dissimetrias, injustiças e violências perpetradas por um campo contra outro, e colocando em xeque, assim, certo estado de coisas, podendo desembocar em um discurso revolucionário ou no profetismo de uma guerra final e definitiva que aboliria de vez as injustiças e dominações acumuladas. Em todo caso, segundo Foucault, é desse discurso da luta de raças que deriva a ideia de luta de classes. Obviamente, é com perplexidade que lemos tal genealogia, mas Marx e Engels beberam na historiografia de seu tempo, mesmo que a tenham virado do avesso. De todo modo, o que parece interessar Foucault é que tal discurso da guerra de raças se dá em uma forma binária. Ao analisar textos contra o absolutismo monárquico na Inglaterra, Foucault diz: "era a primeira vez que um esquema binário não era simplesmente uma maneira de articular uma queixa, uma reivindicação, de constatar um perigo. Era a primeira vez que esse esquema binário que pontuava a sociedade podia articular-se, sobretudo, a partir dos fatos da nacionalidade: língua, país de origem, hábitos ancestrais, espessura de um passado comum, existência de um direito arcaico, redescoberta das velhas leis (...). Permitia também analisar as instituições atuais em termos de enfrentamento e de guerra, a um só tempo cientificamente, hipocritamente, mas violentamente travada entre as raças (...). A revolta, agora, se justifica como uma espécie de necessidade da história: corresponde a certa ordem social que é a da guerra, à qual ela dará fim como uma derradeira peripécia."[17] É contra a ameaça de tal discurso e suas consequências, diz Foucault, que Hobbes teria voltado sua teorização do Leviatã.

A outra fonte em que Foucault vai buscar a proveniência desse discurso da guerra está, do lado francês, em Boulainvilliers, cujo detalhamento não há como esmiuçar aqui. Ele também vai se bifurcar em uma vertente conservadora e outra revolucionária, lançando-se, por fim, de maneira paradoxal, em uma defesa da sociedade contra o inimigo interno, por meio, ainda e sempre, da guerra. Vê-se a que ponto o discurso difuso da guerra permanente como um fundo, antes valorizado por Foucault, nesse momento, acaba esclarecendo o modo pelo qual muito mais tarde o Estado investe nos processos vitais da população por meio da medicina, contra um inimigo interno, nutrindo o que ele chamou de biopolítica e culminando com o desfecho nazista, sem excluir o stalinista. Terá sido a genealogia desse racismo de Estado e a descoberta surpreendente da relação entre o discurso da guerra e a biopolítica que fizeram Foucault se deslocar de sua posição anterior com respeito à relação entre guerra e política, fazendo-o abandonar, por assim dizer, a "hipótese Nietzsche"? Claro que tudo é mais complexo, pois, quando o Estado entra em cena de maneira tão central, já advoga uma universalidade que justamente minimiza a dimensão da guerra e da dominação em favor de uma espécie de pacificação, por mais mortífera que ela acabe sendo, tanto externa quanto internamente.

Enfim, as razões do deslocamento na trajetória de Foucault merecem uma investigação mais apurada, e estou longe de pretender fornecer qualquer explicação para tal reviravolta. Minha intenção é muito mais modesta. Ao assinalar, nos

17 Ibidem, p. 132.

cursos dos anos subsequentes, o deslocamento do discurso da batalha para o discurso do governo, nessa série que passa pela sociedade de segurança, pelo poder pastoral, pelo governo das coisas, pela polícia (1977-1978),[18] até a tematização do liberalismo (1978-1979)[19] – em suma, que abarca o governo como arte de governar, como governamentalidade –, algo de crucial mudou. Em *Nascimento da biopolítica*, a questão da guerra desaparece totalmente, mas não a análise do capitalismo, muito menos o esforço em ressaltar a primazia da arte de governar.[20] Se o neoliberalismo alemão interessa tanto a Foucault, sem dúvida é porque ele implica no surgimento dessa nova "arte de governar", ou "arte liberal de governar", que já não pode ser remetida à definição genérica de "relações de poder". Dito de outra forma, é um deslocamento no método de análise, não no objeto da análise. Ou seja, quando analisava os micropoderes, não se tratava de focar uma esfera específica, minúscula (loucura, delinquência, sexualidade), foco que agora teria se deslocado para o macropoder e as questões do Estado, mas é o ponto de vista que mudou, insiste ele, o método, que, por conseguinte, pode ser aplicado a qualquer escala, inclusive minúscula, como mostrarão os cursos dos anos seguintes. Não é um problema de mudança de escala, mas de mudança de ponto de vista. Ao terminar seu curso definindo a política como o debate entre as diversas maneiras de conceber a arte de governar, indexadas ora à racionalidade do Estado soberano, ora à dos agentes econômicos, ora à dos governados eles mesmos, o leitor se pergunta se, com essa

---

18 Michel Foucault, *Segurança, Território, População*, trad. Eduardo Brandão. São Paulo: Martins Fontes, 2008.
19 M. Foucault, *La naissance de la biopolitique*.
20 Ibidem, p. 155.

mudança de método, a paisagem já não é inteiramente outra, longe daquele campo de batalha cujos rumores a soberania se encarregava de abafar. Em todo caso, em *O governo dos vivos* (1979-80), ele insiste que "a noção de governo me parece muito mais operatória do que a noção de poder, 'governo' sendo entendido, certamente, não no sentido estreito e atual de instância suprema das decisões executivas e administrativas nos sistemas estatais, porém no sentido amplo, e aliás antigo, de mecanismos e de procedimentos destinados a conduzir os homens, a dirigir a conduta dos homens, a conduzir a conduta dos homens". É à "arte racional de governar"[21] que Foucault vai dedicar seus próximos passos.

Se, em 1973, poder e guerra (civil) se confundiam, para o Foucault desse período, o poder é uma coisa e a guerra, outra. Em um texto de 1982, porém, ao reafirmar a distinção entre poder e guerra, o autor ressalta certo cruzamento eventual e a reversibilidade que lhes é comum. Pois, se a relação de poder se dá agora entre governante e governado, e o enfrentamento estratégico se dá entre adversários, importa sublinhar que o governado sempre pode tornar-se um adversário, ainda mais ao supor nele, como o faz Foucault nesse momento, a liberdade e o reconhecimento dele como sujeito de ação. Em todo caso, o fato de que um pode revirar-se no outro apenas indica a que ponto a dimensão agonística não desapareceu do horizonte de Foucault. Pois "a cada momento, a relação de poder pode tornar-se, e em certos pontos se torna, um enfrentamento entre adversários".[22]

---

21 Michel Foucault, *Du gouvernement des vivants*: Cours au Collège de France (1979-1980). Paris: Gallimard/Seuil, 2012, pp. 13-14. [Ed. bras. *Do governo dos vivos*, trad. Eduardo Brandão. São Paulo: WMF, 2014.]

22 Michel Foucault, "Le sujet et le pouvoir", in *Dits et écrits (1954-1988)*, t. IV. Paris: Gallimard, 2001, p. 242.

3. O CAPITALISMO E A GUERRA CIVIL ILIMITADA

> "A afirmação de que a guerra civil não existe é um dos primeiros axiomas do exercício do poder."[23]

Ora, é justamente tal postulado da separação entre guerra e poder sustentado por Foucault em certo momento de sua trajetória que Maurizio Lazzarato e Éric Alliez tratam de contestar em *Guerres et capital*: "O capitalismo e o liberalismo carregam as guerras em seu seio como as nuvens carregam a tempestade".[24] Porém já não se trata, como em séculos anteriores, de uma guerra entre Estados-nação pela conquista de terras supostamente inabitadas, visando garantir matéria prima ou disputando mercados, mas de uma guerra *contra a própria população*, uma guerra de classes, de raças, de sexos, de subjetividades. Essa guerra visa manter e aprofundar as clivagens que atravessam nossas sociedades. Seu modelo vem do colonialismo, porém não se dirige contra as populações nativas de terras longínquas, mas se dá na própria metrópole, em um endocolonialismo de escala global. "A população é o campo de batalha no interior do qual se exercem operações contrainsurrecionais de toda ordem que são, ao mesmo tempo e de maneira indiscernível, militares e não militares, pois são portadoras da nova identidade entre as 'guerras sangrentas' e as 'guerras não sangrentas'."[25] É onde a paz e a guerra se tornam indistintas.

---

23 M. Foucault, *La societé punitive*, p. 23.
24 Éric Alliez e Maurizio Lazzarato, *Guerres et capital*. Paris: Éditions Amsterdam, 2016.
25 Ibidem, p. 28.

Ao lamentar o abandono foucaultiano da guerra civil como matriz ("hipótese Nietzsche"), os autores a resgatam e lhe dão uma nova dimensão. Assim explicitam suas intenções: "este livro não tem outro objeto senão fazer ouvir, sob a economia e sua 'democracia' (...), o 'estrondo' das guerras reais em curso em toda sua multiplicidade (...). Em suma, tratar-se-ia de extrair lições daquilo que nos apareceu como o fracasso do pensamento 1968 do qual somos os herdeiros, até na nossa incapacidade de pensar e de construir uma máquina de guerra coletiva à altura da guerra civil desencadeada em nome do neoliberalismo e do primado absoluto da economia como política exclusiva do capital."[26]

O mesmo pode ser dito sobre a governamentalidade. Alliez e Lazzarato utilizam a perspectiva de Foucault, mas lhe dão um novo alcance: concebem a governamentalidade como sendo *da guerra*, chamando a atenção para todo o aspecto "securitário" que Foucault não se cansara de estudar, bem como a priorização do "meio" do "ambiente", a partir do qual se modelam as possibilidades, os desejos, os modos de pensar, as crenças, os medos. Eis uma redefinição do conceito foucaultiano: "*a governamentalidade não substitui a guerra. Ela a organiza, governa, controla a reversibilidade das guerras e do poder*. A governamentalidade é a governamentalidade *das guerras*, sem o que o novo conceito, muito rapidamente colocado a serviço da eliminação de todas as 'condutas' da guerra, entra inevitavelmente em ressonância com o todo-poderoso e muito (neo)liberal conceito de 'governança'."[27]

Se o poder visto sob o prisma da governamentalidade é ação

---

26 Ibidem, p. 33.
27 Ibidem. Cf. "Les limites du libéralisme de Foucault", in E. Alliez e M. Lazzarato, *Guerres et capital*.

sobre ação, conduta sobre conduta, que pressupõe a liberdade do outro – condição da ideia mesma de governamentalidade tal como Foucault a formulou –, a rebelião sempre é possível. A arte de governar é indissociável de sua reversibilidade. Mas, como que desafiando a formulação de Foucault, os autores injetam nessa arte de governar a dimensão da guerra, parcialmente evacuada por Foucault em 1976. Por exemplo, a ação sobre ação e a conduta sobre conduta envolvem, dizem os autores, a guerra de subjetividades. Eis um instrumento de *produção* de subjetividade, o investimento sobre esferas psicológicas, afetivas e micropolíticas enquanto controle das condutas. É também uma guerra *de* percepção, *sobre* a percepção, e mais do que sobre a população, ela incide sobre o "público" – a guerra midiática deve ser ganha antes mesmo da batalha se dar –, o que foi particularmente decisivo no caso do golpe de 2016, em nosso país. A globalização da percepção permite que a guerra sequer apareça como guerra, confirmando uma intuição de Heidegger, na esteira de Jünger, de que "o elemento 'guerra' não será mais em absoluto sentido como tal, ou o elemento 'paz' não terá mais nem sentido nem substância". A guerra contrainsurrecional visa, claro, não a segurança ou a paz, mas a manutenção de um estado de insegurança generalizado, de medo difuso, que justifique precisamente a mobilização incessante, securitária ou salvacionista, desde que ela produza ao mesmo tempo uma espécie de pacificação. Já não é a guerra visando os objetivos políticos do Estado, porém do capital. E, se no estágio fordista o Estado fornecia ao capital um território, mas também à guerra, a globalização liberou ambos de sua ancoragem territorial.

    A preocupação dos autores fica clara: combater a apropriação feita por um pensamento neoliberal que, ao confundir governamentalidade e governança, se permite negar a guerra civil com base em uma utopia neoliberal, tão bem analisada pelo próprio Foucault, diga-se de passagem. Aliás, a microfísica do poder pode ser lida retrospectivamente como uma atualização crítica da "guerra civil generalizada", da "guerra das subjetividades" (bastaria ler as "disciplinas" a partir da guerra civil).

As múltiplas guerras em curso hoje contra as populações atestam que o que se governa são as divisões no seio da população, a distribuição diferencial da precariedade – é isso a biopolítica contrainsurrecional. Sua matriz continua sendo a guerra colonial, que nunca foi entre Estados, mas sim "*dentro* e *contra* a população, onde as distinções entre paz e guerra, entre combatentes e não combatentes, entre o econômico, o político e o militar nunca tiveram lugar".[28] Como o mostrou Achille Mbembe, a escravidão colonial foi o protótipo dessa necropolítica: "a colônia representa o lugar em que a soberania consiste fundamentalmente no exercício de um poder à margem da lei e onde a 'paz' costuma ter o rosto de uma 'guerra sem fim'."[29]

O fundo teórico de *Guerres et Capital* está condensado na seguinte formulação: "O capital não é nem estrutura, nem sistema, ele é 'máquina', e *máquina de guerra* em relação à qual a economia, a política, a tecnologia, o Estado, a mídia etc. não passam de articulações informadas por relações estratégicas."[30] Por conseguinte, "o capitalismo mundial

---

[28] Ibidem, p 28.
[29] Achille Mbembe, *Necropolítica*, trad. Renata Santini. São Paulo, n-1 edições, 2017, p. 32.
[30] E. Alliez e M. Lazzarato, *Guerres et capital*, p. 31. Para um aprofundamento da noção de máquina e de máquina de guerra, com a singular inflexão dada pelos autores, ver de Maurizio Lazzarato *Fascismo ou revolução?*, na seção "A máquina de guerra".

integrado é a axiomática da máquina de guerra do capital que soube submeter a desterritorialização militar do Estado à desterritorialização superior do Capital".[31] Em outras palavras: "*O capital financeiro transmite o ilimitado (de sua valorização) à guerra fazendo dessa última uma potência sem limites (guerra total).*" Donde o risco de uma "*produção ilimitada para a guerra ilimitada*".[32] A destruição não começa com o homem, mas com o Capital – daí o equívoco em chamar de *Antropoceno* o que deveria ser designado de *Capitaloceno*[33]. O *Capitaloceno* não exporta o capitalismo até a Lua, mas conclui a mercantilização global.[34]

O motor do movimento ilimitado do capital é a moeda, que, por meio do crédito e da dívida, expande seus limites, produzindo o assujeitamento crescente do trabalho ao capital. É enquanto fluxo desterritorializado que o capital funciona ao mesmo tempo como motor e como dispositivo de comando estratégico. E ele não funciona senão através da força como um agente econômico – de onde provém o papel da guerra. "É a relação estreita, constitutiva, ontológica entre a forma a mais desterritorializada do capital, o dinheiro, e a forma a mais desterritorializante da soberania, a guerra"[35] – é a partir daí que se deveria reescrever a história do capitalismo – a moeda, a guerra, o Estado.

Curiosamente, os autores novamente recorrem a Foucault – eles se baseiam num curso de 1970-1971, no qual o filósofo volta aos gregos para analisar o surgimento de algo como a

---

31 E. Alliez e M. Lazzarato, *Guerres et Capital*, p. 22.
32 Ibidem.
33 Ibidem, p. 31
34 Ibidem, p. 32.
35 Ibidem, p. 38

vontade de saber. É ali que encontram uma gênese da moeda e, em especial, no caso de Corinto, em que a configuração igualitária na estratégia hoplita (falange) corria o risco de provocar uma reivindicação similar no plano das terras.[36] Ora, a maneira de limitar tal reivindicação será distribuir uma parcela pequena das terras, instaurar a moeda e com ela cobrar um imposto de dez por cento aos ricos, garantindo ao final que o que se redistribuiu de riqueza retorne a eles. A moeda teria origem em certo exercício de poder, e não o contrário. "Não é porque se detém a moeda que se adquire e exerce o poder. É antes porque alguns tomaram o poder que a moeda foi institucionalizada."[37] Assim, interpretam os autores, *a moeda é a continuação da guerra civil por outros meios*; a economia se torna política através do poder que guerreia por meio da moeda. A moeda não é simplesmente um capital econômico, mas é utilizada pelo Estado para ampliar seus poderes e reafirmar ou redesenhar divisões (aristocratas, guerreiros, artesãos, "assalariados") que correm o risco, sempre, de degenerar em guerra civil. Ou seja, para evitar a guerra civil, entra em jogo, por meio da tirania, o reino da medida. Já na Grécia, Sólon introduz a *eunomia*, uma *justa repartição do poder* para não precisar *repartir a riqueza*. Ou seja, ao incluir a todos em um sistema democrático, conjura-se a guerra civil. "A monetarização da economia que permitiu conjurar a guerra civil faz a pólis e suas instituições correrem um perigo mortal, pois o 'ilimitado' da apropriação e da acumulação que a moeda carrega e libera com seus efeitos de captação imediatamente econômica ameaça sempre intensificar

---

36 Michel Foucault, *Leçons sur la volonté de savoir*. Paris: Gallimard/Seuil, 2011, p. 117, apud E. Alliez e M. Lazzarato, *Guerres et Capital*, p. 40.
37 Ibidem.

o 'excesso de riqueza e o excesso de pobreza'. É essa potência da moeda que é preciso conjurar por meio de todo um conjunto de codificações que impõem limites políticos, religiosos, morais e sociais a sua potência de desterritorialização."[38] Em outros termos, a moeda introduz um ilimitado, um infinito da valorização como norma da desmedida do capital. Esse capitalismo virtual está como que em negativo de todas as formações sociais, mas apenas o capitalismo faz "do ilimitado da moeda o princípio mesmo de sua organização".

A conclusão dos autores, no rastro de Foucault, é que a economia mercantil "não tem nenhuma autonomia, nenhuma possibilidade de existência autônoma" independente da potência dos fluxos de poder e de guerra.[39] "Se o dinheiro não é sustentado por um fluxo de poder estratégico que encontra na guerra sua forma absoluta, ele *perde seu valor* como capital."[40]

Aqui, aparece uma crítica a Agamben: o estado de exceção é pensado demasiadamente em termos de direito, ocultando a dimensão do poder ali presente. Os plenos poderes não são uma exceção, mas um princípio constituinte de governamentalidade.[41] Não estamos mais no tempo dos plenos poderes, mas no espaço pleno de poderes – no fundo, o poder sempre dribla a soberania jurídico-política.

O que opera, pois, e de maneira ininterrupta desde a Primeira Guerra Mundial, é menos o estado de exceção do que a *máquina de guerra do capital*, da qual o estado de exceção é apenas um dispositivo. Os "modelos de organização

---

38 Ibidem, p. 45.
39 Ibidem, p. 46.
40 Ibidem, p. 47.
41 Ibidem, p. 332.

científica do trabalho e o modelo militar de organização e de conduta da guerra penetram em profundidade no funcionamento político do Estado, reconfigurando a divisão liberal dos poderes, ao passo que, ao contrário, a política, não mais do Estado, porém do Capital, se impõe na organização, na condução e nas finalidades da guerra."[42]

O Capital se apropria da guerra ao transformá-la em guerra industrial para depois fazer dela uma "guerra no seio da população". É possível retomar, nesse contexto, a noção de governamentalidade da população, desde que a guerra não seja expulsa das relações de poder, mas as informe. A guerra se exerce não sobre *a* população, porém *sobre* e *por meio de* suas divisões. "A guerra tem como objeto a produção e a reprodução ampliada das divisões de classe, de sexo, de raça, de subjetividade da população." A guerra no seio da população exprime as novas condições de concentração de poder, securitização e produtividade de que depende o capital. Por conseguinte, não são tanto guerras no seio da população, mas *contra* a população. "A culminação do processo de concentração dos poderes se realiza no neoliberalismo, no qual o 'governo' e suas administrações *executam* as estratégias do capital financeiro. O processo de subordinação absoluta do Estado e da guerra ao capital é o fato da intensificação da dominação da finança quando ela está em condições de explodir todas as mediações/regulações político econômicas às quais ela pode ter sido submetida desde os acordos de Bretton Woods (...). O verdadeiro poder executivo não saiu da vontade do povo, nem da nação, nem do Estado: é aquele que as instituições financeiras reconstruíram pouco a pouco em seu benefício."

---

42 Ibidem, p. 333.

Não é mais o poder executivo que comanda, mas um conjunto de instituições transnacionais. O Estado é antes o lugar de reterritorialização de gestão da dívida. A atividade financeira, tal como analisada por dois coronéis da Força Aérea chinesa, por exemplo, é uma "guerra não sangrenta", cujos efeitos são comparáveis a uma guerra sangrenta. Renunciando a rivalizar com o poderio militar americano, essa estratégia privilegia as operações não militares. O que ameaça a "segurança nacional" são menos os exércitos do que "fatores econômicos como a apropriação dos recursos, a captura dos mercados, o controle dos capitais, as sanções comerciais".[43]

Isso significa que a guerra sai das mãos dos militares e se torna a guerra dos políticos, cientistas, banqueiros. "As guerras não são mais somente sangrentas e os meios de conduzi-las não são unicamente militares. A economia e notadamente a economia financeira pode substituir os meios militares."[44] É o *terrorismo financeiro*, o novo poder executivo transnacional. Eis o novo contínuo entre guerra, economia e política.

■

Há vários outros cruzamentos com Foucault no livro *Guerres et Capital*, ora críticos, ora prolongando suas linhas de teorização. Rapidamente: por que Foucault mal fala da colonização, quando está claro que ela está na base da emergência do capitalismo como acumulação primitiva – já é guerra civil[45]

---

[43] Quiao Liang e Wang Xiangsu, *La guerre hors limites*, trad. Hervé Denès. Paris: Éditions Payot, 2006, p. 168, apud E. Alliez e M. Lazzarato, *Guerres et Capital*, p. 345.

[44] Ibidem, p. 345.

[45] "Tanto do lado do colonizado como do colonizador, a guerra de conquista e de pacificação não podia ser uma guerra "convencional" visando à

– e importa para a Europa procedimentos de adestramento (ali onde a política é continuação da guerra)? Por outro lado, o que é a guerra de subjetividades de que o capitalismo se serve senão tudo aquilo que Foucault descreve, em sua obra, por meio de dispositivos, instituições, técnicas, saberes que enquadram os indivíduos em um sistema de identidades e de funções, estendendo o assujeitamento para as várias esferas (família, psiquiatria, penalidade, sexualidade) e desembocando na biopolítica e suas maneiras de "triar" os que merecem viver dos que podem morrer?

Em todo caso, se a guerra colonial é uma guerra de subjetividade, a descolonização política deve estar acompanhada de uma descolonização subjetiva, de uma "conversão da subjetividade".

A segunda crítica a Foucault se dirige às análises do ordoliberalismo alemão e do neoliberalismo americano, baseadas na governamentalidade da sociedade, que, de maneira acrítica, não se perguntam sobre as razões de seu fracasso nem sobre as catástrofes de que ela foi portadora. "Tudo o que a doutrina liberal recalcou (guerra, Estado e capital) retorna com uma força destrutiva inédita." Pois, segundo os autores, o vetor real da "governamentalidade" liberal é a guerra de classe de que o colonialismo é um exemplo maior. Contudo, já ali se esboçava a fórmula schumpeteriana, a saber, a missão destrutiva e criadora do capitalismo. É nisso que consistiria o equívoco "terrível" de Foucault.[46] Em outros termos, toda a teoria da autolimitação que a economia impõe ao

---

rendição do soberano e à capitulação de seus exércitos. O colonizado não é um inimigo organizado em torno de um exército regular que obedece ao comando centralizado de um Estado", in E. Alliez e M. Lazzarato, *Guerres et Capital*, p. 146.

46 Ibidem, p. 165.

Estado, já no liberalismo, não corresponde à sua prática. Por trás de Hobbes, está o Estado e sua máquina de guerra. Não existe "a sociedade", tese, aliás, que Foucault mesmo havia defendido antes, e a própria governamentalidade não se exerce sobre "a população", mas por meio de divisões *na* sociedade e *na* população.[47]

Aqui aparece a tentativa de ampliar a definição marxiana do capital como relação social, considerada por demais pacificada em uma dialética que não consegue articular a questão da dominação e da exploração com os enfrentamentos estratégicos. Esses não são mais uma questão de luta, mas de guerras cuja multiplicidade desborda as classes burguesa e proletária e a tentativa de fazer Estado. Donde o esforço de migrar da teorização da luta de classes para a da guerra civil ampliada.

Talvez 1968 tenha explicitado algo que as lutas baseadas no centralismo operário por um tempo obnubilaram, isto é, que "o povo agindo para si mesmo e por si mesmo", como diz Marx, desloca o político, e implica um desassujeitamento em relação ao Estado, uma desestatização da vida.[48] Era já a Comuna de Paris, como o define Kristin Ross: em vez de se encerrar "em uma oposição rígida e binária entre capital e trabalho", investe o conjunto das relações de poder enquanto relações de forças, atestando a indistinção entre economia e política na urgência da guerra civil e do novo internacionalismo que o acompanha.[49] A Comuna mostrara uma "existência em ato" em uma espécie de presente trans-histórico

---

[47] Ibidem, p. 169.
[48] Ibidem, p. 385. Karl Marx, *A guerra civil na França*, trad. Rubens Enderle. São Paulo: Boitempo, 2011.
[49] Kristin Ross, *Rimbaud, la Commune de Paris et l'invention de l'histoire spatiale*, trad. Christine Vivier. Paris: Les Prairies ordinaires, 2013, p. 57.

que não cabe julgar *a posteriori* como precipitado ou lento segundo critérios extrínsecos, pois ele carrega seu próprio "aqui e agora" (o devir-revolucionário de que fala Deleuze). Trata-se, em conclusão, de arriscar uma "conversão subjetiva, um processo em ruptura crítica e clínica com nossa condição de assalariados, consumidores, usuários – em suma, 'normopatas' já que, com esses assujeitamentos nos quais o 'fora-do-sujeito' está proibido, somos todos/todas, a um ou outro título, 'peças' da megamáquina do Capital".[50]

A partir daí, como tornar-se o *inimigo autônomo*, ou seja, independente de todas as formas de coerção governamental, para "se compor politicamente em um processo de subjetivação da guerra civil que lhe é imposta e à qual, por sua vez, ele expõe seu adversário"?[51] Pergunta tanto mais difícil de responder quanto mais anônimo se torna esse mesmo adversário...

---

50 E. Alliez e M. Lazzarato, *Guerres et Capital*, p. 434.
51 Ibidem, p. 439.

4. A MÁQUINA DE GUERRA CONTRA A GUERRA

Como entrar em uma guerra sem necessariamente aceitar a belicosidade que dela emana? Como combater o adversário sem espelhá-lo? Trata-se de retomar o poder ou de expandir a potência? Não seria o caso menos de tentar ocupar o posto daqueles que tomaram de assalto o Estado do que ocupar ruas, praças, escolas, instituições, espaços públicos privatizados, experimentar novas formas de organização, auto-organização, sociabilidade, produção, subjetivação, mas também – e justamente o que parece o mais paradoxal –, novas modalidades de despossessão, deserção, destituição, dissidência, esquiva, dessubjetivação? Não é essa a combinação mais paradoxal e mais urgente? Daí o impacto de um livro como *Aos nossos amigos*,[52] que propõe sair do paradigma do governo – não se deixar governar nem querer governar; desertar uma matriz tão arraigada – contra os que nos governam, governemos nós –; ou desertar de vez o Estado e tudo o que ele implica... É preciso derrubar a corja de bandidos que sequestrou o Estado, quebrar o monopólio das corporações que os sustentam. Mas como fazê-lo sem entrar no jogo em que saímos vencidos de antemão, já impregnados pela lógica do adversário, de seus aparelhamentos, das cumbucas endinheiradas? Talvez ainda não se tenham inventado máquinas de guerra à altura da eficácia da megamáquina financeira, policial, midiática, jurídica que se instalou. Tampouco se inventou um modo de combatê-la sem nela nos enredarmos. Faltam-nos operadores de desativação, como diz Agamben, modos de tornar inoperante um poder, uma função, não

---

[52] Comitê Invisível, *Aos nossos amigos, crise e insurreição*, trad. Edições Antipáticas. São Paulo, n-1 edições, 2015.

apenas desativando aquilo a que nos opomos, como também desativando algo de nós mesmos que ainda permanece intacto e que se enreda nos mecanismos vigentes – o Estado-em-nós, o fascista-em-nós. Pois ficamos cativos do que nos aturde ou tortura, em um automatismo de ação e reação que corre o risco de espelhar a lógica dos que comandam – somos impelidos a um tipo de revide que relança o jogo em vez de reinventar as distâncias, os hiatos, os descolamentos, as cesuras, as desmontagens de nós mesmos Trata-se de criar um novo tabuleiro onde nem sequer houvesse lugar para um peão chamado *eu*, muito menos um bispo, um rei, uma rainha e seus movimentos codificados.

Deleuze se perguntou, *a partir de Nietzsche*, se a própria ideia de luta não está excessivamente comprometida com os *"valores estabelecidos pelos quais se luta"*.[53] Como se distribuem valores estabelecidos? "É sempre ao fim de um combate, de uma luta, qualquer que seja sua forma, secreta ou aberta, leal ou sorrateira. De Hobbes a Hegel, a vontade de potência está engajada em um combate precisamente porque o combate determina aqueles que receberão o benefício dos valores em curso. É próprio dos valores estabelecidos serem postos em jogo, em uma luta, mas é próprio da luta referir-se sempre a valores estabelecidos: luta pela potência, luta pelo reconhecimento ou luta pela vida, o esquema é sempre o mesmo. Ora, nunca é demais insistir no seguinte ponto: *quão estranhas são a Nietzsche e à sua concepção da vontade de potência as noções de luta, de guerra, de rivalidade ou mesmo de comparação*. Não que ele negue a existência da luta, mas esta de modo algum lhe parece criadora de valores. Pelo menos, os únicos valores que

---

[53] Gilles Deleuze, *Nietzsche e a filosofia*, trad. Mariana Toledo Barbosa e Ovidio Abreu Filho. São Paulo: n-1 edições, 2018, p. 107.

ela cria são os do escravo que triunfa; a luta não é o princípio ou o motor da hierarquia, mas o meio pelo qual o escravo inverte a hierarquia. A luta nunca é a expressão ativa das forças, nem a manifestação de uma vontade de potência que afirma; assim como seu resultado não expressa o triunfo do senhor ou do forte. Ao contrário, a luta é o meio pelo qual os fracos prevalecem sobre os fortes porque são a maioria. É por isso que Nietzsche se opõe a Darwin: Darwin confundiu luta e seleção, não viu que a luta tinha o resultado contrário àquele em que acreditava, que ela selecionava, mas só selecionava os fracos e assegurava seu triunfo. Demasiado polido para lutar, diz Nietzsche sobre si mesmo. Diz ainda a respeito da vontade de potência: 'Abstração feita da luta'."[54]

Por que desqualificar a luta? Será esse texto um libelo contra ela, uma recusa da luta? Se fosse isso, se fosse uma mera renúncia ou apologia da desistência, há tempos teríamos deixado de ler Deleuze e Nietzsche... Não será antes uma maneira de repensar a ideia de luta, revirá-la do avesso, agregar-lhe dimensões, catapultá-la para além da guerra? Sabemos como Deleuze valoriza Kafka e, em especial, um conto chamado *Descrição de um combate*, a ponto de colocar a obra inteira do escritor sob o signo desse título – qualquer texto seria descrição de um combate. Mas há uma diferença entre o *combate contra* e o *combate entre*: "é preciso distinguir o combate contra o Outro e o combate entre Si. O combate contra procura destruir ou repelir uma força..., mas o combate entre, ao contrário, trata de apossar-se de uma força para fazê-la sua. O combate entre é processo pelo qual uma força se enriquece ao se apossar de outras forças somando-se a elas num novo conjunto, em um novo devir."

[54] Ibidem, p. 107.

"O combate não é de modo algum a guerra. A guerra é somente o combate contra, uma vontade de destruição, um juízo que converte a destruição em algo 'justo'... O combate, ao contrário, é essa poderosa vitalidade não orgânica que completa a força com a força e enriquece aquilo de que se apossa (...) [o modo de existência] se cria por suas próprias forças, isto é, pelas forças que sabe captar, e vale por si mesmo, na medida em que faz existir uma nova combinação."[55] Portanto, para além da guerra e da destruição, a essência do combate é captura, composição, criação.

Não é a isso que responde o conceito de *máquina de guerra*, forjado pelo autor anos depois, em parceria com Guattari? Inspirado nos nômades e em seu modo singular de driblar o embate inevitável contra o Estado e as guerras que ele empreende, ao evitar o confronto direto, como a guerrilha, os nômades não têm a guerra por objetivo. Visam outra coisa, criam outra coisa. "Se a guerrilha, a guerra de minoria, a guerra popular e revolucionária, é conforme a essência [da máquina de guerra], é porque elas tomam a guerra como um objeto tanto mais necessário quanto é apenas 'suplementário': *elas só podem fazer a guerra se criam outra coisa ao mesmo tempo*."[56] O que é essa "outra coisa" se não justamente a criação de novas maneiras de pensar, sentir, amar, trabalhar, distribuir-se na terra, dividir os bens? Em suma, instaurar outras maneiras de viver, novos modos de existência?

A máquina de guerra tem sua ambiguidade, é verdade. Ela oscila entre uma dimensão criadora e outra destrutiva,

---

55 G. Deleuze, *Crítica e clínica*, p. 153.
56 Gilles Deleuze e Félix Guattari, *Mil Platôs*, v. 5, trad. Peter Pál Pelbart e Janice Caiafa. São Paulo: Editora 34, 1997, p. 110.

conforme o agenciamento em que se insere. É potência de metamorfose quando se manifesta como máquina teórica, artística, literária, amorosa, revolucionária (*Pentesileia*, de Kleist) – por vezes, feita de velocidade, exterioridade, afeto em contraposição à gravidade, captura, totalização próprias ao aparelho de Estado e seus sucedâneos. Mas também pode bascular para o outro polo, como as milícias revolucionárias que, em certo momento, começam a cobrar tributos da população e a tornam refém de redes de tráfico transnacionais, beirando a um microfascismo e a militarização geral da existência. Ou o exemplo extremo do nazismo, onde a máquina de guerra se apropria do Estado, arrastando-o em direção à guerra total, em que matança e suicídio coincidem. Ou ainda, como se viu no capítulo anterior, a máquina de guerra do capital.

Toda a filosofia da máquina de guerra visa desmontar nosso tributo sempiterno à forma Estado. A própria ideia de política se vê assim revirada. Pois é inegável: Deleuze e Guattari se opõem a toda uma concepção de política como vinculada necessariamente à forma-Estado. Foi o que viu com clareza Sibertin-Blanc ao notar como Carl Schmitt pensa a relação entre Estado, direito, guerra, hostilidade, inimigo. Pois tal conjunção só vale, jurídica, filosófica, ideológica, política, estrategicamente, em espaços determinados – a saber, naqueles modos de territorialização e codificação que são as condições para a emergência mesma do Estado. E acrescenta: "Pois face a Deleuze e Guattari, pensadores críticos da forma-Estado, Schmitt permanece um pensador estatista da crise do Estado. Os pressupostos de que depende para Schmitt a *pensabilidade mesmo* da política continuam determinados pela forma-Estado." E o Estado como sujeito exclusivo da política e a guerra como meio das relações exclusivamente interestatais, tal como se exprime Clausewitz, repousam sobre um processo de subordinação de outros processos maquínicos, sobre uma apropriação da potência da máquina de guerra pela forma-Estado. Será possível pensar essa potência independente do Estado? Desde certo ponto de vista, não é outra coisa que tenta *Mil Platôs*.

A GUERRA DA PAZ
Reencontramos a fórmula de Clausewitz, enunciada também por Deleuze e Guattari, e de forma invertida, como Foucault, porém declinada diferentemente, e que deve ter inspirado *Guerres et Capital*. Dizem seus autores: a política é a continuação da guerra por outros meios, porém a paz que ela parece proporcionar "*libera tecnicamente o processo material ilimitado da guerra total*". Essa fórmula não é estranha ao nosso contexto atual. O que se anunciava no tempo de Deleuze e Guattari era uma época, e isso há algumas décadas, em que "não havia mais necessidade de fascismo. Os fascistas tinham sido só crianças precursoras, e a paz absoluta da sobrevivência vencia naquilo que a guerra total havia falhado. Estávamos já na terceira guerra mundial". Apoiando-se em Virilio, eles completam: "essa máquina de guerra [e agora é a máquina de guerra no seu sentido negativo] não tinha mais necessidade de um inimigo qualificado, mas (...) se exercia contra o 'inimigo qualquer', interior ou exterior (indivíduo, grupo, classe, povo, acontecimento, mundo); (...) daí saía uma nova concepção da segurança como guerra materializada, como insegurança organizada ou catástrofe programada, distribuída, molecularizada".[57] Aqui, eles cruzam com Foucault, que tentou entender como a guerra, o pensamento da guerra, o dualismo que ela produz, que começava com o extermínio do

---

57 Ibidem, p. 170.

inimigo externo, acabaram desembocando na guerra contra o inimigo interno ou no extermínio que o próprio nazismo empreendeu de todos os seus inimigos internos, aquelas categorias da população que, segundo eles, não mereciam viver.

5. PLAYSTATION E NECROÉTICA

Se há um livro que expõe da maneira mais crua e cáustica o quão longe fomos na arte bélica, é *Teoria do drone*, que segue em detalhe a modificação produzida em nossa concepção da guerra e, por conseguinte, na relação entre a tecnologia e a vida, o combate e a morte, a existência e o desaparecimento.[58] Trata-se da guerra assimétrica, feita à distância de milhares de quilômetros, na qual um soldado sentado diante de uma tela no Alabama, em uma confortável sala com ar-condicionado, está protegido de qualquer risco, contrariamente aos seus alvos localizados no Afeganistão, Iêmen, Somália, Paquistão. Não são pilotos de avião, mas operadores de drone, de *joysticks*. A doutrina do presidente Obama repousava sobre essa nova tecnologia: matar, não capturar. Não a tortura, como em Guantánamo, mas o assassinato seletivo. Nessa guerra ao terror, toda relação de reciprocidade foi eliminada e, com ela, todo o risco que sempre caracterizou qualquer guerra (de morrer, ser capturado, ser atingido pelo inimigo). A nova violência é absolutamente unilateral — nasce aí um novo *éthos* militar, uma necroética, explica Grégoire Chamayou. Os territórios ocupados pelo exército israelense teriam constituído ao longo das longas décadas de domínio militar o lugar de experimentação para os assassinatos seletivos e, mais amplamente, como o definiu Eyal Weizman, "o maior laboratório do mundo para as 'tanatotáticas aerotransportadas'". Essa guerra, contrariamente à doutrina de Clausewitz, não é mais pensada em termos de duelo — dois adversários em luta —, mas da caça:

---

58 Grégoire Chamayou, *Théorie du drone*. Paris: La fabrique, 2014 [Ed. bras. *Teoria do drone*, trad. Célia Euvaldo. São Paulo: Cosac Naify, 2015.]

um predador e uma presa que foge ou se esconde. É a caça ao homem, que implica em uma outra lógica, da vigilância incessante (o drone pode ficar no ar vinte e quatro horas por dia), da totalização das perspectivas (pode-se ver tudo), do arquivamento total tanto visual como sonoro (podem interceptar todas as comunicações), que, no conjunto, permitem uma cartografia completa das formas-de-vida em jogo. A nova doutrina visa menos seguir indivíduos já repertoriados do que assistir à emergência de novos riscos, anônimos, gestos que desviam subitamente das formas de associação habituais. Tudo graças aos *eyeborgs*, câmaras que se destacam das paredes e ganham asas e armas: o drone. O seu efeito, ao sobrevoar uma região, é literalmente terrorífico, constante, incessante, total, deixando uma população inteira à mercê do imponderável que vem do céu, acionado a uma distância de milhares de quilômetros por um visor que facilmente confunde uma dança e um treino militar, uma criança ou um animal, e, ao estabelecer a "zona autônoma temporária" para execuções extrajudiciais, no limite, a estende ao globo como um todo. É a caça ao terrorista globalizado. Se outrora a contrainsurreição precisava da simpatia da população, o contraterrorismo dispensa a dimensão política e se resume ao plano policial-securitário. Guerra infinita, guerra sem baixas (do lado dos que possuem a tecnologia), mas também guerra sem vitória, guerra perpétua, guerra sem sacrifício, guerra da autopreservação absoluta. O efeito bumerangue de tal mutação é imprevisível.

 A ética do guerreiro formulada ainda por Clausewitz, que dava ao ato de matar alguma dignidade, uma vez que com ela arriscava-se a própria vida, cede lugar a uma outra ética inteiramente distinta, evacuada de todo e qualquer heroísmo – é a guerra pós-heroica, a mentalidade

PlayStation, a imunidade absoluta do combatente, que dificulta qualquer reflexão sobre a violência cometida. Só matando se tem certeza de que não se vai morrer, em um ato que descriminaliza o assassinato.

Ora, se a aversão pela morte é tamanha, isso não se deve ao alto valor atribuído à vida, mas, ao contrário, a um conceito muito empobrecido da vida, ali onde preservar a vida física supera todo e qualquer critério. Trata-se, diz o autor, de uma concepção zoopolítica da soberania, na qual a relação de propriedade cruza a da criação de animais. Garantir a sobrevida, evitar a exposição das vidas. Se antes tal exposição ao risco deixava o soberano, parcialmente, nas mãos da população exposta, que podia cobrar-lhe uma contrapartida, de eficácia ou proteção, essa margem foi abolida. A crítica eventual (se minha vida está exposta ao risco, tenho direito de submeter a política do soberano ao meu juízo) é desativada inteiramente.

Eis, pois, uma nova "subjetividade". É uma guerra sem sujeito, onde a tecnologia substitui a teleologia, ou onde os mecanismos todos em operação escamoteiam a presença de algum sujeito. Daí a necessidade de organizar o desapego subjetivo, facilitado, já que as ordens se convertem em programas, em uma espécie de servidão maquínica, como diria Guattari. Assim, a localização do poder se esfumaça ainda mais. Onde está ele? A quem pertence? Quem o organiza? Velhas questões, diante do pós-humanismo roboético.[59] É, igualmente, a fábrica da irresponsabilidade. Se, no início do processo, havia um radical antropocentrismo, no final, é a evacuação do sujeito e de toda intencionalidade, diagnostica o autor. Talvez seja tal lógica assimétrica que se anuncia nas guerras futuras.

[59] Ibidem, p. 291.

GUERRA PÓS-MODERNA?

Outra novidade no campo das táticas contrainsurrecionais vem do exército israelense e suas experimentações em territórios palestinos ocupados.[60] Numa operação contra a cidade de Nablus, em 2002, os soldados evitaram entrar pelas ruas, portas, janelas, escadas, onde poderiam ser alvo de franco-atiradores e emboscadas, e inventaram um "novo" método: esburacar a parede lateral de uma casa e, assim, atravessando seus aposentos, avançar de furo em furo, de casa em casa, lateralmente. Assim descreve a romancista palestina Adania Shibli:

"Imagina: você está sentada na sua sala, que lhe é familiar. É onde a família se reúne para assistir televisão depois do jantar... E de repente, eis que uma parede desaba num estrondo ensurdecedor, o aposento se enche de poeira e entulho, e você vê surgir um soldado depois do outro através das paredes, berrando ordens [...] com o rosto pintado de preto, apontando suas metralhadoras em todas as direções, com antenas que saem de seus estojos e lhes dão o aspecto de insetos gigantes."[61]

Eis uma modalidade de deslocamento militar que não expõe os soldados aos seus inimigos, que traz o combate para o interior das casas, que faz delas passarelas para o avanço das tropas, embaralhando o interior e o exterior, o privado e o público, e redesenhando a cidade em favor de um "enxameamento". Inspirados em páginas de *Mil Platôs*, tratava-se, para os generais filósofos, de ler o espaço de uma cidade, um

---

60 Eyal Weizman, *À travers les murs*: L'architecture de la nouvelle guerre urbaine, trad. Isabelle D. Taudière. Paris: La Fabrique, 2009. Trata-se do capítulo VII do livro do mesmo autor, *Hollow Land*. London: Verso, 2007.
61 Ibidem, p. 32.

vilarejo ou um campo de refugiados não mais a partir das construções, das vias de circulação, dos obstáculos físicos, ou seja, da materialidade visível e dos circuitos reconhecíveis da cidade, mas a partir de uma nova matriz mental. Por meio de uma lógica não linear, os soldados se deslocariam como "nuvens", fazendo "rizoma", em um movimento mais próximo do "caos" do que de um avanço militar ordenado e encadeado.

Acrescente-se a isso uma tecnologia que permitia detectar corpos humanos por detrás das paredes, através de "marcas térmicas" – provavelmente algo parecido com o equipamento que o governo israelense emprestou ao Brasil por ocasião do "socorro" às vítimas do rompimento da barragem de Brumadinho, considerado inutilizável pelos bombeiros brasileiros, já que os corpos soterrados há dias sob a lama estavam frios. Mas, no uso militar, a materialidade das paredes deixa de ser um obstáculo para a visão do alvo, uma vez que tudo se torna transparente. É possível "enxergar" através das paredes, detectar vultos, mirar o adversário oculto, e a cidade inteira se torna mais "fluida", "desmaterializada", transparente, vulnerável.

Essa doutrina, inspirada em autores ditos pós-estruturalistas, foi, por alguns anos, lecionada em um importante centro de pesquisas militares israelense, e era disciplina obrigatória na formação dos oficiais de alto escalão. No currículo, constava não apenas Deleuze e Guattari, mas também a "desconstrução" de Derrida, a deriva situacionista ou a psicogeografia de Guy Debord, Bataille, e seu desejo de atacar a arquitetura e os arquitetos vinculados a uma extrema esquerda, como Tschumi, Matta-Clark e seus edifícios "cortados" ao meio etc.

A "geometria urbana invertida", segundo os teóricos militares, ao produzir um "espaço liso", uma "desterritorialização", um "corpo sem órgãos", e ao desorientar e permitir ver terroristas "nômades", obrigando-os a deixarem seus túneis subterrâneos, pouparia os soldados, instauraria um teatro de operações inesperado, com relevante ganho "necroeconômico". Toda uma terminologia pseudofilosófica foi mobilizada, cuja função, ao que parece, consistiu mais em justificar retoricamente uma modalidade de intrusão e de destruição, afinal, não tão nova assim – até a Comuna de Paris já enunciava inversões táticas do tipo, das quais o próprio adversário se apoderava. Ademais, nada disso seria possível, no caso israelense, sem uma retaguarda convencional maciça, uma hierarquia inteiramente preservada, apoio aéreo, bombardeamento à distância etc. Mas é como se o adversário, por meio dessa virada "pós-moderna" ou "metafísica", pelo menos no plano discursivo dos militares, ficasse doravante inteiramente à mercê do poder absoluto do exército ocupante.

Exportada para academias militares estrangeiras, tal teorização foi considerada uma revolução na inteligência tática e estratégica, até comprovar sua inépcia quando confrontada a combatentes do fronte libanês, mais equipados e bem treinados do que a resistência palestina, e que cobraram um preço exorbitante dessa suposta novidade.

Eyal Weizman exprime suas conclusões da seguinte maneira: "o exército israelense não tinha realmente necessidade de Deleuze para atacar Nablus e, para retomar a observação cáustica de Paul Hirst, no terreno, 'as máquinas de guerra viram petróleo e carvão', e os 'corpos sem órgãos' não são nada além das vítimas."[62] No fundo, diz o autor, a doutrina militar "pós-moderna" apenas edulcorou uma prática que remonta às incursões desmesuradas de Ariel Sharon,

---

62 Ibidem, p. 80.

desde o início de sua carreira militar, cujo anseio sempre foi o de liberar as operações "punitivas" dos freios impostos pelas leis ou pelas paredes (*law/wall*),[63] em um contexto em que transpor um muro equivale a transpor uma lei, abrindo assim novos horizontes para um poder político ilimitado.

[63] Ibidem, p. 68.

6. CÓLERA E ALEGRIA

Em 2014, o Comitê Invisível publicou *Aos nossos amigos: Crise e insurreição*.[64] A primeira parte do livro mostra como a fabricação de uma crise política e econômica constitui uma tecnologia de governo, um modo calculado de retomada do poder pelo conservadorismo mais regressivo sob o manto da legalidade. Nós somos o exemplo mais vivo e recente disso. Aliás, o Brasil foi o primeiro laboratório continental para a experimentação dessa tecnologia *soft* de crise e golpe, com *know-how* importado da potência do Norte. Falta ver se o Brasil também pode ser o laboratório continental para a experimentação de um contragolpe e em outro plano – quero dizer, uma insurreição política e afetiva ao mesmo tempo, não focada apenas em apear do poder a corja de bandidos que se instalou, mas, ao mesmo tempo, inventar novos modos de exercício da política e da transformação da existência coletiva. Daí o interesse também da segunda parte do livro.

Eis a seguir as principais linhas ali presentes.

1. Apesar da força das insurgências, dos seus efeitos e sua novidade, não há um novo "sujeito revolucionário". Não é o povo que faz a sublevação, mas é a sublevação que constitui um povo, seu povo.[65] Esse seria um dos sentidos possíveis para a frase de Deleuze, "o povo falta". Sim, falta o povo, ao mesmo tempo em que ele se constitui nos embates diversos.

2. As lutas não se dão tanto em torno da natureza das instituições, mas da forma desejável de vida. Talvez a força dos islamistas esteja no sistema de prescrições éticas que eles oferecem, como se tivessem compreendido que é no terreno

---

64 Cf. nota 1, capítulo 4.
65 C. Invisível, *A nossos amigos*, p. 55.

da ética, e não da política, que o combate se trava. Portanto, trata-se das formas-de-vida, das ideias sobre o que é viver ou viver bem. O exemplo da austeridade, por exemplo, pregado por tantos governos, não é apenas uma questão econômica: trata-se de certo *éthos*, talvez protestante, contraposto a um *éthos* indígena, por exemplo, do bem viver *enquanto afirmação política*.

3. A insurreição não deveria obedecer a critérios numéricos, mas qualitativos. Não é uma maioria que se insurge (mesmo que uma maioria possa se indignar), mas é em uma combinatória de coragem, determinação, confiança em si, sentido estratégico, energia coletiva que uma insurreição pode começar. Não se trata de esperar o consenso por meio de assembleias infinitas, mas ensejar algo da ordem do fato consumado, da iniciativa, do gesto, da decisão – em certo sentido, uma velocidade que dissolve os mecanismos democráticos que, em geral, operam como freios ao movimento e à sua celeridade.

4. A insurreição é da ordem da cólera e da alegria, não da angústia ou do tédio, e deve dar lugar ao "falar francamente", como o sublinhou Foucault ao analisar o estilo dos cínicos. Certa irreverência é necessária para fazer descarrilhar o código político.

5. Não se trata de constituir, mas de destituir. Contra os negrianos, portanto, e contra a ideia de poder constituinte, que daria fundamento e legitimidade à revolução, aqui o acento está em destituir o poder, privá-lo de fundamento, privá-lo de legitimidade, assumir a dimensão arbitrária e contingente, sempre em situação, de qualquer formação de poder. A destituição insurrecional. A rixa com Negri remonta à primeira publicação do grupo Tiqqun. Ela persiste, mesmo quando algumas posições parecem vizinhas.

6. Não se trata de reivindicar para si o governo ou de assumi-lo, porém negá-lo: sair do paradigma do governo, não há que governar pessoas e coisas ou se deixar governar, mas se desfazer inteiramente da ideia de governo – embora essa subtração seja também afirmação de outra coisa.

7. Na esteira de Foucault, o poder não é visto sob o prisma da Lei, ou do rei, ou do Estado, ou da soberania, mas da governamentalidade – algo mais anônimo e gasoso, porém não menos efetivo. O que opera hoje não é alguém que manda, nem mesmo uma instituição, mas mecanismos que conduzem as condutas de uma população, que configuram um ambiente, um meio a partir do qual se modelam e se restringem as possibilidades, os desejos, os modos de pensar. Por conseguinte, trata-se de agir sobre o meio, pois é nesse plano que vemos instaurar-se uma governança por meio dos equipamentos urbanos que organizam a vida tecnológica e mercantilmente, de maneira imanente: "a verdadeira estrutura do poder é a organização material, tecnológica, física deste mundo. *O governo não está mais no governo.*" Donde o ataque a equipamentos, muros, megaprojetos, e a reação dele advinda, pois o embate no nível dessa materialidade soa como um sacrilégio, e de fato é: a ofensa ao equipamento público é um ataque aos instrumentos de uma governamentalidade. Como o poder se tornou "ambiental", assim também os protestos devem sê-lo.

8. Já que o governo se dá pelo monitoramento dos fluxos, trata-se de bloqueá-los, interrompê-los a fim de abrir a situação. "É pelos fluxos que o mundo se mantém. Bloqueemos tudo."

9. A ideia de voltar à terra e à luta concreta, não apenas institucional ou direcionada contra os representantes, significa reconectar-se com as condições da existência, de sua materialidade tecnológica, cibernética, ambiental.

10. Os autores falam em revolução, mas a redefinem na esteira espinosana, ou deleuzeana, ao desvinculá-la da tomada do poder. "A verdadeira questão para os revolucionários é a de fazer crescer as potências vivas das quais eles participam, de cuidar dos *devires*-revolucionários a fim de chegar a uma *situação* revolucionária." Ao cuidado aí empenhado, eles chamam de "tato" em contraposição a uma mera radicalidade abstrata. Ou seja, mesmo os que costumam planar em uma abstração radical (talvez fosse o caso do próprio grupo de autores, em momento anterior) podem ser reconectados à terra ao entrar em contato com uma situação real e deixar para trás a imagem da qual, por vezes, eles mesmos são prisioneiros e na qual o poder insiste em encerrá-los. Eis como o formulam: "A lógica do aumento de potência, eis tudo o que se pode opor à da tomada do poder".

11. Não há ninguém para *organizar*. No fundo, não existe a *população*. A população é fruto do poder, sua fabricação, a fim de ser governável. É preciso dissolvê-la para dissolver o desejo de governá-la, isto é, o desejo de privá-la de suas forças, de "cortar os governados de seu poder de agir político", que, aliás, é o que faz a polícia a cada vez que tenta "isolar os violentos" para massacrar uma insurreição, produzindo uma cisão entre uns e outros e, no fim, "fabricar" supostos terroristas, monstro clandestino. Daí esse estranho postulado: tentam produzir-nos como sujeito político (anarquistas, *blackblocs* etc.) e cabe-nos recusar tal estatuto. "Quando a repressão cai sobre nós, comecemos por não tomar-nos por nós mesmos, dissolvamos o sujeito-terrorista fantasmático que os teóricos da contrainsurreição se esforçam tanto em imitar."

12. Habitar plenamente – eis o que se pode contrapor ao paradigma do governo. Isso significa confiar na rede de relações entre pessoas, que são elas mesmas formas de organização, investindo nos detalhes cotidianos. A insurreição é indissociável da vida ordinária e constitui, dentro dela, uma espécie de salto ético. Não há distinção entre espontaneísmo e organização.

13. Assim como não existe "a população", tampouco existe "a sociedade", essa totalização abstrata. Mais e mais, obedece-se a um sistema de seleção – são selecionados uns poucos de zonas de forte extração de mais-valia, as *smart cities*, e o resto é considerado inempregável, as periferias apodrecidas. A própria classe média vai sofrendo, em seu interior, esse processo de seleção entre os *smart* e os idiotas, incompetentes, atrasados, em uma progressiva segregação. Como dizia Foucault, é a lógica da biopolítica: *fazer viver e deixar morrer*. Diante disso, trata-se de habitar um território, assumir a forma-de-vida e entrar em conflito ou em cumplicidade, desenhando outra geografia, intensiva. No fundo, é a ideia de que não se trata de defender um território, mas uma maneira de viver que, no entanto, se inventa ao longo da luta. Só existe o "conjunto dos liames, das amizades, das inimizades, das proximidades e das distâncias efetivas de que fazemos a experiência. Só existem as potencias (...), Um formigamento de mundos, um mundo feito de vários mundos".

14. Não se trata, pois, de territórios, nem de categorias sociais, mas de mundos. "Cada mundo singular aparece doravante naquilo que ele é: uma dobra *no* mundo, e não seu fora substancial." Ou seja, não supor que se está em uma exterioridade absoluta, extraterritorial, a partir da qual se poderia avaliar ou condenar tudo (crítica, aliás, que certamente se poderia dirigir aos autores do livro num período anterior). Um mundo deve ser cuidado assim que aparece, mas não é sua singularidade que o impede de conectar-se com todos os

outros, como o provaram os zapatistas. A intensificação do que se experimenta abre para vários outros mundos.

15. "O Estado é a máfia que venceu todas as outras e que ganhou, em troca, o direito de as tratar como criminosos." Mas também não se trata de lançar a sociedade civil contra o Estado, já que ela também é parte desse jogo. Ela se incumbe de uma espécie de "responsabilidade adulta", uma postura que supõe uma benevolência, o recalque dos afetos vitais etc. É muito pouco fiar-se na "sociedade civil" e seu cortejo de compromissos.

16. Nossa força de choque é feita da intensidade daquilo que vivemos, da alegria que dali emana, das formas de expressão que ali se inventam, da capacidade coletiva de persistir. Na inconsistência geral das relações sociais, os revolucionários devem singularizar-se pela densidade de pensamento, afecção, fineza, organização, e não por sua disposição à cisão, à intransigência.[66]

17. A *res communes* é o que resiste e escapa à reificação, à sua transformação em *res*, em coisa, paradoxalmente. É a ideia de Agamben sobre o uso livre do comum em contraposição a Negri, que pensa o comum como a própria produção no capitalismo, e a democracia do comum, que seria um governo do comum. É uma antiga discordância: os que faziam parte da revista *Tiqqun* já implicavam com Negri, por vezes de maneira injusta, pois também na sua teorização o eixo é o uso livre do comum – ele simplesmente considera que isso se engendra no interior do capitalismo, e não precisa, para ser defendido, que se recorra aos franciscanos...

18. As necessidades são fabricadas. Não há necessidades, mas modos de vida. "Habitava-se certa porção deste mundo

---

66 Ibidem, p. 197.

e se sabia como nutrir-se, vestir-se, divertir-se, fazer um teto. As necessidades foram historicamente produzidas e arrancaram os homens de seu mundo. Que isso tenha tomado a forma da *razzia*, da expropriação, dos cercamentos (*enclosures*) ou da colonização, pouco importa. A comuna responde à necessidade de eliminar em nós o ser da necessidade."

19. A pergunta permanece: como um conjunto de potências situadas pode constituir uma força mundial? Foi preciso desertar o ritual das contracúpulas, com seus ativistas profissionais, distúrbios previsíveis e *slogans* esvaziados, para atingir os territórios vividos – abandonar a abstração do global pela atração do local. Ora, não se trata mais de entrar na armadilha dialética de juntar-se frente a um inimigo comum, que assim faria a unidade da luta. Em vez do modelo dialético, o estratégico, diz Foucault, que eles retomam, as conexões possíveis entre termos dispares, sendo que a lógica da conexão, da heterogeneidade, não é a lógica da homogeneização do contraditório. O inimigo é aquilo que a cada vez se apresenta, que se impõe. Uma nova geografia da conflitualidade. "O que os liga são gestos de resistência que dele decorrem - o bloqueio, a ocupação, o distúrbio, a sabotagem como ataques diretos contra a produção de valor para a circulação de informação e de mercadorias etc."

20. Apenas nas últimas páginas os autores mencionam explicitamente Deleuze, que, no entanto, atravessa tantas dessas "teses" sem ser citado. É curioso o trecho que dele escolheram: "Devemos ser desde o início, escrevia o camarada Deleuze há mais de 40 anos, mais centralistas que os centralistas. É evidente que a máquina revolucionária não pode contentar-se com as lutas locais e pontuais: hiperdesejante e hipercentralizada, ela deve ser tudo ao mesmo tempo. O problema diz respeito à natureza da unificação que deve

operar transversalmente, através de uma multiplicidade, e não verticalmente, de modo a massacrar essa multiplicidade própria ao desejo."

21. Como construir uma força que não seja uma organização? O dilema espontaneísmo/organização aparece como um falso problema, uma vez que repousa sobre uma cegueira, uma incapacidade em perceber as formas de organização que tudo o que se chama de espontâneo traz de maneira subjacente. "Toda vida, *a fortiori* toda vida comum, secreta de si mesma modos de ser, de falar, de produzir, de se amar, de lutar, regularidades, portanto, hábitos, uma linguagem, formas." Deixamos de enxergar tais formas naquilo que vive em nós e ao nosso redor.

RESISTÊNCIA E SUBJETIVIDADE
Eu deixo aqui os meus "amigos", suas observações por vezes muito justas, outras presas a polêmicas pretéritas, algumas retomadas de outros pensadores que eles não citam ou que saqueiam alegremente. Que eles construam uma cartografia com elementos vindos de alhures, ou que adotem posições antes criticadas, ou que critiquem hoje posições que encarnavam há dez anos – tudo são polêmicas insignificantes para o que hoje nos importa: mudar de ideia, sobretudo quando isso resulta do esfolamento com a realidade, o que é uma sabedoria. Em meio a tantas questões relevantes, retomo uma pergunta que não deixa de nos atazanar e que atravessa alguns dos itens evocados. O que significa resistir hoje? E, de maneira provocativa, não para revidar-lhes, mas porque a avaliação continua atual, retomamos uma resposta sugestiva de Negri. Se há algumas décadas, diz ele, a resistência obedecia a uma matriz dialética, de oposição direta entre as forças em jogo, na qual havia um poder concebido como centro de comando

e que cabia a todos disputar, com a subjetividade identitária dos protagonistas definida pela sua exterioridade recíproca e complementaridade dialética (dominante/dominado, colonizador/colonizado, explorador/ explorado, patrão/empregado, trabalhador intelectual/manual, professor/aluno, pai/filho etc.), o contexto pós-moderno, dada sua complexidade, suscita posicionamentos mais oblíquos, diagonais, híbridos, flutuantes. Surgem outros traçados de conflitualidade. Talvez com isso, a função da própria negatividade, na política e na cultura, precise ser revista. Como diz Negri: "Para a modernidade, a resistência [era] uma acumulação de forças contra a exploração, que se subjetiva através da 'tomada de consciência'. Na época pós-moderna, nada disso acontece. A resistência se dá como a difusão de comportamentos resistentes e singulares. Se ela se acumula, o faz de maneira extensiva, isto é, por meio de circulação, mobilidade, fuga, êxodo, deserção: trata-se de multidões que resistem de maneira difusa e escapam das gaiolas sempre mais estreitas da miséria e do poder. Não há necessidade de tomada de consciência coletiva para tanto: o sentido da rebelião é endêmico e atravessa cada consciência, tornando-a orgulhosa. O efeito do comum, que se atrelou a cada singularidade enquanto qualidade antropológica, consiste precisamente nisso. A rebelião não é, pois, pontual nem uniforme: ela percorre, ao contrário, os espaços do comum e se difunde sob a forma de uma explosão dos comportamentos das singularidades que é impossível conter."[67]
Foi o que se viu também durante as manifestações de Junho de 2013, no Brasil, e o que talvez virá daqui por diante.

■

[67] Antonio Negri, *Kairòs, Alma Venus, multitude*. Paris: Calmann-Lévy, 2000.

Vamos a nossas parcas conclusões, nada conclusivas. Em meio a esse leque de diagnósticos variados sobre o destino da guerra e da resistência, mal sabemos em que direção vamos, quais devires nos atravessam hoje e para onde nos arrastam. Só percebemos, e ainda assim mal e mal, o que é que eles vão deixando para trás como uma escama de cobra, que antes nos identificava e que agora olhamos com certo espanto, mal imaginando que ontem éramos aquilo. Falo das doutrinas, dos modos de organização, da representação política, das maneiras de viver, das modalidades de pensar que vão provando sua caducidade. Molduras que nos davam identidade, direção, expectativa, promessa, fizeram água – ainda que seu luto não nos empurre a uma postura melancólica. O que se esboça ou se desenha não tem mais uma direção unívoca: para diante, por exemplo, ou para cima, nem sequer para baixo – antes para o lado, eu diria. Apesar das totalizações capitalísticas não largarem o osso, desfez-se a totalidade do tempo, ou o tempo como totalidade. É o tempo da desmesura. Hölderlin chamou a tal desequilíbrio de cesura – a cesura é aquilo que não permite que começo e fim "rimem" –, um desequilíbrio que nos faz viver nessa brecha e nas aberrações daí advindas, com as novas inquietações e emoções que lhe são próprias.

IMAGINAÇÃO POLÍTICA

7. "ANOTA AÍ: EU SOU NINGUÉM"[1]

Em uma aparição no programa *Roda viva*, o polêmico filósofo esloveno Slavoj Žižek dizia que é mais fácil responder à pergunta "o que quer uma mulher?", brincando com a *boutade* freudiana, do que entender o que queriam os participantes do Occupy Wall Street. Não sei se ele tem razão. Em todo caso, desde os protestos do mês de junho, que puseram o país de joelhos, não passa dia sem que surja alguma nova hipótese tentando explicar as manifestações e se perguntando o que elas queriam. As respostas vão do aumento no preço dos tomates ou dos impostos até a exigência crescente da chamada classe C. Os políticos pisam em ovos, os politólogos repisam clichês, e o embate pela capitalização da imensa energia que explodiu pelas ruas só vai se acirrando. Os "fatos" vão sofrendo agora a guerra das "interpretações", e é inevitável que assim seja. Infelizmente, esse processo escancara o fosso que separa os protagonistas da insurgência, por um lado, e as instituições que até ontem tinham a ilusão de representá-los.

Antes de perguntar o que querem os manifestantes – e quem disse que sabemos o que querem os homens? –, talvez fosse o caso de indagar o que a nova cena que se instaurou nas ruas pode desencadear. Que nova coreografia política é essa? Pois não é apenas um deslocamento de palco – do palácio para a rua –, mas de atmosfera, afeto, contaminação, correnteza, movimento, embate, em suma, de potência coletiva.

Independentemente do desfecho concreto, é um momento em que a imaginação política se destrava. E isso representa um corte na continuidade do tempo político. Ao exceder as

---

[1] Texto parcialmente publicado pela Folha de S.Paulo sob o mesmo título, em 2013.

condições concretas que as suscitaram, as manifestações parecem ter desencadeado um processo imprevisível cujo caráter instituinte dependerá dos dispositivos concretos que se for capaz de inventar para sustentá-lo e intensificá-lo.

Seja como for, a sensibilidade coletiva sofreu uma inflexão. É toda a dificuldade de uma ruptura: ela não pode ser lida apenas com as categorias disponíveis antes dela, categorias essas que a ruptura justamente está em vias de colocar em xeque. A melhor maneira de matar um acontecimento dessa ordem é reinseri-lo no encadeamento causal, reduzindo-o aos fatores diversos que o explicariam e o esgotam, em vez de desdobrar aquilo que eles parecem trazer, ainda que de modo balbuciante ou embrionário.

Tudo isso será tachado de ingenuidade, irracionalidade, romantismo, espontaneísmo, a menos que dê "resultados concretos". Como se a vivência de milhões de pessoas ocupando as ruas, sendo afetadas no corpo a corpo por milhões de outras, atravessadas todas pela energia multitudinária, enfrentando a truculência policial e militar, recusando os carros de som, os líderes, os discursos, as palavras de ordem, mas, ao mesmo tempo, acuando o Congresso, colocando de quatro as prefeituras, embaralhando o roteiro dos partidos, colocando em suspenso os governantes das várias esferas – como se tudo isso não fosse "concreto"! Como decretar que tal movimentação não reata a multidão com sua capacidade de sondar possibilidades e empreender reviravoltas?

Não se trata de retomar o desgastado mote "outro mundo é possível", mas, na concretude das nossas cidades e de seus fluxos materiais e imateriais, vislumbrar as linhas de força que apontam em direções diferentes daquelas que até ontem pareciam impor-se como um destino. Aos olhos de nossos gestores políticos, por exemplo, os grupos minoritários, as comunidades indígenas ou indigentes, na sua resistência aos projetos faraônicos, pareciam resquícios descartáveis, bolsões de insanidade a serem removidos. De repente, inverteu-se a equação – insanidade é o que está à frente de todos, da prepotência da FIFA à megalomania neodesenvolvimentista!

É um fenômeno de vidência coletiva – enxerga-se o que está diante do nariz, mas que antes parecia opaco. Ao mesmo tempo, vislumbra-se o que era impossível. Para ficar no mais rente ao mote inicial: o que até ontem era a trivialidade cotidiana (os transportes públicos são privados) subitamente torna-se intolerável. O que até ontem parecia inimaginável (tarifa zero) de pronto torna-se mais do que um anseio, uma evidência. A fronteira entre o intolerável e o desejável se desloca – e sem que se entenda como nem por que, de pronto parece que tudo mudou: ninguém aceita mais o que antes parecia inevitável (o transporte de gado), e todos exigem o que antes era impossível (a inversão das prioridades entre o público e o privado).

Mas seria preciso ir muito além das categorias ainda manipuláveis pelo discurso político, ou mesmo mensuráveis pelos planejadores e economistas. Suponhamos que essa imaginação destravada extrapole os âmbitos em geral atribuídos à esfera administrativa. Ousemos a pergunta: e se isso se estendesse à vida mesma? Uma vida não poderia ser definida pelo que se deseja e pelo que se recusa, pelo que atrai e o que repugna? Por exemplo, o que no capitalismo se deseja, o que nele se abomina? É o mesmo que no cristianismo, ou em uma cultura indígena, ou em um movimento hippie, ou entre os *skinheads*? E será o mesmo entre idosos, poetas, transexuais? De propósito, multiplicamos aqui os planos, as esferas, os âmbitos, pois, embora heteróclitos, são indissociáveis.

Tentemos um pequeno exercício de rememoração. Mudanças brutais ocorreram nas últimas décadas, no mundo e no Brasil, na economia e na cultura, na informação e na sociabilidade. No rastro disso, e nessa chave, em que se desloca a fronteira entre o intolerável e o desejável, o que mudou na nossa relação com o corpo, a sexualidade, a velhice, a morte, o tempo? Ou com a terra, o ar, a calota polar? Ou com a infância, as drogas, os sonhos? Ou com a alimentação, a culpa, o ócio, o trabalho?

No interior de nossa atualidade, por vezes temos a impressão de que todos almejam o mesmo – dinheiro, conforto, segurança, ascensão social, prestígio, prazer, felicidade. Ou será essa apenas uma miragem enganosa, disseminada pela cultura midiática e publicitária, por um suposto consenso capitalista que camufla formas de vida em luta, não apenas classes em luta, com todas as segmentações e heranças malditas, escravocratas, racistas, elitistas etc., mas também conflitos entre modos de existência que colidem, formas-de-vida distintas em embate flagrante?

É fácil constatar que modelos de vida majoritários – por exemplo, o da classe média, tomado como padrão, propagado como um imperativo político, econômico e cultural, de consumo desenfreado, e que se impôs ao planeta inteiro – dizimam cotidianamente modos de vida "menores", minoritários, não apenas mais frágeis, precários, vulneráveis, mas também mais hesitantes, dissidentes, ora tradicionais, ora, ao contrário, ainda nascentes, tateantes ou mesmo experimentais.

Não é óbvio recusar a predominância de certo modo de vida genérico, bem como o modo de valorização que está na sua base – por exemplo, essa teologia da prosperidade, que não é exclusividade das igrejas pentecostais, e que vai se infiltrando por toda parte. Como escovar essa hegemonia a contrapelo, revelando as múltiplas formas que resistem, se reinventam ou mesmo se vão forjando à revelia e na contracorrente de um sistema de mercado, e seu cortejo de efeitos e perversões próprias? Insisto: quando falamos de múltiplas formas-de-vida, não nos referimos apenas a minorias constituídas, como índios, quilombolas, loucos, putas, mas, no coração das cidades, também a tribos nascentes, novos nômades, precários ou experimentais, que, de maneira frustrada ou afirmativa, demandam outra mobilidade, outra hospitalidade.

Alguns dirão que várias das coisas mencionadas há pouco extrapolam o campo da política, ou da política econômica, ou da política institucional, ou do planejamento urbano, e não podem nem devem ser decididas pelo poder público, muito menos por um prefeito trancado em seu gabinete – são do domínio pessoal, subjetivo, individual, existencial ou da esfera privada. Mas o problema está mal colocado, e a equação deveria inverter-se! É que a política, a representação, os eleitos que dela participam já são parte de um modo de vida que se impôs, se alastrou, vingou, por assim dizer – e esse conjunto todo aparece como um horizonte intransponível –, o das ditas democracias ocidentais, com tudo o que se pode acrescentar a tal denominação excessivamente vaga, modulada por mecanismos de controle e monitoramento eficazes e sutilmente despóticos – sociedade do espetáculo, sociedade de controle, era da biopolítica, capitalismo pós-fordista, Império, estado de exceção. E, claro, nenhuma dessas expressões por si só dá conta do contexto singularíssimo do Brasil, onde tudo isso se combina com especificidades históricas, antropológicas, com as heranças várias que persistem em graus diversos, como já mencionamos, toda uma biopolítica racista que vai de par com uma modernidade autoglorificada. Sim, vivemos num regime em que o caráter mais flexível, ondulante, acentrado, até mesmo rizomático de alguns mecanismos de poder econômico e político não consegue esconder a brutalidade mais retrógrada da qual ele depende, e com a qual ele se conjuga violentamente, imputando a violência, como sempre, aos que contestam essa aliança espúria, criminalizando os que a recusam com veemência.

Ainda não temos como saber se o mês de junho foi uma explosão efêmera ou o início de um ciclo inaugural na política brasileira, em ressonância com tantos outros que pipocaram pelo mundo afora. Claro, no nosso caso, é preciso cautela. Infiltrados de todo tipo veem nessa movência uma ocasião única para emplacar o "Fora, Dilma"! Mas não deveríamos deixar um movimento tão rico na mão da direita organizada ou dos fascismos que grassam por toda parte. Não deveríamos nos intimidar com essas franjas nem deixá-las dar o tom e decidir do destino de um sopro que começou longe delas. Como disse um colega, não se deveria estigmatizar os jovens que se cobrem com a bandeira brasileira – é a primeira vez que toda uma geração desce às ruas, e eles vão usando os signos que têm à mão, por vezes inocentes de seus usos retrógrados em outros momentos. Não se deveria, a partir desses signos e riscos, largar um movimento e enterrá-lo no buraco negro de nossos traumas coletivos e, de roldão, indiretamente, confortar as formas de organização política instituídas, mesmo as de esquerda, inquietas com algo indomável que lhes escapa e a reboque das quais elas se veem obrigadas a correr, muito a contragosto, já que as pautas emergentes podem desviar o *script* das reeleições já agendadas.

Em todo caso, é inegável que algo se destampou. E temos dificuldade de apreender o que há de "novo" em um movimento tão imprevisto, imponderável, para não dizer intempestivo. A Turquia, o Egito, a Espanha têm obviamente sua parte de contágio e, apesar das diferenças notáveis de contexto, guardam certo ar de familiaridade, mas neles o autoritarismo ou a crise econômica poderiam explicar os levantes. Será então preciso recuar até Maio de 1968 e às "barricadas do desejo" para compreender as Jornadas de Junho? É claro que a natureza dos protestos aponta para uma nova gramática política, na qual a *forma* é já parte do *sentido*. A horizontalidade e a ausência de centro ou comando nas manifestações dramatizaram outra geografia do poder. É difícil nomear tal mudança e, sobretudo, transformá-la em pauta concreta. Como traduzir em propostas as novas maneiras de exercer a potência, de fazer valer o desejo, de expressar a libido coletiva, de driblar as hierarquias, de redesenhar a lógica da cidade e sua segmentação, de causar ruptura, dissenso? Além do que, ninguém há de supor ingenuamente que a multidão está isenta de colisões, linhas de fratura, conflitos e interesses os mais diversos e disparatados em seu próprio seio – ela é tudo menos um bloco homogêneo. Vale relembrar a diferença entre massa e multidão para Negri: a massa é homogênea, compacta, tem um único rumo, segue um único líder, delega a ele o poder e a representação, como no nazismo – e que fantasmas desperta esse risco! Em contrapartida, a multidão é heterogênea, plural, acentrada, múltipla nas suas cores, nos seus desejos, nas suas direções, e não se deixa representar por ninguém, pois ninguém mais representa ninguém – é o que Negri quis salientar para descrever o que vem vindo com o pós-fordismo, o trabalho imaterial e a reconfiguração do modo mesmo de associação entre as gentes. Claro que uma multidão pode virar massa, nada está dado nem garantido, e o problema continua sendo o de décadas atrás: como essa pluralidade produz ligações laterais, transversais, efeitos de conjunto e de virada, sem que se espere que alguém fale em seu nome ou dela se aproprie? E a pergunta retorna: mas, afinal, o que quis a multidão? Mais saúde, educação, serviços, menos corrupção, mais transparência, uma reforma do sistema político? Ou tudo isso, claro, e algo ainda mais radical? Tudo indica que a ocupação das ruas não visa exclusivamente a elevação do *nível de vida*, foco principal dos últimos mandatos presidenciais. Se os protestos tangenciaram uma recusa da representação, talvez tenham expressado também certa distância em relação às *formas-de-vida* que se tem imposto brutalmente nas últimas décadas no nosso contexto, bem como no planeta como um todo: produtivismo desenfreado aliado a uma precarização generalizada; mobilização da existência em vista de finalidades cujo sentido escapa a todos; um poder farmacopornográfico, como o diz Preciado (nossos exemplos são a insistência na cura gay, a ritalina administrada em massa às crianças inquietas etc.); a fabricação do homem endividado, como o indica Lazzarato (a crise dos derivativos é apenas um pequeno exemplo de um sistema econômico e subjetivo generalizado, no qual se fabricam dívida e culpa simultaneamente); a capitalização de todas as esferas da existência; em suma, um niilismo biopolítico que não pode ter como revide senão justamente *a vida multitudinária posta em cena*.

■

O Movimento Passe Livre (MPL) desde o início teve, com sua pauta restrita, uma sabedoria política inigualável. Soube como e quando começar; soube sustentar o que foi suscitando; soube apartar-se daquilo que lhe soava como uma infiltração indevida; soube retirar-se no momento certo;

soube como continuar apesar dessa retirada tática – soube até como driblar magistralmente as ciladas policialescas dos repórteres que queriam escarafunchar a identidade pessoal de seus membros. "Anota aí, eu sou ninguém", dizia uma das militantes do grupo, com a malícia de Odisseu, mostrando como certa dessubjetivação é uma condição para a política hoje – Agamben já o dizia, os poderes não sabem o que fazer com a "singularidade qualquer", com aqueles que mal têm um nome, por exemplo, aquele homem solitário e anônimo que interrompeu uma fileira de tanques na praça Tiananmen anos atrás: quem era ele, quem ele representava, como lutar contra o risco de que qualquer um possa virar um insurgente? (Daí a pressa em encaixar os manifestantes em uma categoria.) Quanto ao MPL, é bom que ele se mantenha fiel à sua pauta e ao seu estilo sóbrio e incisivo – e seria ótimo se movimentos com tamanho foco se multiplicassem aos milhares pelo Brasil e pelo mundo, com diferentes pautas.

Mas é preciso reconhecer que, para além dos vinte centavos – que falam precisamente da mobilidade urbana como uma condição da própria vida e da produção nas cidades contemporâneas, atestando uma recomposição de classe, o surgimento de um cognitariado e de um precariado que transversaliza os recortes sociais antes mais nítidos –, muitos outros desejos se expressaram assim que a porteira da rua foi arrombada. Falamos de desejo, e não de reivindicações, justamente porque reivindicações podem ser satisfeitas, mas o desejo obedece a outra lógica – ele tende à expansão, se espraia, contagia, prolifera, se multiplica e se reinventa à medida que se conecta com outros. Falamos de um desejo coletivo, no qual se tem imenso prazer em descer à rua, em sentir a pulsação multitudinária, em cruzar a diversidade de vozes e corpos, sexos e tipos, e aprender um comum que tem a ver com as redes, com as redes sociais, com a conexão produtiva entre os circuitos vários, com a inteligência coletiva, com uma sensorialidade ampliada, com a certeza de que o transporte deveria ser um bem comum, assim como o verde da praça Taksim, assim como a água, a terra, a internet, as informações (quando se há de quebrar o monopólio que algumas poucas famílias detêm sobre a infosfera deste país continental?), os códigos, os saberes, a cidade, e que toda espécie de cercamento (*enclosure*) é um atentado às condições da produção contemporânea, que requer cada vez mais o livre compartilhamento do comum. Tornar cada vez mais comum o que é comum – outrora alguns chamaram isso de comunismo. Um comunismo do desejo. A expressão soa hoje como um atentado ao pudor. Mas é a expropriação do comum pelos mecanismos de poder o atentado – ataca e depaupera capilarmente aquilo que é a fonte e a matéria mesma do contemporâneo, a vida (em) comum.

Talvez outra subjetividade política e coletiva esteja (re)nascendo, aqui e em outros pontos do planeta, para a qual carecemos de categorias e parâmetros. Mais insurreta, mais anônima, mais múltipla, de movimentos mais do que de partidos, de fluxo mais do que de disciplina, de impulso mais do que de finalidades, com um poder de convocação incomum, sem que isso garanta nada, muito menos que ela se torne o novo sujeito da história.

É difícil medir tais movimentos sem usar a régua da contabilidade de mercearia ou do jogo de futebol. "Quanto lucramos?", "No que deu?", "Quais forças favoreceu?", "No final, quem venceu?", perguntarão. Não se trata de menosprezar a avaliação das forças em jogo, sobretudo em um país como o nosso, em que uma vasta aliança conservadora distribui as cartas e leva o jogo há séculos, independente dos regimes que se sucedem ou do que dizem as urnas. Ou seja, não se trata de confiar no deus-dará, mas, ao contrário, em um momento tão aberto, aguçar a capacidade de discriminar as linhas de força do presente, fortalecer aquelas direções que garantam a preservação dessa abertura e distinguir, no meio da correnteza, o que é redemoinho e o que é pororoca, quais direções são constituintes, quais apenas repisam o instituído, quais comportam riscos de retrocesso. Nisso tudo, não se deve subestimar a inteligência cartográfica e a potência psicopolítica da multidão, que se dá o direito de não saber de antemão tudo o que quer, mesmo quando enxameia o país e ocupa os jardins dos palácios, pois suspeita que não tenhamos fórmulas prontas que possam saciar nosso desejo ou apaziguar nossa aflição. Como diz Deleuze, falam sempre do futuro da revolução, mas ignoram o devir revolucionário das pessoas.

8. ENTREVISTA COM MICHEL FOUCAULT SOBRE A CÁTEDRA DA PUC-SP[2]

Como o senhor se sente, barrado pelo cardeal, justo quando a PUC-SP estava a ponto de oficializar uma cátedra em seu nome?
Fico perplexo. Lembro que, em 1975, estive no Brasil, a convite da Universidade de São Paulo. Durante meu curso sobre a história da sexualidade, o jornalista Vladimir Herzog foi assassinado pelos seus torturadores. Imediatamente interrompi minhas aulas, em sinal de protesto. O exército alegou que ele havia se enforcado em sua cela. Ele era judeu, mas a comunidade judaica não ousou fazer exéquias solenes. E foi o arcebispo de São Paulo, dom Paulo Evaristo Arns, quem promoveu uma cerimônia ecumênica em memória do jornalista, na Catedral da Sé. O evento atraiu milhares de pessoas à igreja, à praça. O cardeal, de vestes vermelhas, presidia a cerimônia: caminhou diante dos fiéis e os saudou exclamando *"Shalom, shalom"*. Eu estava no interior da catedral. Em poucas horas, voltaria à França. Em torno da praça, havia policiais armados e, na igreja, policiais à paisana. A polícia teve que recuar: ela não pôde fazer nada contra a multidão. Ora, a Igreja era então o refúgio dos dissidentes e opositores da ditadura. É estranho que hoje, em plena democracia, as posições tenham se invertido.

Como interpreta essa virada? Quais são suas relações com o catolicismo?

---

2 Texto publicado na Folha de S.Paulo em junho de 2015, sob o título "Entrevista ficcional com Foucault", por ocasião do veto do grão-chanceler da PUC-SP à abertura da Cátedra Foucault na mesma universidade, e escrito em coautoria com Ana Westphal.

Passei os últimos anos de minha vida vasculhando documentos na Bibliothèque du Saulchoir, dos dominicanos, em Paris. Para escrever meus últimos livros e tratar do cuidado de si, da coragem da verdade, me encantei com Tertuliano, Cassiano, São João Crisóstomo, o cristianismo primitivo, as técnicas da confissão, os exercícios espirituais saídos do Concílio de Trento. Não por acaso, quando morri, os dominicanos foram os únicos a se oferecerem para acolher meu arquivo. Graças a eles, meus manuscritos ficaram na França e não atravessaram o Atlântico. Tive entre eles amigos de inteligência e cultura invejáveis. Tenho dificuldade em entender o que seria uma universidade católica da qual fosse banida a liberdade de pensamento.

É isso tão essencial?
É preciso libertar-se da sacralização do social como única instância do real, e deixar de considerar vento esta coisa essencial na vida humana e nas relações humanas, quero dizer, o pensamento.

Mas o senhor tem ideia de que seus livros são incompatíveis com os princípios do catolicismo, como reza a decisão do Conselho Superior da Fundação São Paulo?
Meus livros nunca foram dirigidos contra a Igreja. Apenas põem a nu os mecanismos de poder que atravessam instituições mais variadas, como o exército, a escola, a fábrica, a medicina, a psicanálise. É verdade que a Igreja inventou um novo tipo de poder, que chamei de pastoral: cuidar do rebanho, de cada alma. Mas sempre tentei mostrar que, em qualquer relação de poder, nada está decidido de antemão – há contrapoderes, revides, resistência, reversibilidades. A própria espiritualidade pode ter sido uma resistência, em um

momento determinado, a formas hierárquicas de poder. Se meus livros foram dirigidos contra alguém, foi contra mim mesmo. Escrever, para mim, foi sempre uma maneira de me separar do que eu mesmo pensava, inclusive sobre o poder, ou sobre o sexo, ou sobre a espiritualidade. De que valeria pesquisar se fosse apenas para confirmar o que já sabíamos? O que me move, em todo caso, é a única curiosidade que vale a pena – a de verificar se podemos pensar diferentemente do que pensávamos antes. Como em uma viagem, a pesquisa nos rejuvenesce, mas também envelhece a relação que temos conosco mesmo. Aí é preciso deixar-se para trás, reinventar-se.

Mas e a Igreja?
Ora, eu mesmo estudei em colégio de padres, e nunca me queixei disso. Os grandes entre eles sempre me fascinaram. A ascese tem seus encantos. E a Igreja, como qualquer instituição, é atravessada pelos mais diversos movimentos. Em 1984, estive várias vezes ombro a ombro com o abade Guillaume de Broglie, por quem tenho grande estima, na luta contra a remoção dos imigrantes considerados ilegais, em Paris. Foram momentos de resistência e emoção.

Mas que tipo de homens o senhor admira, afinal? Homens engajados ou os que desaparecem? Em qual categoria o senhor se inclui?
Não são essas as categorias que definem os homens. Admiro os que introduziram no mundo em que vivemos a única tensão da qual não cabe rir nem envergonhar-se: aquela que rompe o fio do tempo.

9. POR QUE UM GOLPE ATRÁS DO OUTRO? ENSAIO SOBRE A ASSOMBRAÇÃO NACIONAL[3]

Poucos hão de associar a derrocada dos últimos anos a Junho de 2013. E, no entanto, a violência da reação conservadora que se abateu sobre o conjunto da sociedade brasileira talvez seja uma resposta àquilo que de mais indomável irrompeu naquelas jornadas multitudinárias. Junho de 2013 pôs em xeque partidos, congressistas, juízes, mídia, polícia, bancos, escolas. Sentiram-se ameaçadas as instituições da dita democracia representativa, bem como o sórdido consórcio entre poder público, poder econômico e corporações da mídia. Não é exagero postular que foi o conjunto dos valores predominantes entre nós, e as instituições encarregadas de defendê--los, que subitamente perderam a aura de intocáveis. Talvez nenhum vento da história recente do Brasil tenha aberto tantos flancos de uma só vez, sem que alguém – governante, jornalista, historiador – conseguisse oferecer qualquer explicação razoável para a magnitude do levante.

Sabemos que durou um átimo. Poucos dias, apenas. Em seguida, a rede Globo imprimiu a sua narrativa própria: teria sido um "movimento dirigido contra o governo Dilma". Ao sequestrar as direções múltiplas da eclosão e ao canalizá-las contra o PT, o governo se viu acuado e teve que prometer, à sua revelia, "ouvir a voz das ruas". Essa promessa nunca foi cumprida. Em todo caso, não é demais insistir em um ponto que continua como que recalcado pela sequência dos eventos: por alguns dias destampou-se a imaginação política, fazendo proliferar ditos tão diversos como "Saímos do

---

[3] Publicado na revista online *peixe-elétrico*, disponível em http://bit.ly/2nFyN8j.

Facebook", "Sexo é amor, sacanagem é 2,95" (referência à tarifa de ônibus), "Mais felicidade, menos Feliciano" (então presidente da Comissão de Direitos Humanos e Minorias da Câmara dos Deputados), "Depois da cura gay só falta o alvejante para negros", "É uma vergonha – a passagem mais cara que a maconha", "Queremos hospitais padrão FIFA", "É muito motivo, não cabe aqui", "Meu cu é laico", "O gigante acordou puto", "O povo unido não precisa de partido". Mas, muito antes disso, e também depois, pipocaram coletivos de artistas, ativistas, movimentos e iniciativas várias com modos inusitados de aglomeração e expressão. A tematização das catracas prefigurando os protestos contra o aumento das tarifas de ônibus pelo MPL, a ocupação Prestes Maia ou do Hotel Cambridge, a escolha de novos e velhos alvos – do "Chega de Bananalização 500 anos", em 2000, até a ousada pichação do Monumento às Bandeiras, em 2016, em claro desafio à celebração da história oficial do Brasil, para não mencionar o maciço movimento de ocupação das escolas a partir de 2015.

Em todo caso, em 2013, por um instante, pareceu que "tudo" poderia ser objeto de protesto, reivindicação, desejo, imaginação, pensamento, contestação, inversão, enaltecimento... Um caleidoscópio de possíveis foi projetado nos céus do país, formando outras constelações. Era apenas uma eclosão espontânea de fantasias soltas, sem relação alguma com a realidade concreta, social, econômica, política? Uma catarse efêmera, embora massiva e coletiva — espécie de carnaval cívico sem objetivo nem consequências? Ou será que naqueles poucos dias, antes da captura midiática e da distribuição organizada (por quem?) de bandeiras do Brasil, veio à tona o monstro adormecido, o fantasma de nossa história política, aquilo que, desde a colonização e a escravidão até a industrialização e o neoliberalismo, foi sendo sistematicamente evitado, denegado, esmagado? Quantos mecanismos foram inventados ao longo dos séculos para manter no garrote índios, negros, subalternos, serviçais, trabalhadores, mas também mulheres, gays, loucos, blasfemos, rebeldes de toda estirpe? A assombração do Brasil é o levante dessa plebe! Se esse fantasma aparece a céu aberto por um curto lapso de tempo, escancarando a reversão sempre possível, mas sufocada sempre, antes mesmo que possa ser esboçada, é porque governar foi sempre, entre nós, extirpar no seu nascedouro o que pudesse, de longe, subverter a hierarquia assentada das castas, das classes, das fardas e dos fardões, dos privilégios, das exclusividades, dos elitismos. Governar é, antes de tudo, e por antecipação, expurgar essa dimensão ingovernável, irredutível, no limbo do invisível e do indizível, através da reiteração incessante do estado de coisas.

Ora, quando Freud deu ao lapso ou ao sonho a relevância que se conhece, e os considerou vias de acesso privilegiadas para o inconsciente e o desejo, deu a ver a que ponto aquilo que domina nossa vida psíquica aparece nas brechas mais insignificantes da existência. Os desejos coletivos também podem ser lidos nas brechas e fissuras da vida social dita regrada, nas irrupções e nos colapsos, ainda que marginais, nos breves momentos em que justamente escapa aquilo que se tentava o tempo todo domar, domesticar, silenciar, recalcar.

Quando uma sociedade se levanta em um movimento intempestivo, que não equivale à cega espontaneidade, mas a uma lucidez extrema, que pode cegar por fazer ver pelo excesso o que antes ninguém ousava enxergar ou enunciar; quando isso que parecia impossível aparece de pronto como desejável, é outro plano que se oferece à vista de todos.

Claro, levantes, revoltas, rebeliões, sedições, insurreições têm sua lógica muito particular, diferente, como se sabe, das revoluções. Como o diz Furio Jesi: "A palavra revolução designa corretamente todo o complexo de ações a longo e a curto prazo realizadas por quem é consciente de querer mudar *no tempo histórico* uma situação política, social, econômica, e elabora os próprios planos táticos e estratégicos considerando constantemente no tempo histórico as relações de causa e efeito, na mais longa perspectiva possível (...). [Em contrapartida, é] possível descrever toda revolta como uma *suspensão do tempo histórico*."[4]

É toda a dificuldade: compreender, segundo os parâmetros históricos, isso que escapa à história ou a põe em suspenso. Não cabe aqui nos alongarmos nessa temporalidade outra, mas não deveríamos subestimar o que, nesse intervalo, se dá a ver e o que tal percepção desencadeia a seguir (Deleuze o chamaria de vidência: o que uma sociedade "enxerga" é, afinal, o que ela tem de mais "real": as suas possibilidades).

É aqui que deveríamos lembrar de que modo 2013 foi desprezado, apagado e esquecido, sobretudo pelo discurso governista da época, que sentiu ali a ameaça de um vento que extrapolava sua institucionalidade partidária, sua matriz representacional, sua agenda de conciliação e de composição, seu programa neodesenvolvimentista, ao passo que aquele movimento denunciava, de maneira ainda indireta, o esgotamento de um modelo, o fim de um ciclo. De nada valeram as promessas de que se saberia ouvir a voz das ruas, pois elas não foram ouvidas – eram fonte de irritação, crispação, desconfiança. Para isso contribuiu, claro, o modo como o movimento foi cooptado pelas oposições, ao significá-lo como uma reviravolta contra o governo Dilma.

---

4 Furio Jesi, *Spartakus*: Simbologia da revolta, trad. Vinicius Honesko. São Paulo, n-1 edições, 2018, p. 69, grifo meu.

O INDOMÁVEL

Mas o que merece ser sublinhado é que todo o espectro político ficou aterrorizado com a energia insurreta dos primeiros dias de junho, com as táticas de mobilização poderosas (as ruas e as redes sociais), com a emergência de uma juventude sem rosto ("Anota aí, eu sou ninguém"), com a impossibilidade de traduzir o acontecimento aparentemente desordenado na gramática corrente: quem é o líder? Qual é a reivindicação? Qual segmento ou interesse está por trás? etc. Uma sublevação que não deseja tomar o poder, mas destituí-lo – eis algo que o sistema político como um todo não pode tolerar. Tampouco a irrupção de desejos que extrapolam o negociável (a negociação supõe uma equivalência entre o que se pede e o que se pode conceder). E talvez, acima de tudo, ou por baixo de tudo, o fantasma de uma imaginação política que acena para um jogo inteiramente distinto entre desejo e poder, imaginação e política, corpo e polícia, rua e palácio, intensidade e administração etc. Um desejo de rua, uma fome de imaginação, uma força de expressão que passou ao largo das mediações disponíveis (partidos, representantes, mídia) e, por conseguinte, deu a pressentir o Indomável. O Indomável não é o *black bloc* isolado ou em bando, mas é o que se depreende da multidão insurreta. O Indomável é o monstro social que pode desafiar a família; a moral; a religião; os bons costumes; os valores do trabalho, da produção, da disciplina; as hierarquias várias, econômicas, sociais, raciais, profissionais, de gênero; as segmentações herdadas e sempre vigentes. O Indomável talvez seja justamente aquilo que Viveiros de Castro, na esteira de Oswald de Andrade, detectou como um traço antropofágico, a *rexistencia*, que vai da "inconstância da alma selvagem" constatada pelos portugueses no início da colonização até as ocupações "selvagens" urbanas em protesto, por exemplo, contra a desocupação violenta da Aldeia Maracanã, em 2013, uma das muitas truculências realizadas em favor da Copa.[5]

Talvez a melhor maneira de se ler Junho de 2013 seja a foto do Ministério do primeiro governo Temer, em 2016. Ali estava estampado a que veio o golpe: reafirmar que governo é assunto de macho, branco, homem de família, político profissional, banqueiro experiente, empresário bem-sucedido, aliado das corporações do agronegócio, das igrejas pentecostais. Facilmente se poderia argumentar que aquele ministério era apenas o contrário de tudo o que, desde o governo Lula, foi tendo voz, com toda a diversidade de gênero, raça, origem social, representação dos vários movimentos sociais, da floresta etc. Não é falso. E, no entanto, o que desde o *impeachment*, de forma calculada, sistemática, foi sendo demolido não é apenas o importante legado lulista em vários domínios, nem apenas os direitos trabalhistas, nem tão somente o patrimônio nacional (Petrobrás, Eletrobrás etc.), ou cultural (Funarte, incentivos), ou a proteção das terras indígenas (o corte nas verbas da Funai, Romero Jucá e as mineradoras de Roraima), ou a priorização da educação (o movimento das escolas foi disso um sintoma inequívoco), a autonomia dos poderes (a vergonhosa pusilanimidade do judiciário, em todas suas instâncias, na sanha punitiva dirigida contra o PT). Tudo isso está em curso, sem dúvida.

Ainda assim, como sustentar que a reação brutal a que assistimos hoje tem a ver com Junho de 2013 se tudo indica que ela é dirigida contra Lula e, sobretudo, contra as chances de seu retorno à presidência?

---

5 Eduardo Viveiros de Castro, "Que temos nós com isso?", in Beatriz Azevedo, *Antropofagia*: Palimpsesto Selvagem. São Paulo: Cosac Naify, 2016.

JUNHO ESTÁ POR VIR?
Uma coisa é evitar que Lula volte, outra coisa é evitar que Junho volte. Com tudo de inovador que Lula pode ter representado na política brasileira, manteve-se ainda no interior de um pacto institucional, de um arco de alianças, de um horizonte econômico, de um marco jurídico, de um sistema de representação, de um presidencialismo de coalizão, com toda a segurança e a previsibilidade aí contidas. Em contrapartida, Junho é a multidão, o Imponderável, o Indomável – ousemos o conceito proveniente de Nietzsche: é a ameaça da transvaloração de todos os valores. Parece nada, se comparado com a inscrição social e histórica deixada pelos treze anos de governo petista. Parece nada, se o critério utilizado for o deslocamento socioeconômico dos 36 milhões saídos da extrema pobreza e todos os demais indicadores e as demais estatísticas diariamente relembrados por uns e desmentidos por outros. Parece nada, enfim, se avaliado pelos parâmetros utilizados na politologia, a mais rasteira ou a mais sofisticada. No entanto... Perguntamo-nos novamente se não é Junho que encarna a nossa assombração, o fantasma nacional, ao mesmo tempo temível e impensável, ali onde mora nossa mais radical utopia, nosso mais secreto desejo, nosso maior perigo, um carnaval da história em que as ruas se tornaram o novo cenário da política; os corpos, os novos protagonistas do coletivo; a irreverência, a nova base do pensamento; a propriedade, a mais risível das obsessões; a alegria, a prova dos nove. Não o antropocentrismo, mas a oswaldiana antropofagia; não o patriarcado, mas o matriarcado ressignificado; não o produtivismo desenfreado, mas o dispêndio e o ócio. Poderia parecer apenas uma coleta requentada das sobras de um manifesto cultural remoto, mas obviamente é outra coisa que aqui se enuncia. Simplesmente isto: **Junho de 2013 mal**

começou. Junho de 2013 não acabou. Junho de 2013 está por vir. O que ali se anunciou é aquilo que a política institucional brasileira não pode suportar, seja ela de esquerda ou direita. Pois não é só a contestação de um sistema econômico e uma estrutura social perversos, nem só de um ideal de progresso, desenvolvimento, dominação da natureza, felicidade pelo consumo, aliança de classes, civilização da classe média. Trata-se da deposição da ideia mesma de um poder central, de um chefe ou representante do conjunto da sociedade, da predominância da religião do trabalho, do culto da normopatia, do pragmatismo economicista, e a partir daí, de todo um ideário asséptico, pequeno burguês, conformista, neoliberal. Não só outros valores, ou outra hierarquia de valores, mas outra maneira de criar valores e de avaliar o que importa e o que não importa. Mudar o valor das coisas, dizia Oiticica.

O que é então esse sonho, ou o que é esse inconsciente, ou o que é esse desejo que salta nas brechas da nossa história e que é sistematicamente denegado ou deliberadamente esmagado pela sucessão de golpes, governos e regimes? O que foi que veio à tona em 2013 e precisa ser estrangulado em 2018? O que é isso que, quando salta, por ter sido tão violentamente denegado, vem na forma de uma alucinação, ou de um fantasma intolerável, ou de uma temível monstruosidade que uns já consideravam totalmente dizimada (afinal, somos ou não civilizados?), enquanto outros a cutucavam alegremente, dionisiacamente, como um Zé Celso não cessa de fazê-lo há décadas? Que seu teatro e sua poética apontem para essa libido antropofágica, revolvendo nosso devir-índio, nosso devir-negro, nosso devir-bispo Sardinha, fazendo ressoarem as divindades, os cultos, as vozes e as possibilidades soterradas ao longo da história, nada disso deveria ser visto como um experimento "apenas" cênico, pois é justamente a nova cena cosmopolítica para a qual seu teatro nos convida e que hoje pede passagem, varrendo palácios, congressos, museus, teatros, e extrapolando até mesmo as artérias urbanas que concentram bancos e federações empresariais – todos esses tristes espaços onde há tempos se repete a mesma peça, onde se nos prega a mesma peça.

DEVIR-NEGRO, DEVIR-ÍNDIO, DEVIR-TRANSFEMININO

O que é então isso que a sucessão de golpes recentes visa erradicar de vez? Sim, Lula, sim, a agenda de esquerda. Porém, mais radicalmente, segundo a mais conservadora visão, aquilo para o que a era Lula teria aberto o flanco, involuntariamente (sim, involuntariamente – basta se lembrar da inquietação e até mesmo da desconfiança com que o PT assistiu ao início de Junho). A sucessão de golpes visa erradicar tudo aquilo que se manifestou festivamente naqueles dias: um desejo de rua; uma aspiração ao comum (bens comuns, como o transporte, a água, a terra, a internet, o verde, que deveriam ser comuns, para além de qualquer cercamento [*enclosure*], ou seja, simplesmente inapropriáveis, como diria Agamben); a abolição da família patriarcal (novos tribalismos, pluralidades transgêneros, a força das mulheres); uma nova geopolítica da alegria (não reservada apenas ao entretenimento, aos shows, ao carnaval, mas que derrubasse de vez o espírito de gravidade com que se manifesta um juiz, ao aumentar a sentença de um ex-presidente, ou a presidente do STF, ao pregar o respeito à lei e à justiça, rodeada de três bandidos que governam a república, ou qualquer economista ou jornalista que diariamente nos quer fazer engolir a versão do apocalipse que se aproxima caso não se aprove a reforma da previdência ou o teto de gastos); uma mestiçagem que varresse o escravagismo que os governantes da senzala reafirmam a cada dia.

Para se entender o que está em jogo nisso tudo, bastaria recuar um pouco na história europeia e dar-se conta de que o capitalismo, a escravidão e a racialização foram parte de um mesmo movimento. Como o diz Achille Mbembe: "O pensamento contemporâneo se esqueceu de que, para seu funcionamento, o capitalismo, desde suas origens, sempre precisou de subsídios raciais. Ou melhor, sua função sempre foi produzir não apenas mercadorias, mas também raças e espécies." Ora, não está na hora de relembrá-lo e, sobretudo, operacionalizar tal compreensão, em um momento em que vem à tona a disseminação dessa mesma lógica? Ainda Mbembe: "Os riscos sistêmicos aos quais somente os escravos negros foram submetidos na primeira fase do capitalismo representam agora, se não a norma, ao menos a parcela que cabe a todas as humanidades subalternas. Há, portanto, uma tendência à universalização da condição negra. Ela é acompanhada pelo surgimento de práticas imperiais inéditas, uma rebalcanização do mundo e a intensificação das ações de zoneamento. Essas práticas constituem, no fundo, um modo de produção de novas subespécies humanas fadadas ao abandono e à indiferença, quando não à destruição."[6]

Como contra-arrestar a mencionada subalternidade? Se isso implica confrontar nossa famigerada branquitude a partir da negritude evocada, também significa confrontá-la a partir de nossa sempre denegada dimensão indígena: somos todos, queiramos ou não, descendentes dos índios ou de seus genocidas. Déborah Danowski e Eduardo Viveiros de Castro não poderiam formulá-lo com maior contundência: "O genocídio dos povos ameríndios – o fim do mundo para eles – foi

---

[6] Achille Mbembe, *O fardo da raça*. trad. Sebastião Nascimento, São Paulo: n-1 edições, 2018. (Coleção Pandemia).

o começo do mundo moderno na Europa: sem a espoliação da América, a Europa jamais teria deixado de ser um fundo de quintal da Eurásia, continente que abrigava, durante e Idade Média, civilizações imensamente mais ricas que as europeias (Bizâncio, China, Índia, o mundo árabe). Sem o saque das Américas, não haveria capitalismo, nem, mais tarde, revolução industrial, talvez nem mesmo, portanto, o Antropoceno."[7] Donde uma observação nada inofensiva: "Pois são justamente os maias que nos oferecem, hoje, talvez o melhor exemplo de uma insurreição popular bem-sucedida (no sentido de não ter se transformado em outra coisa) contra o monstro bicéfalo Estado-Mercado que oprime as minorias do planeta, a única revolta de um povo indígena da América Latina que conseguiu se manter sem degenerar em mais um projeto estatal-nacionalista, e, muito importante, que deixou rapidamente de se apoiar na velha escatologia revolucionária 'marxista' (na verdade, cristã de fio a pavio), com que a Europa, por meio de seus insuportáveis intelectuais-clérigos, continua a querer controlar as lutas de libertação dos povos, para traçar um caminho cosmopolítico próprio. Estamos falando, é claro, do Movimento Zapatista, essa rara revolta que é um modelo de 'sustentabilidade' – sustentabilidade política também e sobretudo."[8]

Será que se trata de voltar a ser indígena, perguntam os autores? Nada deixa mais furiosas as classes dominantes brasileiras do que as comunidades que tomam esse rumo (*desejar o atraso como futuro*). Mas não se trata de fazer disso um

---

7 Déborah Danowski e Eduardo Viveiros de Castro, *Há mundo por vir?*: Ensaio sobre os medos e os fins. São Paulo: Desterro, Cultura e Barbárie, ISA, 2014, p. 141.
8 Ibidem, p. 158.

exemplo, mesmo porque "talvez seja impossível voltar historicamente a ser índio; mas é perfeitamente possível, mais do que isso, está efetivamente se passando, um devir-índio que vai tomando de assalto setores importantes da 'população' brasileira de um modo completamente inesperado. Este é um dos *acontecimentos* políticos mais importantes que testemunhamos no Brasil de hoje, e que vai contaminando aos poucos muitos outros povos brasileiros além dos povos indígenas. O Brasil é uma gigantesca aldeia Maracanã; aqui todo mundo é índio, exceto quem não é. E todos sabemos bem o que são os que não são, e onde eles estão. Insistimos: não se trata de retorno a nada, mas de cavalgar e intensificar as linhas de fuga que podem advir dos coletivos ameríndios, mestres da 'bricolagem tecnoprimitivista e da metamorfose político- metafísica'."[9]

Ora, ao devir-negro de Mbembe, ao devir-índio de Viveiros de Castro, ambos sintônicos com intuições oswaldianas, não seria preciso agregar o devir-transfeminino de Preciado, tão perto e tão longe da obsessão antropofágica com o matriarcado? "Se o feminismo pensava que o poder estava nas leis e instituições, o transfeminismo sugere que o poder está nas logísticas, infraestruturas, redes e técnicas culturais. Nosso acesso e uso das pílulas – Viagra, testosterona, Prozac, Truvada, Facebook, Google, representações em vídeo etc. – são mais importantes que as leis do casamento. O sujeito do transfeminismo não são as "mulheres", mas os usuários críticos das tecnologias de produção da subjetividade. Esta é uma revolução somatopolítica: o surgimento de todos os corpos vulneráveis contra as tecnologias de opressão. A figura chave do transfeminismo, inspirada pelo manifesto de Haraway,

[9] Ibidem.

não é nem homem nem mulher, mas um hacker mutante. A questão não é: o que sou eu? Qual sexo ou qual sexualidade? Mas: como isso funciona? Como podemos interferir no seu funcionamento? E, mais importante ainda: como isso pode funcionar de outro modo? Vamos entrar na caixa-preta e abrir as pílulas. Em tempos de extensão global do biopoder e técnicas farmacopornográficas de produção de subjetividades sexuais, faz-se necessária uma nova aliança de movimentos críticos. Nós, os trabalhadores farmacopornográficos da Terra, trans, migrantes, animais, indígenas, queergêneros, Crips e trabalhadores do sexo, estamos inventando novas tecnologias de produção de vida e subjetividade. (...) Política-de-gênero é política-da-Terra! Contra a expansão do Estado de Guerra, nós produzimos resistência nas redes comuns de afeto, música, sementes, ecstasy, água, palavras, micróbios, moléculas..."[10]

A REVOLUÇÃO MOLECULAR

Não seria o caso, justamente, de agregar uma outra dimensão, que Félix Guattari chamou de molecular, e a partir da qual ele teve a ideia de uma revolução molecular? Lembremos que, por essa expressão, o pensador se referia às mutações diversas que atravessam nossa atualidade, sobretudo as rupturas menos visíveis, no nível da sensibilidade, da percepção, do afeto, do inconsciente, que reconfiguram a subjetividade individual e coletiva no contexto do capitalismo que, antes mesmo da dita globalização, ele denominava de mundial integrado. A nomadização do desejo faz voar pelos ares várias relações de hierarquia, autoridade, comando, colocando, em

---

10 Paul B. Preciado, *Transfeminismo*. São Paulo: n-1 edições, 2018. (Coleção Pandemia).

cena, planos em geral expulsos do domínio político: nossa relação com o corpo, com o tempo, à sexualidade, à festa, às drogas, à infância ou à velhice, ao cosmos etc. O caráter "molecular" das mutações evocadas por Guattari obviamente não coincide com a dimensão "primeva" própria à antropofagia. A revolução molecular não é a revolução caraíba. E, no entanto, em ambas, predomina a esfera inconsciente, a pulsão nômade, o entrecruzamento entre o arcaico e o tecnológico, a contestação da racionalidade capitalista e sua axiomática homogeneizante, a evocação de uma subjetividade mais plural, intensiva, plástica, coletiva, libertária, híbrida, mais de devoração do que de devoção, de invenção do que de reprodução, com seu quinhão de loucura assumida. A dimensão insurreta, refratária a dogmatismos, transversaliza raças, tempos, geografias, e desafia dicotomias tais como natureza/cultura, humano/inumano, individual/social, objetivo/subjetivo, corporal/anímico, físico/metafísico, eu/outro, ser/devir, mesmo que tais termos, e muitos outros utilizados acima, não necessariamente figurem no repertório dos autores.

Contra uma utopia racional, asséptica, civilizatória, planificada, estatal, progressista, proletária, em uma espécie de versão moderna da república de Platão, desenha-se outra coisa, mais anárquica, heterogênea, ociosa, incerta, plural. É o que se viu na gestualidade ensaiada em Junho de 2013, mesmo que de modo incipiente. Talvez o mistério e a força daqueles dias tenham residido, em parte, no fato de que ali se cruzaram várias das dimensões evocadas acima.

A REVOLTA E A REAÇÃO

Por mais curtas que sejam, certas revoltas podem elevar-se ao plano de um acontecimento, no sentido que lhe dá Deleuze

– acontecimento é aquilo que escapa à história, que extrapola o domínio dos fatos, que se espraia no tempo: a Comuna de Paris jamais ficou delimitada ao ano em que ocorreu – assim como Junho de 2013 não acabou. A reação a um evento como esse, chame-se ele revolta ou revolução, é tão imponderável quanto ele. Não espanta que, diante do que veio à tona em 2013, a reação furiosa insista em reafirmar todas as divisões molares, de classe, gênero, raça, nacionalidade, religião, partido, filiação, onde as igrejas, o mercado, o Estado, a justiça e a mídia se aliam para deixar ainda mais drásticas as fronteiras que ali ameaçaram embaralhar-se. Índio é índio, pobre é pobre, negro é negro, homem é homem, mulher é mulher, operário é operário (e não ex-presidente), PT é ladrão, PMDB é um partido respeitável, museu não é bordel, a escola serve só para ensinar, os magistrados têm direitos inalienáveis, brasileiro é brasileiro, venezuelano não pode cruzar a fronteira, craqueiro é craqueiro, um idoso é um idoso – mas tudo isso não passa da ponta do *iceberg*.

Uma vez reterritorializados todos em seus papéis, suas identidades ou suas funções, como o nacional-socialismo precisou determinar a filiação judaica, abre-se a porteira para o ódio, a vingança, o justiçamento, o extermínio (dos índios em favor do garimpo, dos craqueiros em favor da higiene urbana, a cura gay em favor da família, dos idosos em favor do saneamento das contas da previdência, dos direitos dos trabalhadores em favor da flexibilização, da esquerda em favor da moralidade institucional, da liberdade de imprensa em favor da lavagem cerebral, do suposto assistencialismo do Bolsa Família em favor da suposta autonomia dos cidadãos, do nível da saúde ou da educação em favor do teto de gastos, da soberania nacional em favor das corporações multinacionais).

Mais um passo e chegamos à camada mais elementar – é

preciso sufocar os mínimos laivos de rebeldia ou arruaça (tolerância zero, diria um prefeito de Nova York) para extirpar de vez esse magma indomável, incompreensível, renitente, que teima em recusar a civilização branqueada, eurocêntrica, heteronormativa, a subjetividade consumista, a hegemonia do mercado – em suma, que assegure a extorsão da existência. É um modo de existência padrão que deve imperar, dizimando os demais – residuais, menores, insignificantes, experimentais –, que teimam em arrastar heranças bárbaras, sustentar utopias minúsculas, emitir vozes desafinadas, relembrar inutilmente dores pretéritas ou sonhos de futuro. Opera-se uma gentrificação que prescinde da construção de um shopping, de um aeroporto, de um calçadão ou de um centro cultural, pois novos mecanismos de esterilização vão sendo implantados com a ajuda das redes sociais, do *bullying* virtual ou midiático, da hipnose pelo *black mirror*, da codificação tecnocientífica, da rentabilização da existência, em uma espécie de envenenamento atmosférico no qual até respirar é duvidoso. Sim, estamos já no plano da atmosfera, daquela porção de exterioridade que permitiria ao pensamento e à existência se oxigenarem, se reinventarem, habitarem outras perspectivas. Não devir-o-Outro (baixa antropofagia, o mimetismo do estrangeiro), mas devir-outro-do-que-si-mesmo-e-do-que-o-Outro por meio da deglutição do Outro ("Só me interessa o que não é meu"). Não surpreende que, na mesmice saturada atual, uma espécie de claustrofobia existencial, psíquica, subjetiva, artística, coletiva, política gere a sensação de uma crescente impotência – "Seja lá o que tentarmos, está tudo dominado".

Em Junho de 2013, é como se um gênio maligno tivesse escapado da garrafa, agigantando-se e assombrando o país inteiro. Desde então, não se faz outra coisa senão tratar de enfiá-lo de volta, a cacetadas. Pensam ter-lhe quebrado a espinha dorsal. Mal sabem eles que um corpo-sem-órgãos prescinde da rota ossatura e pode assumir uma miríade de formas, voltando a assombrar o presente.

COMO LIDAR COM UMA ASSOMBRAÇÃO?

O leitor tem todo o direito de se perguntar se projetamos arbitrariamente a vidência gozosa e estética de um mestre da profanação sobre as Jornadas de Junho. "A gente escreve o que ouve – nunca o que houve".[11] Ainda assim, hão de nos objetar: "Foi isso mesmo que aconteceu em Junho de 2013? Ou isso que você descreve é o que *poderia* ter acontecido? Ou é o que *pode* vir a acontecer?". Fantasia, fabulação ou futurologia? Mas, entre nós: como lidar com uma assombração sem um pouco de fabulação? E se tivéssemos enxertado em Junho de 2013 o *Manifesto antropófago*, publicado quase um século antes, no ano 374 da Deglutição do bispo Sardinha – 1928 de nossa era cristã? Não nos é permitido ainda, apesar da patrulha historiográfica, ideológica ou política que se abateu tanto sobre os textos de Oswald como sobre os manifestantes de 2013, entrecruzar linhas de fuga longínquas no tempo ou no espaço, mas não *incompossíveis* em um mesmo mundo? Não é próprio de um acontecimento extrapolar sua abrangência territorial ou factual, ganhar uma irradiação para além de sua esfera visível ou mesmo detectável a olho nu, como em um desastre provocado por uma usina nuclear? Estaríamos proibidos de convocar sonhos ou afetos soterrados, que dormitam sob os nossos pés, à espera, talvez, de que tenhamos absoluta necessidade deles, reativados, ressuscitados? Só

---

11 Oswald de Andrade, *Serafim Ponte Grande*. São Paulo: Editora Globo, 1990, p. 34.

então, diante do perigo, para usar e torcer uma imagem benjaminiana, teriam a força de irrigar nosso presente, e, em contrapartida, nosso presente poderia fazer-lhes justiça. Afinal, a qual regime de veridicção estamos submetidos para pensar a potência biopolítica dos vencidos? Aos critérios da eficácia molar, do resultado final? ("A revolta deu certo? Quais seus resultados concretos, quantificáveis?") Ora, sabemos que todas as revoluções acabam mal. Medir um evento pelo mero resultado não seria, afinal, traí-lo antes mesmo que ele nos traia? Ou há algo da imanência do acontecimento que vale por si só? O devir-revolucionário das pessoas, não o futuro da revolução, diria Deleuze. É o que diz o provérbio argentino: "*No me quita el bailado*". Nada nem ninguém jamais poderá me privar do fato de eu ter dançado, do prazer dali extraído, de ter vivido aquilo – e isso vale igualmente para a experiência coletiva de uma revolta. O desafio é muito maior do que uma revolta poderia expressar, mas que ela destampa. "Precisamos, menino, desvespuciar e descolombizar a América e descabralizar o Brasil", diz Oswald. É um desrecalque, o gesto de tornar manifesto o antropófago que há em nós, como o explica Beatriz Azevedo, desvelando o sentido do *Manifesto antropófago* – é o antropófago (substantivo) que se torna manifesto (adjetivo).[12]

Falamos de revolução caraíba. Mas caraíba não necessariamente se refere ao nativo, explica ela. Quase ao contrário, é como os indígenas se referiam aos portugueses quando os consideravam ainda especiais, santos ou sobrenaturais, assim como designavam os próprios feiticeiros. Portanto, é um vocábulo que reúne o pajé, o xamã, o profeta errante, o guia

---

12 B. Azevedo, *Antropofagia Palimpsesto Selvagem*, São Paulo: Cosac Naify, 2016. p. 61.

espiritual ameríndio, assim como o seu oposto, o homem branco, o civilizado, o português. Aqueles, em todo caso, que têm origem ou acessam espaços longínquos, figuras de "outro mundo". A revolução caraíba não é, pois, uma revolução a mais, depois da francesa ou da bolchevique, mas uma revolução no conceito mesmo de revolução, ali onde o Estado é esconjurado, conforme a própria prática indígena, e a palavra passa ao homem nu, no sentido do homem desprovido de sua carapuça civilizatória. No fundo, o que se subverte é toda uma catequese do pensamento, a "consciência enlatada", a sintaxe "domesticada". Com isso, dá-se a ver um "outro" Brasil, e se consegue "enxergar, sob o verniz civilizado, a sua Pindorama utópica, matriz do instinto caraíba". Da baixa e vil antropofagia capitalista, um horizonte outro vem à tona

Talvez Junho de 2013 ainda esteja por vir. Ou, como um espectro, está à espera dos corpos coletivos capazes de o encarnarem (Safatle), mesmo que não os reconheçamos de imediato, porque surgem como corpos-sem-órgãos. Se isso for verossímil, podemos supor que a sequência dos golpes que assistimos desde então visa, para além dos alvos imediatos, preventivamente esconjurar tal eventualidade, e se possível, de uma vez por todas, para todo o sempre.

10. ADENDO SOBRE A UTOPIA OSWALDIANA

Oswald contrapunha a cultura antropofágica à cultura messiânica (cristã, claro!), bem como a seu sucedâneo terreno, a dogmática obreirista ("último refúgio da filosofia messiânica, trazida do Céu para a Terra"),[13] e tinha certeza que, exceto a de Platão, as utopias todas beberam na descoberta da América: "Tenho a impressão de que o encontro da humanidade nua da Descoberta muito influiu sobre o movimento geral de ideias daquele instante histórico. Saber que do outro lado da Terra se tinha visto um homem sem pecado nem redenção, sem teologia e sem inferno, produziria não só os sonhos utópicos cujo desenvolvimento estamos estudando, mas um abalo geral na consciência e na cultura da Europa. Era a negação do Cristianismo ecumênico."[14] É a linhagem que nos vem de Montaigne, aquele que "ouviu" o que se passava do lado de lá do Atlântico e que imaginou o "homem natural". Sabe-se que sentido tem em Oswald essa referência – não um culto ao suposto primitivo, mas um elogio de sua capacidade de resistir: "Oswald não era a tal ponto ingênuo que acreditasse em uma entidade primitiva, estável e indomável que teimosamente teria sobrevivido a séculos de colonização. Em vez de uma arqueologia assim estática, com uma camada primitiva e indelével e outra mais superficial, formada pela herança do branco, Oswald enfatiza uma força primitiva de resistência à doutrinação promovida pelo colonizador. Essa capacidade de resistência seria antes um traço cultural do que o produto de algum estoque étnico. E, por isso, identificada apenas pelo

---

13 Oswald de Andrade, *A utopia antropofágica*. São Paulo: Editora Globo, 1990, p. 146.
14 Ibidem, p. 177.

modo como opera; pelo canibalismo simbólico. Em poucas palavras, a doutrinação cristã e europeia não teria superado o poder de resistência da sociedade colonial, que se manifestaria na manutenção de nossa capacidade de devorar e ser alimentado pelos corpos e valores consumidos."[15] Mas, no interior dessa "larga ondulação do pensamento que faz a criatura desligada do Criador retomar pé na terra de suas misérias e de seus entusiasmos", Oswald contrapõe à utopia afirmativa e edificante uma outra, eivada de "sátira e de crítica, onde o Humanismo se torna admiravelmente útil e construtivo. Há o que se poderia chamar de avesso da Utopia e que, justamente no século XVI, nos é dado por três mestres da Europa culta. São eles: Rabelais, Cervantes e Erasmo". O escárnio e a volúpia de Erasmo, a epopeia do equívoco em Cervantes e o riso rabelaisiano – é toda uma "geografia do riso"[16] que vai na contramão do otimismo social de Morus. Se é a América que dispara as utopias, com seu "homem natural" feito de comunismo, politeísmo, ócio, nudez, liberdade sexual, ausência de culpa ou castigo, de chefe ou escravidão, não se trata apenas de uma imagem edênica ou de uma ideia primitiva, mas de uma força subversiva, como o frisou Costa Lima. "No fundo de cada Utopia não há somente um sonho, há também um protesto (...) toda Utopia se torna subversiva, pois é o anseio de romper a ordem vigente", escreve Oswald. As Utopias são sempre sinal de "inconformação e um prenúncio da revolta."[17]

---

15 Luiz Costa Lima, "Antropofagia e controle do imaginário", *Rev. Bras. Lit. Comparada*, n. 1, mar. 1990, disponível em www.abralic.org.br/revista/index.php/revista/article/download/7/8.
16 O. de Andrade, *A utopia antropofágica*, p. 180.
17 Ibidem, p. 209.

O MUNDO DO TEATRO, O TEATRO DO MUNDO

Zé Celso conta de que modo, no auge da ditadura militar, saído da tortura mais aviltante, sentiu que seu corpo havia atravessado um limiar "para além do bem e do mal" e que dispunha de dois caminhos diante de si – ou bem oferecer o corpo à guerrilha, isto é, matar ou morrer, ou bem oferendá-lo à celebração, que ele chamou de desbunde, ou de dionisíaco, ou de orgiástico. Aqui, vislumbramos uma bifurcação ética, sem que caiba qualquer juízo de valor. Ambas as opções eram igualmente dignas. Mas o diretor insiste: ficar no ódio, no ressentimento, na vingança? Ou esposar outra maneira de viver o corpo, o coletivo, a abertura? Ainda durante os anos de chumbo, seu grupo entendeu que, se a polícia viesse ao encalço dos atores no interior do teatro, não haveria saída, pois o espaço cênico terminava em um beco sem saída, em um muro sem escape. Ora, um belo dia, decidiram arrebentar essa muralha a marretadas em meio a um espetáculo, com o que se abriu uma brecha para uma área aberta, a céu aberto. Ali estava um terreno em franco abandono, ideal para a construção futura de um teatro de Epidauro. Ora, desde a origem, o teatro não se destinava à multidão, ao povo, a todos e a qualquer um? Não deveria ser ele um ritual capaz de reatar com a origem dionisíaca do próprio teatro grego, mas também com a alegria guerreira dos tupis, com o ritmo afro do candomblé, com a devoração antropofágica dos personagens emblemáticos de nossa história? Virar bacante, mergulhar na dimensão "subterraneada", que vai de Oswald ao tropicalismo,[18] de Zé Celso até Hilton Lacerda (o belíssimo *Tatuagem*), a sociedade feminizada, o gozo coletivo, o atletismo afetivo, a primazia da percepção sobre a consciência, do sensorial sobre o lógico,

18 Ibidem, p. 180

da intensidade contra o corpo cartorial — é essa utopia sem modelo nem contorno que transborda o próprio teatro, que chega à rua e que poderia contaminar a cidade, desafiando o outro teatro, o dos negócios e da maracutaia política. "Nunca fomos catequizados. Fizemos foi Carnaval", lembra Beatriz Azevedo:[19] "Não foi através da 'resistência organizada' que fugimos da catequização, mas, ao contrário, através da existência desorganizada, em meus termos, do carnaval." Uma alma inconstante, mais do que o afrontamento bélico. A carnavalização como linha de fuga. Talvez Oswald esteja para Maio de 1968 assim como Rimbaud para a Comuna de Paris. Não se trata de influência direta, nem de um encontro real (de fato, Rimbaud não esteve nas barricadas), mas um cruzamento de outra ordem, ou de certa desordem.

19 B. Azevedo, *Antropofagia*.

BIOPOLÍTICA, NECROPOLÍTICA, SUBJETIVIDADE

11. REVOLTA E SUBJETIVIDADE

Uma pergunta teima em retornar, sob formas diversas: qual sujeito há de encarnar a revolta possível? Qual tipo de subjetividade pode sustentar uma insurreição? É possível ainda designar um sujeito da história? Haverá um novo "sujeito revolucionário"? Ou as movências micropolíticas descritas mais acima, bem como os movimentos de contestação dos últimos anos, permitiriam responder que a ideia mesma de um sujeito político há tempos se desfez, embora persista organizando o xadrez político? Não sabemos ainda o que a substitui, se é que algo a substitui. Não seria melhor supor que a destituição dessa figura dominante em outros momentos aponta para novas configurações cujo vulto apenas vislumbramos?

Um breve recorrido conceitual servirá para redesenhar o problema, sobretudo em um contexto cada vez mais belicoso que, como sabemos, costuma estimular as polarizações identitárias, trazendo de volta à cena o pseudoembate entre mortos-vivos, zumbis políticos, entidades-fantasma. Quando a destruição política, social, ambiental, subjetiva, completamente indiferente a tais jogos de cena, toma proporções tão alarmantes como nos últimos anos, e a urgência em freá-la cresce na mesma proporção que o perigo, talvez caiba retomar a questão a partir desse ponto mínimo, *o sujeito e a rede conceitual que ele carreia*, a fim de rastrear os deslocamentos ocorridos, e a partir deles, sondar a *margem de manobra* nesse embate entre biopolítica e tanatopolítica, cosmopolítica e necropolítica.

12. "DEPOIS DO SUJEITO, QUEM VEM?"

Na trajetória de Deleuze e Guattari, as noções de sujeito, subjetividade, subjetivação, assujeitamento, dessubjetivação se alternam, cruzam, opõem, distribuem de variadas maneiras, conforme o contexto. Para começar pelo meio, tomemos a pergunta dirigida por Jean-Luc Nancy a vários pensadores, entre eles Blanchot, Derrida, Lyotard, Rancière, Balibar, Lacoue-Labarthe: "Depois do sujeito, quem vem?" Ora, dados nomes tão diferentes, podemos imaginar a diversidade de respostas, desde um longuíssimo e labiríntico esforço de Derrida, por exemplo, para explicitar os pressupostos da questão, até a brevidade da resposta de Deleuze, de menos de duas páginas, ainda mais curta que a de Blanchot. Eu o cito: "Um conceito nunca morre como se quer, mas somente na medida em que novas funções em novos campos o tornam caduco. Por isso nunca é muito interessante criticar um conceito: mais vale construir novas funções e descobrir novos campos que o tornam inútil ou inadequado."[1] Ora, não é o que ele mesmo fez ao longo de toda sua obra face ao conceito de sujeito? Ao invés de criticá-lo, inventou funções que tornaram inútil a noção de sujeito. Mas quais funções eram essas que o sujeito antes preenchia? Sobretudo duas, responde Deleuze: uma de universalização, outra de individuação. Ou seja, o sujeito era garantidor da *universalidade*, sob a forma do Eu (*Je*), de um lado, e o sujeito era suporte da *individuação*, sob a forma do eu (*moi*), de outro lado. O Eu universal e o eu individual. Eles não necessariamente estão em harmonia, e cada filosofia sustenta da sua maneira essa distância. Em todo

---

[1] Gilles Deleuze, "Un concept philosophique", *Confrontations*, n. 20, Paris, Aubier, inverno 1989, p. 89.

caso, é em torno dessa tensão que se desenha o que se chama de uma filosofia do sujeito e suas aventuras ou desventuras. Se Deleuze ajudou a tornar caduco o conceito de sujeito, é que, em seu pensamento, a suposta unidade do sujeito cede lugar a um campo transcendental sem sujeito, às singularidades pré--individuais, às individuações não pessoais, às hecceidades. Em vez de um sujeito gramatical, psicológico, epistemológico, temos um campo no qual a noção mesma de sujeito torna-se incidental ou deslocada. Para dizê-lo de modo abrupto, não mais função de universalização, mas de singularização; não mais função de individuação apoiada no eu, mas ancorada no acontecimento. E, por fim, ambos indexados a um agenciamento. De golpe, tudo muda, e adentramos outra paisagem, feita não mais de sujeitos, porém de singularidades, de acontecimentos, de agenciamentos.

A trajetória de Deleuze começa com Hume, para quem o sujeito não é constitutivo, mas constituído. O sujeito não é dado, é o que ultrapassa os dados. É a constituição do sujeito que interessa, mais do que a constituição do objeto que supõe, de pronto, um sujeito dado. Donde a necessidade de examinar a constituição do sujeito enquanto movimento, prática, experiência. O sujeito é aquele que crê e inventa. Ele crê, pois afirma mais do que sabe; ele estabelece conexões, é uma ideia viva. E inventa na medida em que é síntese do tempo – hábito, expectativa, futuro, duração, em suma, criação, produção. A constituição do sujeito não pode ser dissociada de uma afetividade, de circunstâncias das quais constitui a singularização, a individuação.[2] Eis um sujeito que preserva um traço de suas

---

2 Gilles Deleuze, *Empirisme et subjectivité*. Paris: PUF, 1953. [Ed. bras. *Empirismo e subjetividade*: Ensaio sobre a natureza humana segundo Hume, trad. Luiz B. L. Orlandi. São Paulo: Editora 34, 2001.]

funções precedentes, de universalização e de individuação, porém que já as deslocou em direção a um campo ao mesmo tempo mais amplo e mais molecular. Mais tarde, será designado de campo transcendental assubjetivo.

Sobre Nietzsche, Deleuze escreve: "A grande descoberta da filosofia de Nietzsche, sob o nome de vontade de potência ou de mundo dionisíaco, aquela que marca sua ruptura com Schopenhauer, é esta: sem dúvida o Eu (*Je*) e o eu (*moi*) devem ser ultrapassados em um abismo indiferenciado; mas esse abismo não é um impessoal nem um universal abstrato, para além da individuação. Ao contrário, é o Eu, é o eu que são o universal abstrato. Eles devem ser ultrapassados, mas por e na individuação, em direção a fatores individuantes que os consomem, e que constituem o mundo fluente de Dioniso. O inultrapassável é a individuação mesma."[3] Não há Eu nem eu, mas individuações a partir desse mundo fluente, dionisíaco. Não podemos tomar essa ideia como uma resposta antecipada à pergunta de Nancy: "A individuação, será ela que responde à questão *Quem*?"[4]

Só muito mais tarde surgirá a noção de subjetivação. Em *Mil Platôs*, ela tem um sentido negativo – equivale a uma operação de assujeitamento no interior de um agenciamento determinado. Mais do que isso, a subjetivação ela mesma constitui estrato, assim como a significância, o organismo, a interpretação. Daí essa recomendação inversa: "Desestratificar, abrir-se para uma nova função...

---

[3] Gilles Deleuze, *Différence et répetition*. Paris : PUF, 1968, p. 332. [Ed. bras. *Diferença e repetição*, trad. Luiz Orlandi e Roberto Machado. Rio de Janeiro, São Paulo: Paz & Terra, 2018.]

[4] Jean-Luc Nancy, *Confrontations*, n. 20, Paris, Aubier, inverno 1989.

Dessubjetivar a consciência e a paixão."⁵ De fato, parece impossível se desprender da subjetivação da qual somos vítimas, cúmplices, ou mesmo agentes, e se descolar do sujeito que lhe é correlato, sem intervir no agenciamento de que ele depende. É preciso, pois, partir do agenciamento sempre – a maior lição de *Mil Platôs* –, o deslocamento decisivo do qual não extraímos ainda todas as implicações, mesmo hoje, quando se deixa de dizer eu mas se permanece no mesmo regime de subjetivação. "A significância e a interpretação têm a pele tão dura, elas formam com a subjetivação um misto tão aderente que é fácil acreditar que se está fora disso ao passo que se continua secretando isso."⁶

Eis um exemplo dos mais vivos, no belo relato de Daniel Defert sobre sua trajetória na associação AIDES, que ele fundou alguns meses depois da morte de Foucault, seu companheiro de vida. Na última página de seu livro *Uma vida política*, quando descreve a importância da difusão graças à Internet das práticas inventadas pelas associações para ter acesso aos tratamentos, ele faz menção à "construção universal, apoiada no modelo ocidental ou mais exatamente americano, de uma subjetivação homossexual, de uma identificação universal a um modelo psicológico e político" que seu livro, assim como seu percurso ou o de Foucault, não pararam de combater.⁷ Em contrapartida, haveria todo um trabalho a ser feito em torno das invenções "socioéticas" propostas por sua associação pioneira, cujo objetivo, enquanto

---

5 Gilles Deleuze e Félix Guattari, v. 2, trad. Ana Lúcia de Oliveira e Lúcia Cláudia Leão. São Paulo: Editora 34, 1995, p. 90.

6 Ibidem, p. 94.

7 Daniel Defert, *Une vie politique*. Paris: Seuil, 2015, pp. 223-224 [Ed. bras. *Uma vida política*, trad. Ernani Chaves, São Paulo: n-1 edições, 2019. (no prelo)].

contrapoder, não era apenas responder às urgências de uma epidemia que ressuscitava uma estigmatização antiga, mas também colocar em xeque os valores morais sustentados por essa mesma sociedade. Contra a subjetivação homossexual, não outra subjetividade, mas outro agenciamento. Nem sujeito, nem subjetivação, nem assujeitamento, mas um novo agenciamento.

É só em seu *Foucault*, curiosamente, talvez influenciado pelo autor de *História da sexualidade,* que Deleuze retoma a subjetivação em um sentido positivo. Foucault teria mostrado a constituição de um sujeito que se desatrela dos códigos, operação designada como "subjetivação" ou dobramento. Conhece-se a interpretação ousada de Deleuze: "Os gregos dobraram a força, sem que ela deixasse de ser força."[8] Donde essa *relação da força consigo mesma, o poder de afetar a si mesmo, o afeto de si por si.* Mesmo que essa subjetivação derive do poder, ela não depende dele, e dele pode se desprender. É verdade que, em longo prazo, o poder transforma essa subjetivação em assujeitamento por meio de procedimentos diversos. Mas justamente: "Haverá sempre uma relação a si que resiste aos códigos e aos poderes; é a própria relação a si que é uma das origens desses pontos de resistência." Eis-nos no coração da subjetividade, compreendida agora não mais como assujeitamento, porém como resistência: "A luta por uma subjetividade se apresenta então como direito à diferença, e direito à variação, à metamorfose."[9] A subjetivação ou a subjetividade não tem mais por eixo um sujeito universal ou individual, Eu ou eu, porém a diferença, a metamorfose. O problema que Deleuze levanta em seguida é saber por que

[8] G. Deleuze, *Foucault*, p. 108.
[9] Ibidem, p. 113.

Foucault, tão preocupado em preservar períodos de curta duração em seus estudos, no caso da subjetividade recuou até os gregos, como se ali estivesse a origem dos modos de subjetivação, na sua forma interiorizada, individualizada, ligada à identidade, que pesa sobre nós e da qual caberia se desvencilhar. Aliás, o último volume de *História da sexualidade*, ao qual Deleuze não tivera ainda acesso, insiste nesse tópico, ao mostrar a que ponto desde o cristianismo dos pais da Igreja, mas sobretudo a partir de Agostinho, o que importa, muito mais do que a concupiscência, ou as transgressões que representa, é a relação que se forja com ela. O sujeito do desejo é que está em questão, e não o ato sexual ou seu desvio. Em todo caso, levando-se em conta que é sempre nossa atualidade que está em jogo no recuo histórico-genealógico de Foucault, as questões colocadas por Deleuze são pertinentes: "Quais são os novos modos de subjetivação, sem identidade, em vez de identitários?"[10] E ele acrescenta: "As mutações do capitalismo não encontram um 'vis-à-vis' inesperado na lenta emergência de um Si como local de resistência? A cada vez que há mutação social, não há um movimento de reconversão subjetiva, com suas ambiguidades, mas também com seus potenciais?"[11] E, em uma longa nota de pé de página, Deleuze menciona a série de acontecimentos históricos (Vietnã, Argélia, novo sindicalismo, psiquiatria institucional) e correntes de pensamento, de Lukács a Guattari e sua micropolítica do desejo, passando pela Escola de Frankfurt, o marxismo italiano, o situacionismo etc., para mostrar a relação entre as novas lutas e a nova subjetividade. Foucault tinha nítida preferência pelo contexto americano e as novas formas

10 Ibidem, p. 123
11 Ibidem, p. 123.

de comunidade ali emergentes.[12] Nada disso impede Deleuze, nesse momento, de sustentar sua definição filosófica, parcialmente inspirada em Foucault, porém mais próxima de sua própria elaboração conceitual, da subjetivação como dobra do fora, zona de lentificação, na qual se torne "mestre de sua velocidade, relativamente mestre de suas moléculas e de suas singularidades".[13] Subjetivação sem sujeito, sem identidade, sem significância. Quem vem depois do sujeito? Acaso uma subjetivação apoiada numa dessubjetivação?

12 Ibidem, p. 123.
13 Ibidem, p. 130.

13. DESSUBJETIVAÇÃO NOMÁDICA, SUBJETIVAÇÃO HERÉTICA

Em entrevista feita com Giorgio Agamben a respeito da prioridade que dava, em seus textos, a uma "biopolítica maior", isto é, aquela vinda "desde cima", do Estado, das instituições, não teria ele deixado na sombra precisamente os "sujeitos" sobre os quais ela se abatia? Não corria o risco de menosprezar a resistência que manifestavam os "de baixo", bem como a subjetividade que lhes pertencia – fossem eles portadores de HIV, sem-teto, sem-documento, detidos? Ao privilegiar o *poder* em detrimento da *resistência*, a "biopolítica menor" parecia relegada a segundo plano. Foi longa e complexa a resposta do filósofo, que comentamos detidamente em outro lugar.[14] O que merece ser retido daquele debate é a impossibilidade em que nos encontrávamos, segundo Agamben, em reconhecer nas figuras mencionadas como vítimas da biopolítica "sujeitos dados". Pois estariam tomados em um duplo movimento: por um lado, teriam sido dessubjetivados (despojados, portanto, de seus traços, modos, códigos); por outro, ressubjetivados (pelo Estado e por eles mesmos, justamente como "portadores de HIV", "sem-teto" etc.). Para dizê-lo em outros termos: teriam sido desterritorializados, por um lado, e reterritorializados, por outro. Portanto, qualquer tentativa de pensar a subjetividade dessas figuras sem levar em conta tais processos incorreria no erro de ignorar tal zona de indiferenciação entre vida qualificada (*bíos*) e vida nua (*zoé*) – e deveríamos reconhecê-la como nosso horizonte irrevogável. Em meio a isso, ele apontava uma pista paradoxal presente

---

14 Peter Pál Pelbart, *O avesso do niilismo: cartografias do esgotamento*. São Paulo: n-1 edições, 2016, p. 250.

em Foucault, que, de algum modo, esticava um fio nessa mesma direção: a de um cuidado de si (subjetivação, *bíos*) que equivalesse a um abandono de si (dessubjetivação, *zoé*). O que seria uma figura subjetiva que tivesse por substrato um desapego de si? Ou uma subjetivação que se apoiasse ou emanasse de uma dessubjetivação? Deleuze e Guattari teriam falado de uma *subjetividade nômade que se reterritorializa sobre sua própria desterritorialização*. Ou o nômade, ou o esquizo que se reterritorializa sobre seu próprio corpo em fuga.

A partir daí, e levando em conta a que ponto a desterritorialização nunca é unívoca, sobretudo quando proveniente do capitalismo, talvez coubesse introduzir outras distinções. Poderíamos diferenciar dois tipos de dessubjetivação, grosso modo: capitalística e nomádica. Por *dessubjetivação capitalística*, entenda-se aquela que desfaz identidades, contornos, territórios – é a desterritorialização imposta pelo capital ou pelo Estado (o colapso da União Soviética desmanchando hierarquias e pertinências). Por *dessubjetivação nomádica*, em contrapartida, entendemos aquela que, através de processos imanentes, nos permite escapar das identidades ou dos modelos que nos eram impostos (o devir-índio de movimentos coletivos, o devir-esquizo de autores como Artaud). Se, em princípio, a primeira parece destruidora e a segunda, liberadora, tudo pode se inverter conforme a configuração. Como conta Tosquelles, em alguns hospitais psiquiátricos na França, a guerra (dessubjetivação negativa) obrigou os internos a trabalharem e, assim, deu a eles uma movência e liberdade antes inexistentes (subjetivação positiva).

Em paralelo, podemos distinguir dois tipos de subjetivação: a *subjetivação assujeitada*, que responde a uma formatação produzida pelo capitalismo, pela medicina ou pelo farmacopornobiopoder, como o diz Preciado (sou "soropositivo"), e aquela outra, *subjetivação herética*, como o sugere Guillaume Leblanc, advinda justamente de uma criação, individual e coletiva, singular e plural, anônima e movente (derivas de gênero, por exemplo).

A pergunta que poderíamos arriscar é a seguinte: como detectar ou forjar os pontos, situações, contextos, dispositivos em que a *dessubjetivação nomádica* dispara um processo de *subjetivação herética*, individual ou coletiva, dando-se tal conjunção sob o signo da afirmação e da resistência, em oposição à *dessubjetivação capitalística* operada pelo Estado ou Capital, que desemboca em *subjetivações assujeitadas* forjadas pelos mecanismos de poder disciplinar ou biopolítico, em um conformismo assumido ou denegado?

Quando Negri perguntou a Deleuze qual política pode prolongar na história o esplendor do acontecimento e da subjetividade, Deleuze respondeu com prudência. "Pode-se, com efeito, falar de processos de subjetivação quando se considera as diversas maneiras pelas quais os indivíduos ou as coletividades se constituem como sujeitos", mas acrescentou, como que relativizando o peso dessas palavras: "Tais processos só valem na medida em que, quando ocorrem, escapam tanto aos saberes constituídos como aos poderes dominantes (...). Não há aí nenhum retorno ao 'sujeito', isto é, a uma instância dotada de deveres, de poder e de saber. Mais do que falar de processos de subjetivação, poderíamos falar sobretudo de novos tipos de acontecimento."[15] É como se os processos de subjetivação fossem secundários em relação aos novos tipos de acontecimento aos quais eles dão passagem. "A individuação de uma vida não é a mesma que a individuação do sujeito que a leva ou a sustenta." É evidente: a vida e o sujeito não

---

15 G. Deleuze, *Conversações*, p. 217.

se desdobram sobre o mesmo plano. Teríamos, então, duas séries: vida, plano de consistência, afetos, acontecimento, *Aión*, de um lado; sujeito, substância, forma, pessoa, *Chronos*, de outro. A subjetivação ou a dessubjetivação pode estar de um lado ou outro – tudo depende do agenciamento em que se situa e que a ultrapassa.

Já podemos enfrentar uma questão embutida no início. Para que serviria livrar-se do sujeito, se for para reencontrar as subjetivações ou as individuações? A menos que tais subjetivações ou dessubjetivações remetam a acontecimentos e agenciamentos. Eu me pergunto, por exemplo, se Marielle Franco não poderia ser pensada segundo esses parâmetros. Sujeito? Subjetivação identitária? Ou precisamente uma subjetivação proveniente de uma dessubjetivação dupla: por um lado, a *dessubjetivação necropolítica* a que está submetida a população da favela, dessubjetivação negativa, capitalística; por outro lado, a *dessubjetivação nomádica*, positiva, na sua deriva de gênero, por meio da qual ela já não era ela, mas algo além ou aquém – um Acontecimento, que remete antes a um agenciamento coletivo de enunciação. Não uma líder personalista que vira um sujeito político, mas uma voz que carrega várias vozes menores, vários devires menores, vários povos, várias lutas – mulheres, negros, favelados, lésbicas, despossuídos, mas também mulheres empoderadas, devir--feminino da política, devir-negro do ativismo, devir-negro do mundo. Quando a *dessubjetivação negativa* se converte em *dessubjetivação positiva* e dispara uma subjetivação não identitária, remetendo a um agenciamento coletivo ou, em outros termos, quando a dessubjetivação capitalística se converte numa dessubjetivação nomádica e aciona uma subjetivação herética, estamos mais próximos da ativação de uma máquina de guerra e mais longe da guerra. Até podemos tomar o exemplo de um ex-presidente encarcerado, quando pensa transformar-se em uma ideia que extrapola sua circunscrição individuada, como um gás que não pode ser preso nem contido, tal como sugerido nos textos de Deleuze sobre a revolta e Lawrence da Arábia. É a força de um Acontecimento, não pertencer a ninguém, uma vez que o que lhe pertence é sua potência de dessubjetivação e de subjetivação coletiva, uma máquina de guerra biopolítica em colisão com a necropolítica escancarada.

14. NECROPOLÍTICA NOS TRÓPICOS

A publicação no Brasil de *Necropolítica*, de Achille Mbembe, antecedeu em alguns meses o assassinato de Marielle Franco. Não à toa temos a impressão que esse texto poderia ter sido escrito no Rio de Janeiro, no momento em que a cidade sofreu intervenção federal através da presença do Exército, semanas antes do atentado a Marielle. Mbembe se refere ao projeto central da soberania contemporânea, baseada na "instrumentalização generalizada da existência humana e a destruição material de corpos humanos e populações." Mas o fundo disso é a incontornável herança colonial: "Qualquer relato histórico do surgimento do terror moderno precisa tratar da escravidão, que pode ser considerada uma das primeiras manifestações da experimentação biopolítica."[16] A escravidão se desenrolou em um duplo contexto: o da *plantation*, na qual o escravo era mantido vivo, mas em "estado de injúria", em um mundo espectral de horrores, crueldade e profanidade intensos; e o do colonialismo, sendo as colônias "o local por excelência em que os controles e as garantias de ordem judicial podem ser suspensos – a zona em que a violência do estado de exceção supostamente opera a serviço da 'civilização'".[17]

Seja na favela carioca ou na Palestina ocupada, temos o seguinte resultado: "Viver sob a ocupação contemporânea

---

16 A. Mbembe, *Necropolítica*, p. 27.
17 Ibidem, p. 35. "O fato de que as colônias podem ser governadas na ausência absoluta de lei provém da negação racial de qualquer vínculo comum entre o conquistador e o nativo. Aos olhos do conquistador, 'vida selvagem' é apenas outra forma de 'vida animal', uma experiência assustadora, algo radicalmente outro (alienígena), além da imaginação ou da compreensão".

é experimentar uma condição permanente de 'viver na dor': estruturas fortificadas, postos militares e bloqueios de estradas em todo lugar; construções que trazem à tona memórias dolorosas de humilhação, interrogatórios e espancamentos; toques de recolher que aprisionam centenas de milhares de pessoas em suas casas apertadas todas as noites do anoitecer ao amanhecer; soldados patrulhando as ruas escuras, assustados pelas próprias sombras; crianças cegadas por balas de borracha; pais humilhados e espancados na frente de suas famílias; soldados urinando nas cercas, atirando nos tanques de água dos telhados só por diversão, repetindo *slogans* ofensivos, batendo nas portas frágeis de lata para assustar as crianças, confiscando papéis ou despejando lixo no meio de um bairro residencial; guardas de fronteira chutando uma banca de legumes ou fechando fronteiras sem motivo algum; ossos quebrados; tiroteios e fatalidades – um certo tipo de loucura."[18]

Pode-se objetar que não vivemos mais em regime escravocrata, muito menos colonial. As periferias de nossas cidades brasileiras, contudo, conjugam essas duas lógicas, acrescidas dos mecanismos inventados pelo neoliberalismo. "Se, ontem, o drama do sujeito era ser explorado pelo capital, a tragédia da multidão hoje é já não poder ser explorada de modo nenhum, é ser relegado a uma 'humanidade supérflua', entregue ao abandono, sem qualquer utilidade para o funcionamento do capital. Tem surgido uma forma inédita de vida psíquica, apoiada na memória artificial e digital e em modelos cognitivos provenientes das neurociências e da neuroeconomia. Sendo que os automatismos psíquicos e tecnológicos não passam de duas faces da mesma moeda,

18 Ibidem, p. 68.

vem se consolidando a ficção de um novo sujeito humano, 'empreendedor de si mesmo', moldável e convocado a se reconfigurar permanentemente em função dos artefatos que a época oferece. Esse novo homem, sujeito do mercado e da dívida, vê-se a si mesmo como um mero produto do acaso. Essa espécie de 'forma abstrata já pronta', como diz Hegel, capaz de se vestir de todos os conteúdos, é típica da civilização da imagem e das novas relações que ela estabelece entre os fatos e as ficções. Apenas mais um animal entre os outros, não possui nenhuma essência própria a proteger ou salvaguardar. Não existe, *a priori*, nenhum limite para a modificação da sua estrutura biológica e genética. Distingue-se em vários aspectos do sujeito trágico e alienado da primeira industrialização. De saída, é um indivíduo aprisionado em seu desejo. O seu gozo depende quase inteiramente da capacidade de reconstruir publicamente sua vida íntima e de oferecê-la no mercado como uma mercadoria passível de troca. Sujeito neuroeconômico absorvido por uma dupla inquietação, decorrente de sua animalidade (a reprodução biológica de sua vida) e de sua coisidade (a fruição dos bens deste mundo), esse *homem-coisa, homem-máquina, homem-código* e *homem-fluxo* procura antes de mais nada regular a sua conduta em função de normas do mercado, sem nem sequer hesitar em se autoinstrumentalizar e instrumentalizar os outros para otimizar a sua parcela de fruição. Condenado à aprendizagem por toda a vida, à flexibilidade, ao reino do curto-prazo, deve abraçar sua condição de sujeito solúvel e fungível, a fim de atender à injunção que lhe é constantemente feita — tornar-se um outro. (...) Desde logo, os riscos sistemáticos aos quais os escravos negros foram expostos durante o primeiro capitalismo constituem agora, se não a norma, pelo menos o quinhão de todas as humanidades subalternas."[19] É o devir-negro da humanidade. Deveríamos ter tempo de relacionar parte disso com o que Deleuze chama de sociedade de controle, predomínio do dividual, plasticidade subjetiva, mecanismos ondulatórios, modulação e alógica da reversão. Pois é justamente aí que o pensador enxerga uma potência nova. Ele fala em preservar a "potência do falso" do negro, seu caráter luminoso, fluido e cristalino, esse "estranho sujeito escorregadio, serial e plástico, constantemente mascarado, firmemente instalado dos dois lados do espelho, ao longo de uma fronteira que ele não cessa de seguir",[20] em que ele tenta redefinir as "modalidades de distribuição da morte" em um mundo livre do "fardo da raça". Clínica, já para Fanon, significava "acompanhar na luta todos aqueles que o colonialismo havia ferido, descerebrado e transformado em loucos – e, onde isso fosse ainda possível, de tratar e curar".[21] Mbembe insiste: a luta tem por objeto produzir a vida, e a "violência absoluta" desempenhava a função desintoxicante e instituinte, uma nova linguagem, uma nova humanidade. "Estritamente falando, a vida é aquilo que a luta tiver produzido." E ela tem três dimensões: destrói aquilo que a destrói, cura o que o poder torturou ou enlouqueceu, sepulta os "abatidos pelas costas". "Em torno dessas três funções surge claramente o elo entre o poder e a vida. O poder, nessa perspectiva, só é poder enquanto se exerce sobre a vida, no ponto de distribuição entre a saúde,

---

19 Achille Mbembe, *Crítica da razão negra*, trad. Sebastião Nascimento. São Paulo: n-1edições, 2018, pp. 15-16.
20 Ibidem, p. 22.
21 Ibidem, p. 291.

a doença e a morte (o sepultamento)."[22] Aquém do sujeito, demolido ou resgatado, dessubjetivado ou ressubjetivado, portanto, reencontramos essa dimensão irredutível, indomável, ineliminável, irreprimível, vital. Para comunidades submetidas a grande sofrimento, a última linha de defesa costuma ser a religião profética ou a função utópica da criação artística. Nessa corre a esperança de "liberação das energias escondidas ou esquecidas, a esperança de uma eventual inversão das potências visíveis e invisíveis, esse sonho secreto de ressurreição dos seres e das coisas" em cujo centro está o corpo. Trata-se, sempre, de "despertar as potências adormecidas, de renovar a festa, esse canal privilegiado da ambivalência, esse teatro provisório do luxo, do acaso, do dispêndio, da atividade sexual, e metáfora de uma história por vir".[23]

Foi preciso mencionar esse arco que começa com o sujeito racializado, sujeito racial, um ser submetido ao estado de ser sempre o Outro dos outros, com frequência, desafiado a provar-se virtualmente um semelhante, obrigando-se a um travestimento incessante, mas sem cessar de ser despojado dessa possibilidade e reduzido a sua esmagadora objetalidade, e o outro polo, que o afrofuturismo entende como uma descolonização interior que já supera de golpe o humanismo, irmão gêmeo da escravidão, para atingir um horizonte pós-humano. Ou o que Mbembe enxerga como uma ética do passante, não da origem nem da raiz, mas do trajeto, da circulação, da transfiguração. Mbembe deve a Fanon a cartografia instável e cambiante desse movimento, que remete menos a um lugar ou a um indivíduo do que a

22 Ibidem, p. 292.
23 Ibidem, p. 301.

um brilho seminal capaz de expandir o horizonte. Para além do nascimento, da nacionalidade e da cidadania, do sujeito ou da identidade, trata-se de um pensamento da travessia, da vida lançada ao fora e traduzida em acontecimento.

15. NEGROS, JUDEUS, PALESTINOS – DO MONOPÓLIO DO SOFRIMENTO

Até há algumas décadas, o judeu era o paradigma do pária, apátrida, desterrado. Vítima de perseguição bimilenar, seu destino culminou no século XX na bifurcação a mais paradoxal. Por um lado, o extermínio empreendido pelo Estado nazista, nas câmaras de gás. Por outro, a fundação de um Estado próprio e soberano, na Palestina. Ainda que os palestinos tenham eles mesmos sido deslocados de sua terra em decorrência do surgimento do Estado de Israel, e encarnado para alguns a condição de desterrados antes atribuída aos judeus, a historiografia e a reflexão filosófica continuaram girando sobretudo em torno do Holocausto, de seus antecedentes, suas causas, suas condições de possibilidade, assim como seus efeitos, sua rememoração, sua singularidade. Que israelenses e palestinos tenham disputado entre si o lugar de vítima nas últimas décadas, como que duplicando o embate armado no plano narrativo, é um dos fenômenos mais intrigantes desse conflito. No filme *Nossa música*, de Godard, uma jornalista israelense pergunta ao poeta Mahmoud Darwish, comparado, no plano poético, a Walter Benjamin, se os palestinos não teriam tomado o lugar simbólico dos judeus. Estamos em Sarajevo, capital da dor, onde se chocam lembranças dos vencidos da história, peles vermelhas, catalães, palestinos e suas palavras antagonistas cruzam os espaços de uma biblioteca devastada, enquanto alguns folheiam livros salvos dos bombardeios. Ora, o que diz o poeta palestino à sua interlocutora? Que nós sabemos do sofrimento da vítima por meio da poesia do vencedor. Literalmente, ele diz: "Nós ouvimos a voz da vítima troiana pela boca do grego Eurípides." E ele observa que "Tróia não contou sua história".

E que ele, Darwish, "filho de um povo não reconhecido até pouco tempo atrás", quer ser o poeta de Tróia. Pois "aquele que escreve sua história, herda a terra das palavras". Ao que a jornalista israelense retruca, com humor: "Cuidado, você começa a soar como judeu!" Sim, diz ele, foi um azar e uma sorte ter Israel como inimigo, "isso ofuscou nossa tragédia, mas também lhe deu visibilidade. Israel nos deu a derrota e o reconhecimento". E, quase que judaicamente, ele faz o elogio da derrota: "Há muito mais inspiração e riqueza humana na derrota do que na vitória." E acrescenta: "Ai de nós, porém, se também formos derrotados no domínio da poesia."

Como escapar da autovitimização competitiva e de sua utilização política, quando não diretamente bélica? Como, nesse contexto, livrar-se da lógica da acusação, culpabilização, vingança, que unem a vítima e o algoz pelos grilhões do ressentimento? Que os judeus continuem a reivindicar a condição exclusiva de vítimas, enjeitados, povo eleito também pela magnitude de seu sofrimento, deve ser lido à luz das estratégias de capitalização política da tragédia por razões de Estado – ao colocar-se como representante da totalidade do povo judeu e, por conseguinte, supostamente incumbido de gerir sua memória e perpetuar a imagem de perseguido-mor da história, o Estado judeu justifica sua política de ocupação supostamente defensiva dos territórios desde a guerra de 1967 e sua recusa em aceitar a implantação de um Estado palestino ao seu lado. No sistemático confisco de terras palestinas, na política de assentamentos calculadíssima, vai se desenhando a progressiva expulsão e um preâmbulo de "transferência de população", considerado um crime de guerra outrora executado pelos nazistas. Hanna Arendt acusou Eichmann de querer escolher com quem coabitar a Terra. E, para ela, o pecado capital do genocida é presumir que cabe a ele decidi-lo, em uma Terra que ninguém mais pode reivindicar.

Paradoxalmente, poucos povos foram vítimas, na história recente, de condições tão similares quanto judeus e palestinos: desposessão, desterro, exílio, diáspora, *status* de apátrida, de refugiado, concentração em campos, ameaça de extermínio ou extermínio de fato, por um lado. Por outro, a reivindicação pelo direito de retorno à terra dita natal, pelo reconhecimento de sua existência nacional, pelo direito a um Estado soberano. Nos últimos anos de vida, Edward Said se perguntava em vão se histórias tão similares não poderiam desembocar em uma política comum. A cegueira do dominador quanto à similaridade com o dominado torna ainda mais doloroso o rumo desse conflito, e mais inquietante o seu desfecho. Pois toda a dificuldade está em reconhecer no adversário um similar humano, dada a demonização recíproca, tática do próprio conflito. Tempos atrás a Fundação Calouste Gulbenkian atribuiu um prêmio a dois professores, um árabe e outro israelense, que entenderam que o caminho para a paz passa pelo conhecimento da narrativa que o outro povo se faz da tragédia que o assolou – pois é também um conflito entre narrativas rivais. É preciso que cada israelense conheça a narrativa palestina da Naqba, assim como cada palestino deveria conhecer a narrativa sobre a Shoá – sem o que são dois cegos se estapeando, cada um exibindo com mais veemência a sua própria chaga. A diferença é que um está armado até os dentes, o outro só tem o próprio corpo e a memória. Como diz um estudioso palestino: "A memória é uma das poucas armas acessíveis a quem viu a maré da história se voltar contra si. Ela é capaz de se infiltrar furtivamente para chacoalhar o muro."

O que de mais impactante, porém, apareceu nos últimos tempos a respeito dessa guerra de narrativas não nos vem da Palestina ou de Israel, mas de Camarões. Desde o início de seu belíssimo estudo *Crítica da Razão Negra*, o historiador africano Achille Mbembe sustenta que a constituição do pensamento europeu como um humanismo ou um discurso sobre a humanidade (e Israel é herdeiro do horizonte europeu "humanista") é indissociável do surgimento da figura do Negro como personagem racial (no caso israelense, foi o "árabe", "muçulmano" ou "palestino" que ocupou esse lugar). A partir do século XVIII, lembra Mbembe, essa conjunção denegada entre humanismo e racismo formou o subsolo do projeto moderno, já que eram figuras gêmeas "do delírio que terá produzido a modernidade". Ora, é onde comparece a citação de Deleuze, que teve que esperar décadas para receber seu sentido histórico radical: "Há sempre um negro, um judeu, um chinês, um grande mogol, um ariano no delírio", pois o que um delírio investe ou mistura são, entre outros, as raças. Eis, contudo, como Mbembe revela o avesso dessa frase: o racismo é um delírio. Escravos sempre houve, ao longo da história da humanidade, mas eram fruto em geral da vitória em uma guerra e, portanto, ex-adversários. Nunca se tornariam escravos em virtude da cor da pele. Apenas com o trato atlântico de homens e mulheres originários da África, a partir do século XVI, os negros se transformaram em homens-objeto, homens-mercadoria e homens-moeda.

É que a Europa se considerava o centro do mundo civilizado e se contrapunha ao Resto, cujo símbolo maior era a África e o Negro, figura do ser-outro, poderosamente trabalhado pelo vazio, perigo, destruição – era a noite do mundo, conforme a expressão de Aimé Césaire. Mas, quando o princípio da raça é submetido ao capital, tudo isso ganha fôlego histórico. Pois o Atlântico se tornou o epicentro de uma nova "concatenação dos mundos, o lugar de onde emerge uma nova consciência planetária".[24] Depois de 1492, ele se torna o feixe que reúne a África, as Américas, o Caribe e a Europa, e essa economia que exige capitais colossais inclui toda uma circulação inédita, um tráfico entre religiões, línguas, tecnologias. A transnacionalização da condição negra é um momento constitutivo da modernidade. E o conceito de raça serve para diagnosticar as populações longínquas, sua "degradação" e um déficit ontológico – são "menos" ser. Ou misto de monstros e fósseis. Em suma, produzir o Negro é produzir uma submissão e um *corpo de extração*. O Negro é também o nome de uma injúria, de uma calúnia, do perigo, do revoltoso a ser domado incessantemente – no contexto da *plantation*, isso tudo é como que uma condição da produção, permite uma das formas mais eficazes de acumulação. A racialização foi um elemento central na acumulação colonial que deu origem ao capitalismo. Capitalismo, colonialismo, racismo são peças de uma mesma engrenagem da qual somos herdeiros diretos – herdeiros dos colonos ou de suas vítimas.

Por essa e outras razões, Mbembe retoma a questão de como se opera a passagem do estatuto de escravo em direção a uma nova comunidade, a dos homens livres, sendo que a condição que lhes é comum é a de serem estrangeiros a si mesmos, e o desafio consiste em conjurar a estrutura de assujeitamento que eles carregam. A ideia de que a raça seja um excedente, uma vida que pode ser despendida sem reserva, embora a ciência postule a extraordinária homogeneidade genética dos humanos, continua a produzir efeitos de mutilação em nome da qual se operam cesuras.[25] A utopia de Mbembe, de uma extrema beleza, consiste em imaginar

24 A. Mbembe, *Crítica da razão negra*, p. 28.
25 Ibidem, p. 68.

que a cultura branca, que se vê assediada pela ameaça de uma "revolta dos escravos", seja capaz não apenas de "liberá-los" de fato, para além do plano formal, mas, sobretudo, consiga refundar seu próprio sistema da propriedade, do trabalho, dos mecanismos de redistribuição e, com isso, modificar os fundamentos da própria reprodução da vida – removendo os fantasmas que desde o início acompanhavam a construção da condição negra.

Talvez seja esse, ao menos em parte, o motivo pelo qual "a Revolução Haitiana tem sido tão negligenciada na história moderna... [pois foi] a primeira revolução moderna contra a escravidão, e por isso poderia ser considerada a primeira revolução propriamente moderna", como diz Antonio Negri.[26] Que isso tenha passado desapercebido aos olhos de Hegel, o filósofo que fez da dialética entre o senhor e o escravo um dos eixos de seu pensamento sobre a relação entre liberdade, negatividade e morte, só mostra a que ponto um episódio concreto, radical, porém ocorrido em terras longínquas, e de que Hegel teve notícia pelo jornal, que o teria inspirado teoricamente, foi insuficiente para deslocá-lo de seu atávico eurocentrismo.[27] É o calcanhar de Aquiles da historiografia europeia, haja vista o lugar secundário que ocupa a "revolução negra" na história das revoluções, essa que teve por objetivo destruir de vez a *plantation escravagista*".[28] Talvez diante da crescente provincialização da Europa, estejamos assistindo a um dos efeitos de um

---

26 Michael Hardt e Antonio Negri, *Bem-estar comum*, trad. Clóvis Marques. Rio de Janeiro: Editora Record, 2016, p. 91.
27 Susan Buck-Morss, *Hegel e o Haiti*, trad. Sebastião Nascimento. São Paulo: n-1 edições, 2017.
28 E. Alliez e M. Lazzarato, *Guerres et capital*, p. 120.

deslocamento de placas tectônicas cujos efeitos ainda mal se deixam perceber.

Para dizê-lo em termos mais filosóficos, talvez o desafio seja abandonar a dialética do Mesmo e do Outro, da Identidade e da Alteridade, e resgatar a lógica da Multiplicidade. Não se trata mais, apenas, do meu direito de ser diferente do Outro ou do direito do Outro de ser diferente de mim, preservando em todo caso entre nós uma oposição; nem mesmo se trata de uma relação de apaziguada coexistência entre nós, na qual cada um está preso à sua identidade feito um cachorro ao poste e, portanto, nela encastelado. Trata-se de algo mais radical: assumir traços do outro e, com isso, às vezes até diferir de si mesmo, descolar-se de si, desprender-se da identidade própria e construir sua deriva inusitada. Subjetividade multitudinária, processual, aberta às alteridades. É o devir-judeu do palestino, ou o devir-palestino da culinária judaica, ou o devir-árabe da música-israelense, ou o devir-índio da filosofia ocidental (Viveiros de Castro), ou o devir-vegetal da cosmologia europeia (Emanuele Coccia) etc. Tudo isso não é um preciosismo poético, mas um desafio micropolítico e macropolítico, no horizonte de um perspectivismo cosmopolítico. Ou simplesmente um modo de acolher uma movência real nos mais diversos planos, que tem a ver com um termo caído em desuso e que seria preciso resgatar – a simpatia.

O que é simpatizar? Alguns diriam: acolher o outro, na sua identidade, e reconhecer certa identidade de fundo com esse outro. Isso pode ser bonito, e até necessário, mas também tem seus riscos – se aceito o outro na sua identidade visível, ele está fadado a sustentar e reiterar aquilo que eu lhe atribuo ou que ele mostra. Mas há outra ideia de simpatia, que vai além desse reconhecimento da alteridade e também além dessa ideia um pouco trivial, embora necessária, claro, de que somos todos humanos. Simpatizar é simpatizar não só com o outro, mas com o seu movimento, com sua deriva, com o seu devir, inclusive com o devir-outro do outro, acompanhá-lo na sua movência, mesmo ali onde ele se livra dele mesmo ou das amarras de sua identidade. Posso ter uma imagem razoavelmente cristalizada dos meus amigos, mas a verdadeira amizade seria não encarcerar meus amigos na imagem que deles tenho desde sempre, mas conseguir, em um gesto de simpatia, acompanhá-los até mesmo nas suas bifurcações loucas, nos seus movimentos imprevistos, ali onde eles se liberam deles mesmos e assumem um rumo insuspeitado, mesmo que desconcertante.

Quão longe está tudo isso das polarizações identitárias de hoje e que repousam às vezes em abissais assimetrias sociais! Sobretudo em um contexto de tamanha privatização do mundo, com o respectivo esquadrinhamento hierárquico sob a égide do neoliberalismo, nessa junção entre economia financeira, complexo militar e tecnologias digitais, quando "já não há trabalhadores enquanto tal", mas "apenas nômades do trabalho", espécie de "animal" pronto para vestir todo tipo de roupagem que o mercado solicita, transformável no que dele for pedido, sujeito "neuroeconômico absorvido por uma dupla inquietação, decorrente de sua animalidade (a reprodução biológica de sua vida) e de sua coisidade (a fruição dos bens deste mundo)", este *homem-coisa*, *homem-máquina*, *homem-código* e *homem-fluxo*.[29] Ou seja, tudo aquilo que antes era exclusivo do negro no primeiro capitalismo passou a ser senão a norma, ao menos "o quinhão de todas as humanidades subalternas". Trata-se de uma universalização tendencial da condição negra, aliada ao surgimento de práticas

---

29 A. Mbembe, *Crítica da razão negra*, p. 17.

imperiais inéditas, que utilizam tanto lógicas escravagistas de captura e predação quanto lógicas coloniais de ocupação e extração, para não falar de guerras civis ou *razzias* das épocas anteriores.[30] Donde essa ideia muito forte: "Pela primeira vez na história humana, o substantivo negro deixa de remeter unicamente à condição atribuída aos povos de origem africana durante a época do primeiro capitalismo (...). A essa nova condição fungível e solúvel, à sua institucionalização enquanto padrão de vida e à sua generalização pelo mundo inteiro, chamamos o *devir-negro do mundo*."[31]

Ora, em um momento em que se alastra um racismo sem raça, reinventando-se discriminações, hierarquias, assimetrias, quando a religião ou a cultura vão tomando o lugar da biologia como fundamento da discriminação, o que fazer com o negro? E se o Negro devesse sobreviver e, por uma dessas guinadas da história, os subalternos da humanidade se tornassem "negros" e, a partir daí, se desencadeasse uma reviravolta que extrapolasse a própria condição dos negros?

■

Começamos com o judeu, continuamos com o palestino e terminamos com o negro. O mais óbvio é lembrar que cada um carrega seu lote de desterro, tragédia, impasse, sem que se possa colocá-los em uma balança comparativa, quantitativa ou qualitativa. Mas talvez a conexão mais insólita, e a mais escandalosa, entre uns e outros, está alhures. Consiste em dizer que o laboratório biopolítico do campo de concentração europeu, e de seus sucedâneos vários, foi a *plantation* das

30 Ibidem.
31 Ibidem, p. 20.

Américas – foi ali que se experimentaram com os negros as técnicas que desembocaram séculos depois no refinamento biopolítico e necropolítico nazista.

Mbembe reconstitui brevemente a relação entre colonialismo, fascismo e nazismo a partir dos mitos que compartilharam. Pois a Europa supunha deter uma cultura única, que lhe dava o direito – e até a missão – de dirigir o mundo segundo sua vontade. Para usar as palavras do poeta, ela possuía "o mais intenso poder *emissivo* unido ao mais intenso poder *absorvente*. Tudo veio à Europa e tudo dela saiu".[32] Assim como se justificava a dominação, também se naturalizaram as técnicas que a asseguravam.

Para combater as guerras de resistência, sabe-se que o colonialismo do século XIX inventou a forma-campo, sobretudo em Cuba, nas Filipinas, na África do Sul. Obviamente, historiadores tentam diferenciar *campos de reagrupamento*, *campos de concentração* destinados aos não judeus, *campos de extermínio* onde foi perpetrado o judeocídio. Todos eles, porém, partiam da separação entre as vidas dignas de serem vividas daquelas "inúteis", "nocivas" ou "supranumerárias". Do regime escravagista das *plantations* até a invenção dos campos ainda nas colônias, exerce-se uma mesma partilha entre o que Agamben chamaria de "vida qualificada" (*bíos*) e a "vida nua" (*zoé*), divisão a partir da qual são isoladas vidas consideradas "matáveis" sem que isso constitua crime algum: é possível então a deportação, a tortura, a decapitação, o desmembramento, as sevícias sexuais, a eliminação pura e simples.

---

32 Paul Valéry, *La crise de l'esprit*, apud Achille Mbembe, *Politiques de l'inimitié*. Paris: La Découverte, 2016, p. 98 [Ed. bras. *Políticas da inimizade*. São Paulo: n-1edições, 2019. (no prelo)]

Se rebobinarmos o filme da história do campo nazista até o tráfico atlântico, podemos dizer que o "negro" terá sido o primeiro "judeu" das Américas, ou o colono branco foi, em parte pelo menos, um protonazista *avant la lettre*. E que fatalmente – sejamos judeus, negros, mestiços – descendemos de um ou de outro, ou de suas misturas. Dificilmente se há de varrer nossas práticas de Casa Grande, das quais os golpes recentes são manifestações eloquentes, sem tal reconhecimento e reviravolta de perspectiva. Seria preciso repensar nosso contexto escravagista, que teima em reafirmar-se a cada dia, à luz dessas práticas que remontam longe no tempo.

Em outro contexto, Aimé Cesaire escreveu: "Sim, valeria a pena estudar, clinicamente, no detalhe, as trajetórias de Hitler e do hitlerismo e revelar ao burguês do século XX, muito distinto, muito humanista, muito cristão, que ele carrega um Hitler que se ignora, que Hitler *mora nele*, que Hitler é seu *demônio*, que se ele o vitupera é por falta de lógica, e que, no fundo, o que ele não perdoa a Hitler não é o *crime em si*, *o crime contra o homem*, não é a *humilhação do homem em si*, é o crime contra o homem branco, e de ter aplicado à Europa procedimentos colonialistas que até agora eram exclusividade dos árabes da Argélia, dos *collies* da India e dos negros da África."[33]

Ou seja, a Europa suportou bem os crimes contra os negros e só se escandalizou quando os mesmos crimes, aumentados, certamente, se voltaram contra brancos europeus. Mas pensemos o avesso dessa história. Apesar de que tudo parece separá-los, entre o negro e o judeu há um parentesco de fundo, pois foram vítimas, ambos, da mesma "racionalidade" ou

---

[33] Aimé Césaire, *Discours sur le colonialisme suivi de Discours sur la Négritude*. Paris: Ed. Présence Africaine, Paris, 2004, p. 18.

"humanismo", cujo avesso Aimé Cesaire revela e condena. E ambos, assim como os palestinos, tiveram que se haver com todo o calvário da diáspora, cada qual a seu modo e com seu lote de morte e servidão. Se o movimento negro utilizou o relato bíblico para pensar as condições do êxodo e da liberação, e até produziu uma espécie de "sionismo negro", um sonho de retorno à África, como os judeus o fizeram com a Palestina, e como os palestinos ainda o sustentam com relação aos territórios ocupados por Israel, com todos os riscos de essencialização da raça, também presentes entre os judeus, há algo de espantoso em constatar com que dificuldade se traça um diálogo entre pensadores judeus, palestinos e negros – como se eles ainda competissem pela medalha do povo mais sofrido da terra em uma espécie de Olimpíada do horror.

Diante disso, a melhor resposta está ainda no poema de Darwish, que a coloca na boca de Saïd: "Se eu morrer antes de você, deixo como legado o impossível." Ao Darwish pergunta: "Está muito longe o impossível?" A voz de Saïd responde: "A uma geração de distância." É quase Kafka: "Há muita esperança, uma esperança infinita, mas não para nós."

16. FILOSOFIA E NAZISMO

A publicação de *Heidegger, a introdução do nazismo na filosofia: Sobre os seminários de 1933-1935*, de Emanuel Faye,[34] não foi o primeiro nem terá sido o último terremoto a abalar o perímetro heideggeriano. Filho de Jean-Pierre Faye, conhecido estudioso da linguagem totalitária e cáustico adversário da recepção acrítica da obra de Heidegger na França, o autor se debruça sobre os seminários ministrados pelo filósofo nos dois primeiros anos subsequentes à ascensão de Hitler ao poder, bem como sobre documentos, discursos e cartas inéditas do período, liberados pela família apenas em 2001. Com essa pesquisa farta em documentação, citações e testemunhos, o quadro já desenhado por Hugo Ott e Victor Farías ganha cores mais sinistras.

Se não, vejamos. Em agosto de 1933, na qualidade de reitor da Universidade de Freiburg, Martin Heidegger pronunciou as seguintes palavras diante do Instituto de Anatomia Patológica da cidade: "O povo alemão está em vias de reencontrar agora sua essência própria e de tornar-se digno de seu próprio destino. Adolf Hitler, nosso grande *Führer* e chanceler, através da revolução nacional-socialista, criou um Estado novo (...). Para todo povo, a primeira garantia de autenticidade e grandeza está no seu sangue, no seu solo e no seu crescimento corporal." No ano seguinte, poucos dias antes de renunciar à função de reitor, ele escreveu ao ministério de Karlsruhe, insistindo na criação de uma "cátedra de professor ordinário de doutrina racial e de biologia hereditária",

---

[34] Emanuel Faye, *Heidegger, a introdução do nazismo na filosofia: sobre os seminários de 1933-1935*, trad. Luis Paulo Rouanet. São Paulo: Editora É Realizações, 2015.

para ensinar aos estudantes "a visão do mundo nacional-socialista e o pensamento da raça". Eugen Fischer, teórico do eugenismo e um dos primeiros defensores do genocídio dos povos ditos "inferiores", próximo de Heidegger, nomeou um protegido seu para o cargo. Em um seminário do período, Heidegger assim definiu uma raça, em total sintonia com o que circulava na época: "O que nós chamamos de 'raça' entretém uma relação com o que liga entre si os membros de um povo – conforme sua origem – pelo corpo e pelo sangue." No entanto, a biologia não bastaria para o filósofo da Floresta Negra como critério decisivo. Assim, os não arianos – entenda-se, os judeus – deveriam ser definidos antes de tudo pela sua natureza desenraizada, já que são desprovidos de solo (um povo sem terra não é um povo) e desprovidos de mundo (como os animais, aliás), e, por conseguinte, simplesmente não pertenceriam à história do Ser. Aliás, o desenraizamento que caracterizaria o mundo ocidental não poderia ter outra proveniência a não ser a judeidade predominante. Se tal metafísica da raça justificava uma separação absoluta entre arianos e judeus, ela ganhou, nas palavras de Heidegger, a conotação de uma guerra, com todas as consequências que o termo pôde carregar no período em que foi enunciado. Ao traduzir *polemos* por "guerra" (*Krieg*), "combate" (*Kampf*) e "confrontação" (*Auseinandersetzung*), o filósofo acrescentou, em seu seminário de 1933-1934, essa nota, da qual não está ausente a marca de seu amigo e interlocutor Carl Schmitt: "O inimigo é aquele, qualquer um, que faz pairar uma ameaça essencial contra a existência do povo e de seus membros. O inimigo não é necessariamente um inimigo exterior, e o inimigo exterior não é necessariamente o mais perigoso. Pode até parecer que não haja inimigo nenhum. A exigência radical consiste então em encontrar o inimigo, em trazê-lo à luz ou talvez até mesmo em criá-lo, a fim de que se dê esse surgimento contra o inimigo e que a existência não seja bestificada. O inimigo pode ter se entificado sobre a raiz a mais interior da existência de um povo, e contrapor-se à essência própria deste, agir contra ele. Tanto mais acerbo, duro e difícil é então o combate, pois só uma parte ínfima deste consiste em ataque recíproco; com frequência é ainda bem mais difícil e laborioso detectar o inimigo enquanto tal, levá-lo a desmascarar-se, não iludir-se a seu respeito, estar pronto para o ataque, cultivar e aumentar a disponibilidade constante e iniciar o ataque no longo prazo, tendo em vista a aniquilação total (*völligen Vernichtung*)."[35] Como se vê, a ontologização do antissemitismo promovida por Heidegger não é capaz de ocultar o fundo racista, apenas lhe forneceu, com seu *páthos* heróico, um verniz pretensamente filosófico. Com razão, Faye se pergunta se não teríamos aí a antecipação teórica, difundida em seu seminário, da "solução final", assim como o "crescimento corporal" mencionado acima pode ser lido como a justificação prévia para a expansão territorial do Terceiro Reich.

A doutrinação a que Heidegger submeteu seus alunos nesse período não terá constituído um episódio circunstancial, um desvio de rota, uma incompreensão política momentânea. Foi, ao contrário, a expressão fidedigna e assumida de uma visão de mundo coerente, que precedeu a ascensão do nazismo e se prolongou para além do período do reitorado, e até mesmo da própria queda de Hitler. Claro, sempre se pode alegar que o discurso antissemita era corrente por toda parte na Alemanha da época, o que escusaria Heidegger da

---

[35] Martin Heidegger, *Gesamtausgabe* 36/37,. Frankfurt-am-Main: Vittorio Klostermann, 2001.

expressão usada em carta escrita a sua futura esposa Elfride, em 1916: "A judaização (*Verjudung*) de nossa cultura e das universidades é assustadora e penso que a raça alemã deveria encontrar força interior suficiente para atingir o topo." Mas o que entender por "judaização", termo retomado por Heidegger na década seguinte, em um contexto no qual tal palavra ganharia um alcance funesto e, sobretudo, na pena de um autor que, alega-se, foi atento como poucos no século XX ao sentido, alcance e responsabilidade das palavras? Será tal judaização o domínio exercido por judeus em várias esferas da cultura? Ou da economia, finanças, ciências? Algo próximo, então, do sinistro documento produzido pela polícia política do czar, "Os protocolos dos sábios de Sião", demonstrando o complô mundial dos judeus? Ou algo mais profundo e vasto, mais abrangente e perigoso?

Não se trata apenas de evocar os episódios pessoais ou medidas administrativas, documentos oficiais ou relações comprometedoras, mostrando como desde o início de seu reitorado Heidegger se ajusta com afinco às instruções antissemitas do ministério (perfilamento, *Gleichschaltung*), introduzindo o princípio de chefia vertical em todas as instâncias da universidade (*Führung*), abolindo as eleições e pregando uma concepção de liberdade universitária dirigida apenas para o "engajamento espiritual e comum no destino alemão". Isso sem contar a defesa dos campos de trabalho e educação, de saúde da raça, as conexões diretas com as associações de estudantes e seu franco ativismo nazista, com placas antissemitas disseminadas no campus e autos-de-fé que o filósofo jamais interditou – muito ao contrário. Faye trata de adentrar no âmago do ensinamento de Heidegger no período, e o que vem à tona é nada menos do que uma filosofia penetrada de nazismo de cabo a rabo, na qual se desdobra uma apologia da superioridade alemã do ponto de vista historial e, por conseguinte, o lugar exclusivo da Alemanha na possibilidade de encetar um "novo começo" que pudesse ressoar com o começo grego – o que o movimento nacional-socialista estaria em vias de encarnar. Para tanto, os termos de combate (*Kampf*), sacrifício (*Opfer*), destino (*Schicksal*), comunidade do povo (*Volkgemeinschaft*), sangue e solo (*Blut und Boden*), adestramento (*Zucht*), raça (*Rasse, Stamm, Geschlecht*), dirigente (*Führer*), popular-nacional (*volkisch*), também presentes em *Mein Kampf* e nos discursos diários de Hitler, são abundantemente utilizados pelo filósofo, empacotados em aura metafísica ou onto-historial. Seja no seminário *Sobre a essência e os conceitos de natureza, de história e de Estado*, seja no *Hegel, sobre o Estado*, ministrados em 1933 e 1934, aparece a relação primordial entre o Povo, entendido como a Comunidade de raça, e o *Führer*, que faz um com o Estado.

Como pode um leitor com formação filosófica permanecer indiferente à equivalência sugerida por Heidegger entre povo e ente, Estado e Ser? "O povo, o ente, entretém uma relação muito precisa com seu ser, com o Estado" (*Das Volk, das Seiende hat ein ganz bestimmtes Verhältnis zu seinem Sein, zum Staat*). A diferença ontológica aparece à luz de seu substrato político nazista. É esse o sentido mesmo do livro de Faye – mostrar que essa filosofia veicula uma ideologia nazista, o que levanta a questão de saber se ainda pode ser considerada uma *filosofia*. Sendo o objetivo último dessa ideologia a afirmação de si de um povo específico ou a exclusividade de uma única raça com direito a habitar e dominar a Terra, ela é acompanhada de um cortejo de noções: a Técnica como manifestação da potência natural de um povo – ponto de vista esse revirado após a derrota nazista –, assim como o Trabalho enquanto tarefa suprema em favor do Estado: "Só

existe *um* 'estado de vida' alemão. É o *estado do trabalho*, enraizado no fundo portador do povo e livremente ordenado na vontade histórica do Estado, cuja marca (*Prägung*) é pré-configurada no movimento do *Partido Nacional-Socialista* dos *trabalhadores alemães*."
Com o *páthos* da grandeza, da veneração, da formação de uma elite à altura da missão, tudo indica que a questão "o que é o homem?" se converte em "quem é o homem?", de modo que a pergunta esquecida sobre o sentido do Ser aparece aí como a pergunta perfilada sobre o destino do povo alemão, em um contexto em que o eros do povo em relação ao Estado desenharia uma nova possibilidade, um novo começo. "Quando hoje o *Führer* fala continuamente da reeducação em direção à visão de mundo nacional-socialista, isso não significa inculcar um *slogan* qualquer, mas produzir uma *transformação total*, um *projeto mundial*, com base no qual ele educa o povo como um todo. O nacional-socialismo não é uma doutrina qualquer, mas a transformação do mundo alemão e, como acreditamos, do mundo europeu." A visão de mundo deve estar *na base* de uma filosofia, e não dela derivar. A hipótese de Faye é que a posição de Heidegger a respeito não mudou depois do reitorado, apenas se intensificou e se radicalizou. Assim, na obra escrita entre 1936 e 1938, publicada apenas em 1989, *Beiträge zur Philosophie*, aparece a equivalência já prenunciada entre cristianismo, bolchevismo, racionalismo, ocidentalismo e... judaísmo. Ao apontar o fundamento judaico desse conjunto, Heidegger o explicita como "maquinação" (*Machenschaft*), termo que recobre um leque de sentidos, todos atribuíveis à figura do judeu, desde a manipulação, o engodo, o complô, até o próprio cálculo, rendimento, tecnicismo, predomínio da vontade de poder. Curiosamente, mas este é apenas um parêntese anedótico, Deleuze é talvez

o primeiro no mesmo século a assumir alegremente o caráter "desenraizado" (desterritorializado e desterritorializante) da filosofia, bem como sua dimensão "maquínica" (veja-se *O anti-Édipo*) – não seria o "esquizo" o judeu de Heidegger, porém positivado?

Fechado o parêntese, chegamos assim, em um crescendo, à mais terrível das questões. Segundo os textos da época, para Heidegger, morrem apenas aqueles que "podem" morrer, isto é, que trazem em si a "possibilidade" da morte. E só pode morrer, estritamente falando, aquele cujo ser lhe dá tal "poder, aquele que está no 'abrigo' da 'essência' do Ser". Os exterminados nos campos de concentração não trazem essa "possibilidade", já que estão forcluídos da história do Ser; eles não são "mortais". Portanto, no sentido rigoroso, não morreram! O negacionismo aí presente só pode contar como "mortos" os próprios alemães – não os ciganos, russos, poloneses, populações inteiras gasificadas etc. Eis o comentário de Faye: "O conteúdo do texto de Heidegger supera em abjeção o racismo nacional-socialista e a aniquilação física, moral e espiritual que ele visava."

Com razão, o leitor deste livro há de se perguntar como tudo aquilo que se colhe em Heidegger sobre o Ser-aí, a angústia, a solidão, o cuidado, a abertura, todo o domínio do existencial, pode coadunar-se com o que acaba de ser evocado. Infelizmente, no contexto descrito, mesmo tais noções vão aparecendo em sua coloração *völkisch*. Veja-se, por exemplo, a conclusão da sétima sessão do seminário de inverno de 1933-1934: "É somente ali onde o *Führer* e aqueles que ele conduz se ligam em um único destino e combatem pela realização de *uma* ideia que pode crescer essa ordem verdadeira. Então, a superioridade espiritual e a liberdade implementam-se enquanto dom profundo de todas as forças do povo, ao

Estado; enquanto treinamento mais severo, jogo, resistência, solidão e amor. Então, a existência e a superioridade do *Führer* arraigaram-se no Ser, na alma do Povo para ligá-la original e passionalmente à tarefa." Os filosofemas, os clichês, a pseudoprofundidade, a poesia (Lacoue-Labarthe ousou declarar que toda a segunda fase da obra de Heidegger em torno do poético é inteiramente *kitsch*!) – é essa mistura, que fascinou mais de uma geração de filósofos, que Faye revira do avesso para mostrar-lhe o fundo abjeto.

Isso tudo, diga-se de passagem, dez anos antes da publicação na Alemanha do que se poderia traduzir como *Cadernos negros*, espécie de diário escrito por Heidegger entre 1930 e 1970, no qual o filósofo como que abre sua *caixa-preta*, e explicita como em nenhum outro lugar seu antissemitismo ("Metafísico!", exclamarão seus defensores) e sua relação de fé nos princípios do movimento nacional-socialista – confirmando tudo o que ainda poderia parecer uma interpretação maledicente. A publicação, em 2016, da correspondência entre Heidegger e seu irmão mais novo, Fritz, do qual se considera um mentor intelectual, agrega uma nota a essa funesta sequência. Ficamos sabendo que foi Heidegger quem enviou a seu irmão, sem esconder seu entusiasmo, um volume de *Mein Kampf*. Em 1931, ele lhe escreveu: "Parece que a Alemanha desperta, e compreende, e empunha seu destino. Desejo de verdade que examines a fundo o livro de Hitler, que é muito *fraco* nos primeiros capítulos autobiográficos. Nenhuma pessoa perspicaz colocará em dúvida que esse homem tem um extraordinário e seguro instinto político, e o tinha já quando nós estávamos obnubilados. Ao movimento nacional-socialista se juntarão outras forças completamente diferentes. Já não se trata de pequena política de partido; antes, está em jogo a salvação ou o ocaso da Europa e da cultura ocidental.

Quem ainda não compreende isso merece ser *triturado no caos.*"[36] E, em 1933: "A cada dia se revela a que ponto cresce a grandeza de Hitler como estadista. O mundo de nosso povo e do Reich está em vias de transformação, e todos os que têm olhos para ver, ouvidos para ouvir e um coração para agir se sente arrastado e levado a um autêntico e profundo frenesi."[37] Ou, por fim, em 1943: "O decisivo é agora ver a grande ameaça implicada no fato de que o bolchevismo e o americanismo se unem em *uma* única figura essencial e arrancam destrutivamente o alemão desta unidade como centro do Ocidente *mesmo.*"[38]

Na esteira da publicação coordenada por Peter Trawny, e do terremoto filosófico daí advindo, a *Bibliothèque nationale de France*, em Paris, acolheu um colóquio intitulado *Heidegger et les "Juifs"*, disponível na íntegra na Internet.[39] Se o livro de Faye produziu um impacto menor na ocasião de sua publicação há mais de dez anos, não é porque o seu teor e as informações ali coletadas fossem pouco bombásticas, mas talvez porque sua postura tão categórica e combativa foi imediatamente estigmatizada como anti-heideggeriana e, portanto, desqualificada. Outro foi o caso de Trawny, menos suspeito não só por ter sido o responsável pela edição dos *Cadernos negros*, mas por ter assumido uma posição mais nuançada do que Faye em seu livro *Heidegger et l´antisémitisme: Sur les "Cahiers noirs"*. Isso não evitou que fosse virulentamente

---

[36] Martin Heidegger e Fritz Heidegger, *Correspondencia (1930-1949)*, trad. Raúl Gabás. Barcelona: Herder, 2018, p. 27, grifo meu.

[37] Ibidem, p. 43.

[38] Ibidem, p. 105.

[39] Peter Trawny, *Colloque "Heidegger et 'les juifs'"*, Bibliothèque nationale de France, 23 jan 2015, disponível em https://www.youtube.com/watch?v=Aiem3GNkeu8.

criticado por Michèle Cohen-Halimi e Francis Cohen, em *Le cas Trawny*, acusado de ter tentado edulcorar o antissemitismo do filósofo por meio de sua enunciação onto-historial – como em Poe, no conto da carta roubada, no qual mostrar tudo é a melhor maneira de ocultar do que se trata.

Para além das querelas e dos estigmas, e mesmo que se discorde de inúmeras apreciações mais gerais de Faye e repetitivas à exaustão, sobretudo aquelas em que ele põe em dúvida a estatura da filosofia de Heidegger, na contramão de uma reverência que várias gerações de pensadores lhe asseguraram, de Sartre a Badiou, passando por Jean-Luc Nancy, é inegável o trabalho de pesquisa minucioso e o farto material inédito trazido pelo livro.

Talvez a hipótese lateral que Faye deixa entrever seja pertinente, na esteira dos documentos a que teve acesso: Heidegger ansiou por ser uma espécie de profeta do nacional-socialismo, em paralelo ao *Führer* e para além dele.[40] A provocação de uma ouvinte no colóquio da *Bibliothèque nationale* não pode deixar de ressoar, depois da leitura desse livro de Faye, tão sulfuroso quanto doloroso: deveríamos colocar Heidegger ao lado de Kant e Hegel, na estante dos maiores filósofos da história ou, em vez disso, ao lado dos ideólogos oficiais do nacional-socialismo, tais como Rosenberg e Baeumler, ou mesmo Carl Schmitt e Ernst Jünger? O fato de que tal pergunta pôde ser formulada é um indício, entre outros, de que a querela em torno de Heidegger está longe de chegar ao seu fim.

---

40 A propósito, a título anedótico apenas, leia-se o fragmento de Fritz Heidegger endereçado ao irmão: "Não sei se é puro engano ou não, porém uma determinada atitude e o olhar de Hitler nas imagens atuais me recordam com frequência você. Só esta comparação me conduziu por vezes à conclusão que Hitler é um tipo extraordinário." Carta de 3 de abril de 1933, in M. Heidegger e F. Heidegger, *Correspondencia*, p. 42.

17. FRAGMENTOS DE UM PESADELO EM CURSO[41]

Hitler escreveu um dos livros mais abomináveis de toda a história da humanidade. Poucos perceberam, na época, que nele estava explicitada minuciosamente a doutrina de dominação do mundo que conduziria à catástrofe que todos nós conhecemos, a Shoá. O leitor que revisita hoje o texto tem dificuldade de compreender duas coisas, paradoxalmente opostas:

1. Como alguém **pode ter levado a sério** aquele livro feito inteiramente de ódio, racismo, eugenia, servilismo, militarização, torção histórica, megalomania, que aspirava à dominação absoluta de um povo e, por conseguinte, do globo?
2. Como alguém **pode não ter levado a sério** aquele livro e não tenha percebido o que ele enunciava com total clareza? Não era apenas a ambição da dominação absoluta, mas o detalhamento de sua realização no plano operacional, seja pela organização, seja pela propaganda, seja pela guerra, seja pelo extermínio dos adversários ou o suicídio do próprio povo alemão.

O fascínio que despertou em alguns a repulsa; em outros, a mera indiferença; em terceiros, não diz nada sobre o que estava apenas se anunciando, que foi implementado ponto por ponto, exaustivamente. Nada ali é dissimulação, tudo estava às claras – os desígnios, os métodos, o cálculo, os efeitos. Que fosse considerado apenas o delírio de um megalômano foi um dos maiores equívocos já cometido por seus oponentes naturais.

---

41 Texto publicado às vésperas do segundo turno da eleição presidencial, na forma de cordel, pela n-1 edições, em outubro de 2018, sob o título *Necropolítica tropical*.

E por que falar disso hoje? Em um momento de perigo iminente, às vésperas do desastre, não temos o direito de não levar a sério o que está sendo enunciado e anunciado aos quatro ventos com clareza cristalina. É nosso dever pesar cada palavra e gesto que parecem ser apenas fanfarronice. Se é um monstro que emerge, é preciso dá-lo a ver. Foucault notou que o aspecto farsesco de um governante, embora pareça atenuar sua efetividade, apenas revela a que ponto o poder se exerce independente do fantoche que o encarna. Resta o fato de que não temos domínio sobre o que a memória histórica nos traz à baila e à nossa revelia. Daí minha impudência de começar por Hitler, hoje, aqui, agora. Todas as citações abaixo foram extraídas da tradução brasileira de *Mein Kampf*, de Adolf Hitler, disponível na Internet. Qualquer semelhança com o que vem não é mera coincidência.

EXPLORAR O DESÂNIMO
"Que milhões de homens desejam de coração uma mudança fundamental na situação de hoje, prova-o o descontentamento profundo que experimentam. Manifesta-se esse descontentamento de mil maneiras: em alguns pelo desânimo e falta de esperança; em outros pela má vontade, irascibilidade e revolta; neste em indiferença e naquele em exaltação furiosa. Como testemunhas desse descontentamento íntimo podem servir tanto os 'fatigados de eleições' como os que se inclinam para o fanatismo da esquerda. E é a esses, em primeiro lugar, que se deveria dirigir o novo movimento. Esse não deve ser a organização dos satisfeitos, dos fartos, mas sim dos sofredores e inquietos, dos infelizes e descontentes, não deve, principalmente, sobrenadar na onda humana, mas sim mergulhar até ao fundo da mesma."

UM SÓ INIMIGO

"A arte de todos os grandes condutores de povos, em todas as épocas, consiste, em primeira linha, em não dispersar a atenção de um povo, e sim em concentrá-la contra um único adversário. Quanto mais concentrada for a vontade combativa de um povo, tanto maior será a atração magnética de um movimento e mais formidável o ímpeto do golpe. Faz parte da genialidade de um grande condutor fazer parecerem pertencer a uma só categoria mesmo adversários dispersos, porquanto o reconhecimento de vários inimigos nos caracteres fracos e inseguros muito facilmente conduz a um princípio de dúvida sobre o direito de sua própria causa."

A PROPAGANDA

"A capacidade de compreensão do povo é muito limitada, mas, em compensação, a capacidade de esquecer é grande. Assim sendo, a propaganda deve-se restringir a poucos pontos. E esses deverão ser valorizados como estribilhos, até que o último indivíduo consiga saber exatamente o que representa esse estribilho. Sacrificando esse princípio em favor da variedade, provoca-se uma atividade dispersiva, pois a multidão não consegue nem digerir nem guardar o assunto tratado. O resultado é uma diminuição da eficiência e consequentemente o esquecimento por parte das massas."

O ÓDIO

"O povo, na sua grande maioria, é de índole feminina tão acentuada que se deixa guiar, no seu modo de pensar e agir, menos pela reflexão que pelo sentimento. Esses sentimentos, porém, não são complicados, mas simples e consistentes. Neles não há grandes diferenciações. São positivos ou negativos: amor ou ódio, justiça ou injustiça, verdade ou mentira. Nunca, porém, o meio termo."

A DEMOCRACIA

"O novo movimento é, na sua essência e na sua organização, antiparlamentarista, isto é, rejeita, em princípio, toda teoria baseada na maioria de votos, que implique na ideia de que o líder do movimento degrada-se à posição de cumprir as ordens dos outros. Nas pequenas coisas como nas grandes, o movimento baseia-se no princípio da indiscutível autoridade do chefe, combinada a uma responsabilidade integral.

Por isso o movimento é antiparlamentarista. A sua participação em tal instituição só pode ter o objetivo de destruir o parlamento, que deve ser visto como um dos mais graves sintomas da decadência da humanidade."

O FANATISMO

"O futuro do movimento depende do fanatismo, mesmo da intolerância, com a qual seus adeptos o defenderem como a única causa justa e defenderem-na em oposição a quaisquer outros esquemas de caráter semelhante."

A IMAGEM

"Releva notar ainda que as massas humanas são naturalmente preguiçosas e, por isso, inclinadas a conservar os seus antigos hábitos. Raramente, por impulso próprio, procuram ler qualquer coisa que não corresponda às ideias que já possuem ou que não encerre aquilo que esperam encontrar. Assim sendo, um escrito que visa um determinado fim, na maioria dos casos, só é lido por aqueles que já possuem a mesma orientação do autor. Mais eficiente é um boletim ou um folheto. Justamente por serem curtos, de leitura fácil, podem despertar a atenção do antagonista, durante um momento. Grandes possibilidades possui a imagem sob todas as suas formas, desde as mais simples até ao cinema. Nesse caso, os indivíduos não são obrigados a um trabalho mental. Basta olhar, ler pequenos textos. Muitos preferirão uma representação por imagens à leitura de um longo escrito. A imagem proporciona mais rapidamente, quase de um golpe de vista, a compreensão de um fato a que, por meio de escritos, só se chegaria depois de enfadonha leitura."

OS SIGNOS

"Em todos os casos, trata-se de uma diminuição do livre-arbítrio do homem. Isso é mais verdadeiro ainda quando se trata de assembleias nas quais os indivíduos possuem pontos de vista opostos. Pela manhã e mesmo durante o dia, a força de vontade das pessoas parece resistir melhor, com mais energia, contra a tentativa de impor a elas uma vontade estranha. À noite, deixam-se vencer mais facilmente pela força dominadora de uma vontade forte. Na realidade, em cada uma dessas reuniões, há uma luta de duas forças opostas. A superioridade de um verdadeiro apóstolo, quanto à eloquência, tornar-lhe-ia mais fácil o êxito da conquista, para o novo credo de adeptos que já sofreram uma diminuição na sua capacidade de resistência. Visa ao mesmo objetivo a misteriosa e artística hora do Ângelus da igreja católica, com suas luzes, seu incenso, turíbulos etc."

A FORÇA

"O primeiro fundamento para a formação do princípio da autoridade consiste sempre na popularidade. Uma autoridade, porém, que se apoia unicamente nesse fundamento é ainda extremamente fraca, insegura e vacilante. Todo portador de tal autoridade, baseada exclusivamente sobre as simpatias populares, deverá, por essa razão, tratar de melhorar a base dessa autoridade pela criação do poder. No poder, na força material, vemos a segunda base de toda autoridade. É essencialmente mais sólida, mais segura, mas nem sempre mais vigorosa do que a primeira. Quando se reúne a popularidade com a força material, e conseguem as mesmas sobreviver juntas, por certo tempo, então poderá surgir uma autoridade sobre uma base fundamental ainda mais sólida, a autoridade da tradição. Quando, enfim, se ligam a popularidade, a força material e a tradição, pode-se, então, falar de uma autoridade inabalável."

A DEMONIZAÇÃO

"Assim, o judeu é, hoje em dia, o grande instigador do absoluto aniquilamento da Alemanha. Todos os ataques contra a Alemanha, no mundo inteiro, são de autoria dos judeus. Foram eles que, na paz como durante a guerra, pela sua imprensa, atiçaram, premeditadamente, o ódio contra a Alemanha, até que Estado por Estado abandonou a neutralidade e assentou praça na coligação mundial, renunciando aos verdadeiros interesses dos seus povos. As ideias do judaísmo nesse assunto são de uma clareza meridiana. A bolchevização da Alemanha, isto é, a exterminação da cultura do nosso povo e a consequente pressão sobre o trabalho alemão por parte dos capitalistas judeus é apenas o primeiro passo para a conquista do mundo por essa raça. Como tantas vezes na história, também neste monstruoso combate, a Alemanha é o alvo fixado. Caso o nosso povo e o nosso Estado sejam vítimas desses tiranos sanguinários e ávidos de ouro, o mundo inteiro cairá nos tentáculos desse polvo; se a Alemanha conseguir libertar-se das garras do judaísmo, estará afastado, para felicidade do mundo, esse formidável perigo que representa a dominação judaica."

■

PARALELO HISTÓRICO
Os paralelos históricos são sempre suspeitos, assim como as comparações costumam ser caricatas. No entanto, não conseguimos deixar de ouvir, em certos discursos ou atitudes de hoje, palavras vindas de alhures, gestos provenientes de um repertório longínquo, no tempo e no espaço, e que pensávamos sepultado há tempos. Ainda assim, não há como dizer que Bolsonaro é Hitler, que suas táticas são as mesmas, que seu objetivo é igual, mesmo que se substitua, na frase acima, judeus por petralhas, comunistas, gays, feministas; mesmo que o elogio do fanatismo ou da disciplina pareça semelhante; mesmo que os métodos de mobilização atuais relembrem técnicas disseminadas alhures; mesmo que as táticas de intimidação e terror tenham afinidade com o que a história nos revela.

NECROPOLÍTICA TROPICAL
Ousemos então um passo extravagante. E se nosso fascismo ascendente não fosse um produto importado, como parece? E se fosse prata da casa? E se apenas recolhe e reatualiza o que nossa história nos legou? Aceitemos a provocação de Achille Mbembe: em vez de remetermos ao nazismo o horizonte da barbárie vigente ou ascendente em tantos cantos do mundo, não caberia recuar um pouco mais, até a *plantation* de nossa história colonial? Não foi ali, naquele espaço e naquele tempo, que surgiu o primeiro "laboratório biopolítico do planeta", com sua racionalidade própria, "figura emblemática e paradoxal do estado de exceção"?[42] Muito antes da deportação de judeus, ciganos, homossexuais e comunistas para os campos de concentração nazista, não foi o trato com o negro

---

42 A. Mbembe, *Necropolítica*.

importado da África, privado de qualquer estatuto jurídico, a matéria prima da experimentação biopolítica? Não foi naquele contexto que começam a se experimentar, de maneira racional, procedimentos como esterilização forçada, interdição de casamentos mistos, até o extermínio puro e simples? Hannah Arendt entendeu, em *Origens do totalitarismo*, que, na Segunda Guerra Mundial, métodos anteriormente reservados apenas aos "selvagens" passaram a ser aplicados também aos povos ditos "civilizados" da Europa. Não terá sido esta a mais chocante dimensão da Shoá: que aquilo que antes era perfeitamente aceitável em relação aos negros subitamente foi aplicado também aos brancos em solo europeu?

Será tão importante determinar "onde" começa o pior? Como diz Mbembe: "No fim, pouco importa que as tecnologias que culminaram no nazismo tenham sua origem na *plantation* ou na colônia, ou, pelo contrário – a tese foucaultiana –, que nazismo e stalinismo não tenham feito mais do que ampliar uma série de mecanismos que já existiam nas formações sociais e políticas da Europa ocidental (subjugação do corpo, regulamentações médicas, darwinismo social, eugenia, teorias legais sobre hereditariedade, degeneração e raça). Um traço persiste evidente: no pensamento filosófico moderno, assim como na prática e no imaginário político europeu, a colônia representa o lugar em que a soberania consiste fundamentalmente no exercício de um poder à margem da lei (*ab legibus solutus*) e no qual a 'paz' tende a assumir o rosto de uma 'guerra sem fim'."

Necropolítica é a política de morte, que remonta à colônia. Embora racializada, progressivamente extrapola a dimensão racial, na medida em que a negritude, por exemplo, não permanece uma condição subalterna reservada aos negros, exclusivamente, já que é o lote de sofrimento que pouco a pouco se estende para a maioria da população. É o que Mbembe designa por devir-negro do mundo, que abarca desempregados, descartáveis, favelados, imigrantes, mas em contextos agudos, podemos acrescentar mulheres, gays, trans, drogaditos, esquizofrênicos etc. Que a política seja declinada como necropolítica, como política de extermínio, diz algo da sobrevivência da matriz colonial no contexto contemporâneo. Como se perpetuássemos a convicção escravocrata de que um negro perambulando solto só pode ser um foragido da senzala – um bandido deve ser morto, sempre! Eis como isso se gestou em nossos trópicos.

O TRATO DOS VIVENTES
"Durante quase três séculos, multidões de gente em pânico eram levadas acorrentadas do interior para ser enfiadas nos navios que partiam de Luanda, maior porto negreiro de toda a história, sem que os europeus ali presentes tenham deixado testemunhos desses fatos (...). Aproximadamente 12 mil viagens foram feitas dos portos africanos ao Brasil para vender, ao longo de três séculos, cerca de 4 milhões de escravos aqui chegados vivos (...) alguns milhares de funcionários régios, comerciantes, colonos e padres viajando da África ao Brasil – para aqui ficar ou buscar transporte até a Metrópole – viram e ouviram o martírio dos deportados muito de perto, durante seis semanas ou mais tempo ainda. Não obstante, as referências diretas sobre as travessias seiscentistas se contam na palma de uma só mão."[43]

---

[43] Luis Felipe de Alencastro, *O trato dos viventes*. São Paulo: Companhia das Letras, 2000. Com exceção do próximo, a maioria dos fragmentos seguintes provêm do mesmo livro.

A VALA COMUM
"Segundo estatísticas da época, 10% dos escravos africanos levados para o Rio morriam na travessia ou pouco após o desembarque (a maioria na segunda modalidade), revelando como era alta a taxa de mortalidade no local. Eles eram enterrados no Cemitério dos Pretos Novos da Gamboa, ou Cemitério do Valongo, hoje Instituto Pretos Novos. Na realidade, esse não chegou a ser um cemitério, mas sim uma imensa vala, onde os corpos dos cativos eram jogados."[44]

A SURRA
"Desembarcado nos portos da América portuguesa, mais uma vez submetido à venda, o africano costumava ser surrado ao chegar à fazenda. A primeira hospedagem que [os senhores] lhes fazem [aos escravos], logo que comprados aparecem na sua presença, é manda-los açoitar rigorosamente, sem mais causa que a vontade própria de o fazer assim, e disso mesmo se jactam (...) como indicando-lhes que só eles [os senhores] nasceram para competentemente dominar escravos, e serem eles temidos e respeitados.(...) Método de terror luso-brasílico, e mais tarde autenticamente nacional, brasileiro, o choque do bárbaro arbítrio do senhor – visando demonstrar ao recém-chegado seu novo estatuto subumano – voltou a ser praticado durante a ditadura de 1964-1985. Instruídos pela longa experiência escravocrata, os torturadores do DOI-CODI e da Operação Bandeirantes também faziam uso repentino da surra, à entrada das delegacias e das casernas, para desumanizar e aterrorizar os suspeitos de 'subversão'."

---

44 Carlos Eugênio Líbano Soares, "Valongo", in *Dicionário da escravidão e liberdade*, org. Luiz M. Schwarcz e Flávio Gomes. São Paulo: Companhia das Letras, 2018, p. 423.

MERCADORIA CAPAZ DE CARREGAR OUTRAS MERCADORIAS
"O escambo de escravos encadeia a oferta de uma série de outros produtos africanos (...) o cativo apresentava-se como uma *mercadoria capaz de carregar outras mercadorias* [grifo meu] (...) marfim, cera de abelha, peles, almíscar, cobre, ouro, goma, azeite de palma etc. afluíam aos portos de tráfico, permitindo arredondar os lucros obtidos no carregamento de escravos."

DESSOCIALIZAÇÃO
"Dado fundamental do sistema escravista, a *dessocialização*, processo em que o indivíduo é capturado e apartado de sua comunidade nativa, se completa com a *despersonalização*, na qual o cativo é convertido em mercadoria na sequência da reificação, da coisificação, levada a efeito nas sociedades escravistas. Ambos os processos transformam o escravo em fator de produção polivalente. Moses Finley insiste sobre o fato de que o escravo é um estrangeiro: é unicamente por isso que ele pode ser desenraizado e reduzido de pessoa a coisa, a propriedade."

NEGROS ALEVANTADOS
"Escravos negros fugidos e recapturados, já familiarizados com os trópicos americanos, perdiam preço no mercado interno, porque passavam a ser considerados como fomentadores de revoltas e quilombos. Nas vendas judiciais, a lei incorporava, por razões de segurança pública, a observância do critério de *dessocialização*. Negros 'filhos do mato' – nascidos em liberdade –, maiores de doze anos, vivendo em Palmares e capturados pelo bando de Domingos Jorge Velho, já não podiam ser vendidos nas capitanias onde tinham raízes. Temia-se a presença de 'negros alevantados', capazes de incitar os escravos da região."

CAPITÃES DO MATO
"Criado na Bahia, em 1625, o posto de capitão do mato, encarregado do rastreamento e da captura de escravos fugidos, é formalizado em 1676. Ordem Régia de 1699 isenta de punição legal os moradores que matassem algum quilombola. Alvará de 3 de março de 1741 manda que os quilombolas fossem marcados no ombro com ferro quente em forma de F quando presos pela primeira vez, e tivessem uma orelha cortada na reincidência. Três dias mais tarde, uma provisão régia especifica que um reduto de cinco escravos foragidos já constituía um quilombo nos termos da lei."

ESTUPRO
"A sociedade da América portuguesa, como a maioria das sociedades humanas, era 'viripotestal', isto é, marcada pela superioridade do homem sobre a mulher. É ainda verdade que o estupro das mulheres dos vencidos pelos vencedores compõe, como no rapto das sabinas, o drama fundador de muitas comunidades históricas. Enfim, é sabido que a sequência unilateral da mestiçagem – o intercurso do colono com a nativa – não configura uma especificidade brasílica, porquanto ela ocorria e ocorrera em todos os teatros coloniais do mundo. Aliás, a atração sexual pelas mulatas era completada, em Gregório de Matos e seus contemporâneos, pela discriminação relativa dos mulatos, identificados ao negro e à escravidão. Entretanto, houve no Brasil um processo específico que transformou a miscigenação – simples resultado demográfico de uma relação de dominação e de exploração – na mestiçagem, processo social complexo dando lugar a uma sociedade plurirracial. O fato de esse processo ter se estratificado e, eventualmente, ter sido ideologizado, e até sensualizado, não se resolve na ocultação de sua violência intrínseca, parte consubstancial da sociedade brasileira."

SER NEGRO

"Enquanto durou a escravidão, a *plantation* constituía a engrenagem essencial de uma ordem selvagem na qual a violência racial cumpria três funções. Por um lado, visava debilitar a capacidade dos escravos de assegurar sua reprodução social, na medida em que nunca teriam condições de reunir os meios indispensáveis a uma vida digna desse nome. Por outro lado, essa brutalidade tinha uma dimensão somática. Buscava imobilizar os corpos, quebrá-los, se necessário. Por último, investia contra o sistema nervoso e tendia a drenar as capacidades de suas vítimas criarem um mundo simbólico próprio. Suas energias sendo dispendidas, na maior parte do tempo, em tarefas de subsistência, eram forçados a viver suas vidas sob a égide perene da repetição. Mas o que caracterizava as relações entre o senhor e seus escravos era acima de tudo o monopólio que o senhor pretendia ter sobre o futuro. Ser negro, e portanto escravo, era não ter futuro próprio, nenhum que fosse seu. O futuro do negro era sempre um futuro delegado, que ele recebia de seu senhor como uma dádiva, a alforria. Eis porque no cerne das lutas dos escravos estava invariavelmente a questão do futuro enquanto horizonte vindouro a ser alcançado por conta própria e graças ao qual seria possível se autoproduzir como sujeito livre, responsável perante a si mesmo e perante ao mundo."[45]

■

É inútil, nesse contexto, fazer o trabalho que qualquer leitor poderá realizar por conta própria – detectar a que ponto cada uma dessas citações aponta para uma marca histórica,

---

[45] A. Mbembe, *Crítica da razão negra*, p. 266.

indelével, da condição racista de nosso país, ainda hoje. Tratar o negro como corpo expropriável, objeto sexual, congenitamente suspeito de roubo, crime ou sublevação, alvo preferencial de encarceramento, espancamento ou de extermínio, para não falar na reiteração incessante da subalternidade – nada mais óbvio do que ler aí, na mais cotidiana atualidade, o legado escravagista. Quando o candidato a vice-presidente general Mourão elogia a beleza de seu neto, explicando-a pelo "embranquecimento da raça", que grau de despudor se terá atingido que permite assumir publicamente tal gozo com o ideário fascista? Quando se pretende acabar com as cotas raciais sob o argumento falacioso de que são elas as responsáveis pela racialização de nossa sociedade, ou quando um general próximo ao candidato da ordem e progresso defende que o sistema educacional resgate o princípio estrito de autoridade, hierarquia, disciplina, rebatizadas de "respeito", perguntamo-nos para onde aponta a bússola de nossa história – para qual passado?

Podemos, por fim, completar nosso pequeno esquema de lembrança histórica involuntária pela camada cronologicamente primeira – a saber, a do extermínio dos indígenas.

A CONQUISTA DA AMÉRICA

"Para os povos nativos das Américas, o fim do mundo já aconteceu, cinco séculos atrás. O primeiro sinal do fim foi dado no dia 12 de outubro de 1492, para sermos exatos. (Como postou alguém no Twitter semanas atrás, "o primeiro índio que encontrou Colombo fez uma péssima descoberta"...) A população indígena do continente, maior que a da Europa naquela mesma época, pode ter perdido – pela ação combinada de vírus (a varíola foi espantosamente letal), ferro, pólvora e papel (os tratados, as bulas papais, as *encomiendas* e, naturalmente, a

Bíblia) – até 95% de seu efetivo ao longo do primeiro século e meio da Conquista, o que corresponderia, segundo alguns demógrafos, a ⅕ da população do planeta. Poderíamos assim chamar de Primeira Grande Extinção Moderna esse evento americano, quando o Novo Mundo foi atingido pelo Velho como se por um planeta gigantesco, que propomos chamar Mercadoria, por analogia com o planeta Melancolia de Lars von Trier. Em matéria de concursos de apocalipse, é certo que o genocídio americano dos séculos XVI e XVII – a maior catástrofe demográfica da história até o presente, com a possível exceção da Peste Negra – causado pelo choque com o planeta Mercadoria sempre terá um lugar garantido entre os primeiros colocados, pelo menos no que concerne à espécie humana, e mesmo se considerarmos as grandiosas possibilidades futuras de uma guerra nuclear ou do mega-aquecimento global."[46]

MUNDO SEM HOMENS

"Se a América indígena dos séculos XVI e XVII representou, para os humanos que a invadiram, um mundo sem homens – fosse porque eles a despovoaram objetivamente, fosse porque os homens que eles encontraram ali não se enquadravam na categoria dos 'humanos' – , os índios sobreviventes, os terranos de pleno direito daquele Novo Mundo, se viram, reciprocamente, como homens sem mundo, náufragos, refugiados, inquilinos precários de um mundo a que eles não podiam pertencer, pois ele não mais lhes pertencia. *E não obstante, eis que muitos deles sobreviveram.* Eles passaram a viver em *outro mundo,* um mundo de outros, de seus invasores e senhores."

■

46 D. Danowski e E. V. de Castro, *Há mundo por vir?*, p. 138.

FIM DO MUNDO
Talvez estejamos pouco acostumados a esse tom de fim de mundo na abordagem do Brasil e de sua história. Daí a importância do livro de Déborah Danowski e Eduardo Viveiros de Castro em um momento como este. É fácil, e por vezes inócuo, ser apocalíptico, mas ainda mais fácil é não querer perceber o que vem vindo. Como lembrou um comentador há dias, o que permitiu a ascensão do nazismo, mais do que a adesão em massa e a empolgação generalizada, foi o desinteresse, a certeza de que aquele movimento era passageiro e sem importância – talvez foi tal pusilanimidade que abriu as portas da história para um suposto fanfarrão. Por isso, mesmo que a comparação entre o fanfarrão teutônico e o nosso seja descabida, a associação traz embutida um alerta.

De Hitler a Colombo, na ordem retrospectiva, ou de Colombo a Hitler, na ordem cronológica, talvez não estejamos preparados para ver renascer personagens, eventos, catástrofes que compõem esse teatro de horrores chamado história do Brasil, e cujo último ato promete uma apoteose à moda da casa. É possível que depois da hecatombe política tenhamos uma obra de arte (se isso ainda for possível) à altura do que não conseguimos deter a tempo. No caso alemão, para voltar ao nosso início, o cineasta Syberberg fez sem dúvida o melhor filme sobre Hitler. Sua tese: a Alemanha perdeu a guerra, mas Hitler triunfou, pois ele impôs a seu século sua lógica diabólica, que fez da política essa arte das massas, a obra de arte total. Hitler, o mais pretensioso dos "cineastas". O projetista particular de Hitler conta como durante a guerra ele só assistia atualidades filmadas no fronte, ou seja, o filme grandioso e macabro do qual era ele o roteirista, diretor, protagonista, ator e espectador, no seu estúdio particular chamado Alemanha ou o próprio mundo. A aspiração crescente da guerra total, do espetáculo total, cada vez mais grandioso, cada vez mais capaz de rivalizar com Hollywood. É onde Syberberg pretende rivalizar com o próprio Hitler, vencê-lo cinematograficamente.[47] O cinema de Syberberg mostra como é preciso que tudo se quebre, desmorone; que toda a parafernália mítica dessa Alemanha se revele como um amontoado de escombros para que dali seja extraída uma voz, para que ascenda um ato de fala avesso aos mitos dominantes. Como diz Susan Sontag a respeito desses solilóquios calmos, pesarosos, musicais em que alguém que representa o diretor medita o destino da Alemanha em meio aos seus fantasmas, em uma lamentação lânguida, "ouvir estas vozes graves e inteligentes embargadas pela dor constitui uma experiência civilizadora": de algum modo elas supririam a incapacidade congênita dos alemães de realizarem um trabalho de luto.

E nós? Qual voz esteve, está ou estará à altura da necropolítica tropical passada, presente e futura cometida por este país contra os vários povos que habitam sua terra? Quem cantará os outros futuros que fariam bifurcar essa história?

---

[47] Gilles Deleuze, *Cinema 2: A imagem-tempo*. São Paulo: Brasiliense, 1990, pp. 319-321. Trata-se de *Hitler, um filme da Alemanha*.

ARTE, FORMAS-DE-VIDA, VIDAS SEM FORMA

18. DA PERFORMANCE COMO LITURGIA

Em pleno século XX, um obscuro monge beneditino chamado Odo Casel esclareceu que a celebração litúrgica não é uma imitação ou uma representação do evento salvífico, mas é ela mesma o evento. Na sua esteira, Agamben pode afirmar que a ação litúrgica é uma ação performática, pois sua verdade está nela, aqui e agora: não representa nada extrínseco a ela, pois é ela mesma o acontecimento, com seu efeito de salvação: "Creio não anunciar nada de extravagante sugerindo a hipótese de que a vanguarda e os seus modelos contemporâneos devem ser lidos como a lúcida e com frequência consciente retomada de um paradigma essencialmente litúrgico. Como para Casel na celebração litúrgica, do mesmo modo, o que define a *práxis* da vanguarda do século XX e de seus modelos contemporâneos é o decidido abandono do paradigma mimético representativo em nome de uma pretensão genuinamente pragmática. Trata-se de uma performance, de uma ação. A ação de um artista se emancipa do seu tradicional fim produtivo, ou reprodutivo, e torna-se uma performance absoluta – uma pura liturgia que coincide com a própria celebração e é eficaz *ex opere operato* e não pelas qualidades do artista."[1]

De fato, *A liturgia como festa mistérica*, publicado em 1921, livro que deu início a um movimento litúrgico na Igreja Católica, foi contemporâneo das vanguardas históricas: o estudo de Casel foi escrito ao mesmo tempo em que

---

1 Conferência de Giorgio Agamben em Scicli, Sicília, em 06 de agosto de 2012. Transliteração e tradução ao português: Vinícius Honesko, disponível em: http://flanagens.blogspot.com.br/2012/11/arqueologia-da-obra-de-arte.html. O vídeo da conferência está disponível em: http://www.youtube.com/watch?v=A7NrMgIoEfg.

Duchamp trabalhava sobre *A noiva despida pelos seus celibatários, mesmo* ou *O grande vidro*, deliberadamente inacabado. Mas não se elide, assim, aquela diferença crucial entre o rito pagão e o cristão mencionado acima? Não seria o caso de reafirmar que, quando está em jogo a salvação, tudo muda? Sim e não. Agamben insiste que Duchamp não se considerava um artista, e que seu gesto visava desmontar aquilo que bloqueava a arte, espremida entre o museu e o mercado[2] – o acento, aí, está no modo como ele "desativa" a máquina artística, e o que importa é a *operação* por meio da qual ele a torna inoperante, o que também está presente na liturgia. A arte deixa assim de ser o poder de um sujeito e de sua vontade para tornar-se a atividade de "viventes que no uso, e apenas no uso de seus membros – como do mundo que os circunda –, fazem a experiência de si e constituem-se como formas-de-vida. A arte é apenas o meio pelo qual o anônimo que chamamos artista, mantendo-se em constante relação com uma prática, procura constituir a sua vida como uma forma-de-vida".[3] É um tema essencial no pensamento do autor e da geração que o precedeu: a vida como criação, mas como criação de formas-de-vida. E a indissociabilidade entre vida e forma-de-vida nesse contexto artístico.

Na conferência intitulada *Da liturgia à performance*,[4] o filósofo retoma termos aristotélicos para marcar a singular posição da liturgia (e sua proximidade com a performance): ela não é uma *poiesis*, ação definida por um alvo exterior (tal

---

2 Entrevista com Giorgio Agamben, *Deus não morreu: transformou-se em Dinheiro*, Unisinos, disponível em http://www.ihu.unisinos.br/noticias/512966-giorgio-agamben

3 Cf. nota 1 deste mesmo capítulo.

4 Conferência de Giorgio Agamben, *De la liturgie de la performance*, disponível em https://archive.org/details/DeLaLiturgieALaPerformance.

como a obra) nem uma *práxis*, atividade em si (tal como o bem agir). Ela é a *operação ela mesma*. Em outras palavras, *a operação é a obra*. Trata-se de um novo paradigma ontológico, no qual a operação tem sua eficácia própria, até no sentido performativo, já que o gesto ou a palavra efetua o que significa. É uma *ontologia operacional*, na qual importa a operação, e não o resultado – diríamos hoje, o processo, e não o produto. O ser é aí definido pelos seus efeitos, ou melhor, pela operação de tornar-se real, de dar-se uma efetividade, e tanto o sujeito quanto o objeto são reabsorvidos pela operação e sua efetividade.[5]

A tese maior de Agamben, pois, é que a arte contemporânea obedece ao paradigma litúrgico, no qual, como dizia Valéry, a própria produção da obra de arte poderia ser considerada artística, assim como, para Duchamp, o que vale não é o mictório, mas a *operação de deslocamento* que coloca em xeque o estatuto da obra mesma. Em um sentido amplo, trata-se de uma zona de indiscernibilidade entre artista e operação, a ponto de a vida do artista se identificar com a operação – no limite, seu próprio corpo torna-se um "corpo operante".

O autor introduz mais um elemento para explicitar o sentido da operação. "Viver a vida como uma iniciação. Mas a quê? Não a uma doutrina, porém à vida mesma e à sua ausência de mistério. Isso aprendemos, que não há mistério algum, só uma moça indizível." A quê e a quem se refere essa frase?

---

[5] Essa ontologia foi desenvolvida em profundidade na obra *Opus Dei*, de Agamben, na qual o viés crítico é acentuado em uma tentativa de pensar para além da operatividade. Cf. *Opus Dei*: Arqueologia do ofício, trad. Daniel Arruda Nascimento. São Paulo: Boitempo, 2013. Pela data de publicação original desse livro (2011), bem como pelos temas nele recorrentes, pode-se presumir que o texto sobre a "moça indizível" (2010), do qual se falará logo adiante, cruzou a pesquisa em curso sobre a ontologia operacional.

Estamos em pleno mistério órfico, na mais remota e pagã antiguidade. Em um texto erudito, ele explicita quem é a moça indizível: Koré, Perséfone ou Proserpina.[6] Senhora dos infernos, é a figura de múltiplas transformações, no limiar entre deuses e animais, geratriz que faz crescer as plantas e fecunda a terra. O termo *koré*, derivado de uma raiz que significa força vital, remete à *vida* que a *moça indizível* tem em comum com deuses e animais, que a faz luzir em meio às trevas, que dela faz a inspiradora da pintura. Eis uma personagem mítica que não se deixa dizer ou definir nem pela idade, nem pela identidade sexual, nem pelas máscaras familiares ou sociais. É em torno dela, em todo caso, que giram os mistérios de Elêusis.

Mas "mistério" é sem mistério. O sentido original de mistério relaciona-se ao de uma prática precisa, constituída por gestos, palavras, objetos – uma espécie de ação teatral –, e não um ensinamento oculto ou uma doutrina secreta. Por isso Agamben pode dizer que o mistério pagão é sem mistério. Ele é risco, ousadia, precariedade.[7] Nele a *moça indizível* experimenta os extremos da animalidade ou da divindade. Totalmente diferente do mistério cristão, que é "ação salvífica". Agamben é taxativo: Cristo nos separou tanto do animal quanto de Deus, condenando-nos ao humano.[8]

---

6 G. Agamben e M. Ferrando, *La muchacha invisible*, p. 15.

7 Cf. *O que é um mistério?*, Conferência proferida durante a programação do Festival de músicas sagradas do mundo, ocorrido entre os dias 5 e 9 de junho de 2010, em Encontros de Fez, organizado pela fundação Espírito de Fez. Esse texto, juntamente com os dos demais participantes do festival, foi publicado originalmente em francês, em *Le voyage initiatique*, org. Nadia Benjelloun. Paris: Albin Michel, 2011, disponível em http://culturaebarba rie.org/sopro/outros/misterio.html.

8 Ibidem, p. 51.

PRESENÇA

Já podemos abordar o problema da presença. Com razão, Deleuze considera essa noção "piedosa" – ela ainda está atrelada demais à esfera religiosa.[9] Como nota Arthur Danto: "A presença está praticamente ligada ao discurso dos ícones. Os teóricos do Leste Europeu costumavam falar sobre a presença mística dos santos nos ícones. Os artistas não são santos, mas certamente é real a percepção de que sua presença em uma performance tem, pelo menos, um eco na metafísica da arte."[10] Ou ainda: "A performance tem a característica de se transformar em uma conexão pararreligiosa entre o público e o(a) *performer* e, neste caso, a presença do(a) *performer* é fundamental, pelo menos em algumas performances." Para não mencionar o precedente claramente religioso, mencionado por Danto: "De certa forma, a performance recupera o horror e a comiseração das representações de agonia do Barroco – ou pode recuperar. A recomendação do Concílio de Trento foi de representar tais cenas com exatidão naturalista. O renomado historiador de arte Rudolf Wittkower afirmou: 'Muitas das histórias sobre Cristo e os santos tratam de martírio, brutalidade e horror, opostamente ao ideal do Renascimento, quando uma representação velada da verdade era considerada essencial; até mesmo Cristo deveria ser representado em aflição, sangrando, recebendo cusparadas, com a pele dilacerada, deformado, pálido, e com aparência desagradável se o tema assim exigisse (...) Estas imagens 'corretas' tinham o

---

9 "A noção de Presença, mesmo se emprego o termo, não me interessa muito, é piedosa demais; é a "vida" que me parece o essencial". Carta-prefácio, in Mireille Buydens, *Sahara: L'esthetique de Gilles Deleuze*, Paris: Vrin, 1990, p. 5.

10 Arthur C. Danto, *Perigo e perturbação: A arte de Marina Abramović*, escrito para o catálogo da exposição The Artist is Present, no MoMA, em Nova York, em 2009.

propósito de suscitar as emoções dos fiéis e confirmar – ou até transcender – a palavra falada."'[11]

MARINA ABRAMOVIĆ
Essa dimensão sacrificial não está ausente do percurso de Marina Abramović como um todo. Veja-se sua trajetória com Ulay, dividida em dois períodos, segundo eles: o primeiro poderia ser batizado de "Os guerreiros", fase heroica, que explorava as condições do conflito, agressão, diferença e defesa; o segundo, "Os santos", com o foco na repetição, resistência, meditação, silêncio, troca de energia, como nota Kristine Stiles.[12] McEvilley chegou a chamar a dupla de "colaboradores tântricos".[13] Mais e mais o movimento, o choque e a violência dão lugar à imobilidade física e à ativação de conexões psíquicas ou operações mentais. Como descrevem os próprios artistas: "No início de nossa relação de trabalho, considerávamos a vitalidade como uma energia para a movimentação física, em um esforço para levar o movimento até os limites físicos. Nossa abordagem sobre a matéria física concreta mudou gradualmente, dada a influência da execução de nosso trabalho vital. Agora consideramos a vitalidade como uma energia de sensitividade para diálogos interiores e exteriores. Tais diálogos dependem da velocidade da sensitividade. Esse movimento nos dá maior oportunidade de abertura."[14]

---

[11] Rudolf Wittkower, *Art and Architecture in Italy (1600-1750)*. Baltimore: Penguin Books, p. 2, apud A. C. Danto, *Perigo e perturbação*.

[12] Thomas McEvilley, "Marina Abramović/Ulay", *Artforum*, set 1983, pp. 52-53.

[13] Kristine Stiles, "Cloud with its Shadow", in *Marina Abramović*. Paris: Phaidon, 2008, p. 84.

[14] Marina Abramović e Ulay, *Relation Work and Detour*, p. 188-189, apud Kristine Stiles, *Marina Abramović*.

Alguns atribuem essa mudança à influência de práticas orientais como o budismo tibetano, a teosofia, a alquimia, as religiões sumérias, gregas ou hindus. Ao referir-se a essa transformação em carta a seu irmão, porém, Marina refere-se à sua trajetória como uma busca pelo segredo do espírito e do corpo, que ela não encontrou nas tribos do deserto nem entre os monges tibetanos, pois só podia encontrá-la nela mesma. E conclui, de maneira espantosa: "Depois de todos esses anos, posso dizer que o estado de iluminação nada mais é do que uma transformação química do corpo no qual a energia está se cristalizando."[15] A partir de tal molecularidade, é outro tempo que se instaura.

O TEMPO

Presence,
Being present, over long streches of time
Until presence rises and falls, from
Material to immaterial, from
Form to formless, from
Instrumental to mental, from
Time do timeless[16]

Nos seus livros sobre cinema, Deleuze evoca algo paralelo a essa formulação poética no âmbito cinematográfico. Ao abordar conceitualmente a diferença entre o que chama de cinema clássico e o moderno, ele insiste em uma mudança

---

15 Carta de Marina Abramović a seu irmão Velimir Abramović, abril de 1991, escrita do Brasil, in *Marina Abramović: Artist Bodyi*. Milão: Charta, 1997, apud Kristine Stiles, *Marina Abramović*.
16 M. Abramović e Ulay, *Relation Work and Detour*, p. 258.

no regime das imagens: de uma imagem-movimento predominante no cinema clássico, teríamos passado à imagem-tempo no cinema moderno. Se o primeiro caracteriza-se pelo encadeamento entre ação e reação, personagem e meio, progressão de tensão e clímax, narratividade orientada, é porque nele *o tempo deriva do movimento*. Do *western* até Kurosawa, passando por Eisentein, Chaplin, Losey, Buñuel, Kazan, é esse o caso. Ora, no cinema do pós-guerra, sobretudo com o neorrealismo italiano, tal esquema entra em crise. A situação dramática perde o privilégio, não há momentos fortes, desfaz-se a narrativa, irrompe o interstício, qualquer momento pode ser de vidência. Surgem então imagens óticas e sonoras puras, não mais atreladas a qualquer movimento – é que *o tempo se emancipou do movimento*, e o cinema dá a ver o "tempo puro". Novos circuitos mentais, espirituais são mobilizados no espectador – é a força do tempo e do pensamento, não mais do movimento. Ozu, Resnais, Duras, Godard, Tarkovsky – é todo o cinema dito moderno que segue essa trilha.

Ora, o tempo liberado do movimento é também e, sobretudo talvez, o tempo desatrelado de sua sujeição ao presente, ao "aqui e agora". "Temporalizar a imagem" significa ativar os circuitos da memória, fazer entrar nela o antes e o depois, permitir ligações transversais entre temporalidades incompossíveis (Resnais, Welles), disparar movimentos aberrantes, virtualizar a imagem. Como diz Deleuze, não basta perturbar as ligações sensório-motoras, ou apenas parar o movimento, ou redescobrir a relevância do plano fixo, é preciso ainda "*juntar*, à imagem ótico-sonora, forças imensas (...) de uma profunda intuição vital".[17] Só assim criam-se novas relações

---

17 G. Deleuze, *Cinema 2*, p. 33.

entre o físico e o mental, o objetivo e o subjetivo, o atual e o virtual, o interior e o exterior. Claro que não podemos aplicar esse esquema ao trabalho de Marina Abramović sem falsear ambos, mas não resistimos à tentação de perguntar se a transição para a crescente imobilidade, imaterialidade, primazia do mental e do que ela chama de atemporal (e que talvez justamente se aproxime do "tempo puro") não teria alguma ressonância com o que acabamos de expor. Talvez a palavra "presença", nesse contexto, possa ser ressignificada. Não necessariamente presença significa aqui e agora, apesar do que diz a artista, nem qualquer epifania. Talvez esteja mais próxima da instauração e sustentação de um campo intensivo, mais do que intersubjetivo. Quando McEvilley pergunta, em relação ao projeto *The artist is present*, se ela entrará no espaço sem ter um plano em mente, ela responde: "Basicamente, a única coisa necessária é que você crie o campo para tempo e espaço... Todo o resto deverá ser um diálogo de energia, sem objetos", sem faca, sem velas, sem gelo, sem revólver, comenta Danto, pois se trata de criar um "espaço carismático" em que possa ocorrer uma transformação no público.

MISTÉRIO PAGÃO

Já podemos retomar nosso ponto de partida. Se o mistério cristão é "ação salvífica", o mistério pagão é iniciação à "vida mesma", dizia Agamben. Mas a "vida mesma" não é a vida individual, pessoal, identitária, porém uma linha transversal que perpassa o indivíduo e o coletivo, bem como os ziguezagues da história. É possível que a "iniciação à vida" no tempo em que Marina começou sua trajetória artística, no contexto que foi o seu, a tenha obrigado a arremessar-se com violência extrema e com o próprio corpo contra as grades do mundo.

Foi preciso inventar um novo gênero de expressão diante da religiosidade antissemita do avô, patriarca da Igreja Ortodoxa Sérvia, por pouco canonizado; do comunismo fervoroso e a disciplina implacável dos pais, heróis da revolução de Tito; das revoltas estudantis e da decepção com Tito, o chefe supremo da nação iugoslava; da sangrenta história pregressa dos Bálcãs e das guerras de purificação étnica que se seguiram à desagregação da Iugoslávia; do machismo bélico vigente na região e dos estupros em massa utilizados como estratégia de guerra; e de outros fatores de ordem estética retraçados pelos críticos. Composto por dispositivos públicos que colocavam em cena o corpo feminino vivo e nu, a dor extrema, a (auto)punição exorbitante, o risco, o medo, a vergonha, a tensão, a violência, a vizinhança com a morte, a sexualidade (in)contida, os ossos, o sangue, os animais, tratava-se de expor o corpo presente a um limite extremo, deslocando suas fronteiras e as das artes visuais. É possível que, em um momento ulterior àquele do embate frontal indicado acima, outra coisa se impunha: o silêncio, a solidão, a contemplação, a concentração, uma economia de signos, a sustentação de uma energia condensada, o elogio da "presença", justamente em um contexto crescentemente saturado de estímulos digitais, de hiperconectividade, como hoje, no qual estão todos, a um só tempo, plugados e ausentes, já incapazes de qualquer experiência.[18] Nas liturgias iconoclastas de longuíssima duração, em que Marina experimenta de

---

18 Como nota Jonathan Crary sobre a progressiva colonização do sono pelo capitalismo tardio, em um regime de conectividade incessante que abole a distinção entre claro e escuro, dia e noite: "É uma zona de insensibilidade, de amnésia, de tudo que impede a possibilidade de experiência". Jonathan Crary, 24/7: Capitalismo tardio e os fins do sono, trad. Joaquim Toledo Junior. São Paulo: Cosac Naify, 2014, p. 26.

modo épico estados-limite do corpo e da mente, mesmo quando isso ocorre no interior de um museu glamorizado, com o risco óbvio de auratização da experimentação artística e do culto pessoal de sua imagem já tão icônica, talvez se trate justamente, para ela, de contrarrestar a evaporação vital a que assistimos cotidianamente.

19. CARTOGRAFIA DA DANAÇÃO URBANA

Didi-Huberman inicia seu livro *A sobrevivência dos vaga-lumes* chamando a atenção para uma inversão crucial na relação entre a luz e a danação no curso da história. Na descrição do Inferno feita por Dante, no fosso em que estão os pérfidos conselheiros (políticos florentinos), miríades de vaga-lumes volteiam, com sua luminosidade fraca, incerta, efêmera, um tanto fantasmática, como almas errantes. De fato, cada lume "um pecador guardava".[19] Não à toa, ao desenhá-los, Botticelli agregou caretas suplicantes em meio às minúsculas ondulações das chamas. Eis a miserável "glória" dos danados: "não a grande claridade das alegrias celestes bem merecidas, mas o pequeno clarão doloroso dos erros que se arrastam sob uma acusação e um castigo sem fim."[20] Em contrapartida, no Paraíso é a luz divina que domina.

Mas é outro o contraste que interessa o autor: é aquele que mobiliza o jovem estudante Pasolini, que também se interessou pela *Divina comédia*, e igualmente pelos vaga-lumes errantes, porém que viveu um momento especialmente afeito aos holofotes políticos: a Segunda Guerra Mundial e os acordos entre Mussolini e Hitler. Desta vez, são os pérfidos conselheiros que acionam seus projetores e espalham sua luz ofuscante, perseguindo os resistentes que se transformam em fugidios vaga-lumes. O universo dantesco se invertera – a luz plena pertence ao Inferno, não mais ao Paraíso.

Em italiano vaga-lume se diz *lucciola* – é o termo que usa

---

19 Dante Alighieri, *A divina comédia*, trad. João Trentino Ziller. Cotia/Campinas: Ed. Unicamp e Ateliê Editorial, 2012, p. 183.
20 Georges Didi-Huberman, *La survivance des lucioles*. Paris: Éditions Minuit, 2009, p. 10.

Dante e que, em italiano popular, significa prostituta. Mas a palavra também evoca a presença feminina das lanterninhas do cinema, que intrigava o futuro cineasta em sua infância. Em carta endereçada por Pasolini a um amigo, no ano de 1941, a imagem do vaga-lume está presente com uma conotação positiva, contrária, portanto, àquela presente em Dante: já não vinculada ao Inferno ou ao castigo, porém mais próxima do jogo amoroso e do gozo. Escreve Pasolini: "A amizade é uma coisa muito bela. A noite da qual lhe falo, jantamos em Paderno e, em seguida, no breu sem lua, subimos em direção ao Pueve del Pino, vimos uma quantidade enorme de vaga-lumes, que formavam bosques de fogo nos bosques de arbustos, e nós os invejávamos porque eles se amavam, porque se buscavam em seus voos amorosos e suas luzes, enquanto nós estávamos secos e não éramos senão machos em uma vagabundagem artificial."[21] Os vaga-lumes evocavam uma alegria inocente e poderosa, e representavam uma alternativa não apenas à culpa homossexual que se insinuava, mas também aos tempos sombrios ou iluminados demais do fascismo que se aproximava, triunfante. Os vaga-lumes estavam associados não só à inocência, à alegria e ao erotismo, mas também à arte e à invenção. A sequência da mesma carta conta como esse bando de jovens sob o breu, ao ser atingido pelas luzes de um holofote, passou a noite escondido em meio à natureza, acordando como insetos luminosos à luz do sol. É o que a sequência da trajetória de Pasolini poderia mostrar: que sua obra é atravessada por tais momentos de exceção nos quais os seres se tornam vaga-lumes, "dançantes, erráticos, inapreensíveis e *resistentes*".[22] Donde o papel da beleza nos

21 Ibidem, p. 16.
22 Ibidem, p. 19.

jovens de Pasolini: ela tem uma dimensão *política*, pois é nos corpos, gestos e desejos que se encarna a política. Se, por um lado, há uma admiração pela luminescência desses corpos, como aquela reservada aos vaga-lumes, por outro, é preciso atentar para a mais terrível intuição de Pasolini – a de que os vaga-lumes estavam em vias de desaparecer. O artigo em que ele expressa essa tese (*L'articolo delle lucciole*), publicado em 1975, é uma lamentação fúnebre sobre o momento em que, na Itália, desapareciam os "sinais humanos da inocência eliminados pela noite – ou pela luz 'feroz' dos projetores – do fascismo triunfante".[23]

Isso significa que o fascismo, embora derrotado politicamente com o fim da Segunda Guerra, havia sobrevivido por inteiro no pós-guerra, no plano antropológico. O fascismo verdadeiro, para Pasolini, é aquele que penetra nas almas, nos corpos, nos gestos, na linguagem – toda essa assimilação "ao modo e à qualidade de vida da burguesia".[24] Os vaga-lumes metaforizam a humanidade em vias de desaparecimento, reduzida à sua mais simples potência, que nos envia sinais em meio à escuridão. Na noite profunda, a luz do vaga--lume é visível – só some frente à claridade ofuscante dos projetores, dos shows políticos, dos estádios de futebol, dos estúdios de televisão. Esse excesso de luz, holofotes, projetores pelos quais o poder varre todo o campo e o torna visível, capturando-o, é a agonia de Pasolini. Ele não tem qualquer apreço pela promessa de ascensão social das esquerdas, mas de maneira anarquista se fixa na memória do povo, na "força do passado" – sua gíria, sua tatuagem, suas mímicas. É essa a potência política capaz de reconfigurar o futuro, a energia

---

23 Ibidem, p. 21.
24 P. P. Pasolini, *Saggi sulla politica e sulla società*, pp. 119, 261.

revolucionária própria dos miseráveis, dos "desclassificados" pelo jogo corrente.[25]

CONDIÇÕES DE VISIBILIDADE

Ora, não me parece abusivo ler parte da trajetória de Virginia de Medeiros como um esforço em restituir as condições de visibilidade dos "vaga-lumes" que despertaram sua curiosidade e fascínio ao longo dos anos: travestis, prostitutas, moradores de rua, bandidos, viciados, todos esses seres que vivem entre a sombra das cidades e a luz dos bares ou do poder. Se alguns desses personagens habitam a zona intermediária entre o limbo social e o holofote da polícia, ou entre a condição de danados e o desejo de glória e esplendor, por mais efêmero que seja, o desafio ao dar-lhes visibilidade é o de não cair no estereótipo obsceno ou na vitimização piedosa. A obra de Virginia é uma resposta obstinada, cuidadosa, imaginativa a esse desafio, mas na medida em que se instala de imediato entre o erotismo e o afeto, entre a sensualidade sempre em pauta e a amizade sempre esperada, e que, na sua infiltração prudente e ousada, sabe misturar-se, deslocar-se, extrair dali uma luz que ninguém via, um calor que não aparecia, um modo de existência cuja ternura ou positividade a caricatura e a desqualificação social obnubilavam. Podemos, por ora, retomar a imagem do vaga-lume – não é de qualquer modo que sua luz pode nos atingir, emitir sinais, evocar o enxame libidinal de que falava Pasolini, que deplorava precisamente o ocaso das condições em que o "povo" ainda poderia aparecer, a tal ponto estava ofuscado pela luz da televisão ou da mercadoria, que o forçava, precisamente, a *exibir-se como uma mercadoria em sua vitrine*. É a imagem

---

25 G. Didi-Huberman, *La survivance des lucioles*, p. 29.

do inferno contemporâneo, tão distinto do de Dante, que Pasolini retrata e antecipa.

Para retomar as palavras de Didi-Huberman, "uma coisa é designar a máquina totalitária, outra é atribuir-lhe tão rapidamente uma vitória definitiva e sem partilha. Será que o mundo está a tal ponto totalmente escravizado quanto o sonharam – o projetam, o programam e querem nos impor – nossos atuais 'conselheiros pérfidos'? Postulá-lo é justamente dar crédito àquilo que sua máquina quer nos fazer crer. É ver somente a noite escura ou a ofuscante luz dos projetores. É agir como vencidos: é estar convencidos de que a máquina realizou seu trabalho sem resto nem resistência. É não ver senão o *todo*. É, portanto, não ver o espaço – fosse ele intersticial, intermitente, nômade, improvavelmente situado – das aberturas, dos possíveis, dos lampejos, dos *apesar de tudo*".[26] E o autor nota que não há resposta definitiva a essa pergunta, apenas sinais, singularidades, clarões passageiros, mesmo fracamente luminosos, e que os próprios vaga-lumes formam suas comunidades luminosas alhures, quando já não sobrevivem onde antes era possível. Em todo caso, lembra o autor, seria criminoso e estúpido colocar os vaga-lumes sob um projetor acreditando poder observá-los melhor – é todo o contrário que se impõe: para saber dos vaga-lumes, é preciso vê-los no presente de sua sobrevivência; é preciso vê-los dançarem no coração da noite, mesmo que essa noite por vezes seja varrida por projetores ferozes.[27]

Não é outra coisa que faz a artista: dá a ver seus personagens, de sertanejos a mulheres do Timor, no presente do esplendor que eles reivindicam, fabricam e fabulam. Não

26 Ibidem, p. 35.
27 Ibidem, p. 44.

basta, porém, que reivindiquem, fabriquem, fabulem no presente de suas vidas. É preciso que um dispositivo "capte" e "registre", lhes "devolva" tal consistência e, nesse gesto, "faça comunidade". A dança dos vaga-lumes, na esteira de Pasolini, é uma "dança do desejo formando comunidade". Mas de onde viria esse postulado libidinal, para não dizer libidinoso, no contexto a que nos referimos? É onde a etologia poderia nos socorrer. Como o postulou Adolf Portmann, "não há comunidade viva sem uma fenomenologia da *apresentação* na qual cada indivíduo enfrenta – atrai ou repele, deseja ou devora, olha ou evita – o outro".[28] E o traço de luz intermitente nos vaga-lumes é disso um sinal, um gesto. Daí o circuito, a bioluminescência, a atração, o desejo, a comunidade.

É isso que aparece com tamanha força no trabalho de Virginia, tal circuito que precisamente, como o anunciou Pasolini, se estava perdendo quando a comunidade viva minguara em favor de signos que se brandiam, deixando apenas sinais que se trocam. Ora, a originalidade de Didi-Huberman não é de retomar a argúcia de Pasolini, mas de se perguntar por que Pasolini "inventou" o desaparecimento dos vaga-lumes, por que sua própria fulgurância de escritor político se consumiu, se apagou, secou. O que o autor parece sugerir é que o que foi destruído, mais profundamente, foi o *desejo de ver*, a *capacidade de enxergar* em meio à noite a luz dos vaga-lumes.

MODOS DE EXISTÊNCIA

Em um contexto inteiramente outro, Étienne Souriau postulou há décadas que há existências singulares que não basta reconhecer, mas que é preciso também "instaurar". Por

---

28 Ibidem, p. 48.

esse termo, o autor referia-se a uma operação que diz respeito mais a "responder" a um apelo do que propriamente a "criar" o que não existe. Em outras palavras, trata-se de "testemunho", mais do que de "invenção".[29] Souriau referia-se a modos de existência que precisam de nós para se desdobrarem no seu esplendor, inclusive na autonomia a que têm direito. Seríamos por vezes como que testemunhas em favor delas ou advogados em defesa de seu "direito" a existirem a seu modo. Pode tratar-se de seres reais, imaginários, virtuais, invisíveis, que se metamorfoseiam – é esse pluralismo existencial que deveria poder ser sustentado. Ora, o que surpreende no trabalho de Virginia é que não há julgamento algum sobre as pessoas que ela busca ou com quem cruza e seus modos de existência, sobre as atitudes que elas tomam, sobre suas fantasias, suas crenças, seus desejos, suas violências, sua escala de valores, sobre as personagens que as habitam, atravessam e as sustentam, venham do universo da glória mundana ou religiosa, erótica ou cafajeste, mítica ou cinematográfica. São universos ricos e complexos que ela dá a ver e intensifica, pelo seu testemunho, pelo seu olhar, pela sua palavra, pelos dispositivos diversos que entram em ação (câmera, perguntas, guarda de objetos, trocas afetivas, "poltrona dos afetos", amizades). Assim, existências liminares ganham visibilidade, consistência, autonomia, legitimidade, luminosidade, intensidade – basta que a artista invente os dispositivos consentâneos àquilo, àquela, àquele que reivindica um "direito" a seu modo de existência. É muito importante que esse dispositivo não seja o da redução do "entrevistado"

---

29 Étinne Souriau, *Les différents modes d´existence*. Paris: PUF, 2009 [Ed. bras. *Os diferentes modos de existência*, trad. Walter Menon. São Paulo: n-1 edições, 2019. (no prelo)].

a um objeto de investigação sociológico ou antropológico, mas antes o disparador de uma subjetivação em ato, de uma fabulação em curso que cabe à artista captar em pleno voo. Mas não se trata apenas de palavras: é preciso incluir todos os mínimos gestos, as tensões, as fantasias, os clichês, as ameaças, as roupagens, os paramentos, as fotos, os amuletos que são componentes indissociáveis dessas existências e dos territórios que elas construíram. Embora a artista vá à cata desses territórios ativamente, nos becos mais recônditos das cidades, a verdade é que, quando os encontra, ela se coloca como alguém que está disponível, que responde ao apelo de uma obra em curso – entendendo-se por "obra" também uma pessoa, um estilo, uma história, não apenas uma escultura, um poema, um escrito. E tudo isso, inclusive a vida dessas pessoas, é uma obra em curso que requer dela como que uma "solicitude". Pois demandam ser prolongadas, completadas, ecoadas, intensificadas, insufladas... As personagens que Virginia encontra são subjetividades a céu aberto, por vezes literalmente vivendo ou trabalhando na rua, produzindo ali não apenas seu sustento, mas seu território existencial, afetivo, seu mundo de signos, sua glória, sua fama ou infâmia, seu esplendor ou estertor.

Em entrevista, ao ser perguntada sobre o cunho antropológico de seu trabalho e a cumplicidade que ele requer, ela responde: "Compreender a rua como um laboratório possante de criação foi o primeiro passo para ser atravessada por outros modos de existência. A rua me trouxe de volta a natureza, a imprevisível novidade que parece desenrolar-se do universo. O ato de andar, observar lugares, pessoas, situações e a vontade de me infiltrar em um determinado cotidiano – onde os códigos e as regras sociais, os valores morais são outros, diferentes do lugar onde estou –, e experimentar as conexões e desconexões que estes universos vão provocar em mim, passou a motivar meu processo criativo. Neste tipo de convívio, cabem contradições, tensões, desafios, desconstruções, desestabilizações – mutações. O Outro não é apenas o dessemelhante – o estrangeiro, o marginal, o excluído –, é também uma sensação de incompletude que nos mantém em suspenso, como inacabados, na espera de nós mesmos. Um encontro que requer tempo, cumplicidade e uma vontade de aproximar o que nos parece distante. Seguindo Michel de Certeau, acredito existirem cantos de sombras e astúcias, no império das evidências da cidade, só não percebe quem está na distância de uma classe que se 'distingue' do resto, e a observação só capta a relação entre o que ela quer produzir e o que lhe é resistente."[30] A artista etnográfica, como se intitula, não é testemunha passiva, mas sua infiltração capta os sujeitos em flagrante delito de fabular, diria Deleuze, quando já se está para além do bem e do mal, da beleza e da feiura, do certo e do errado, da verdade e da mentira – ali onde as existências, mesmo quando rodeadas de riscos e abismos, pedem para "ser mais". É ainda uma ideia cara a Souriau: existir significa existir mais, mais intensamente, expandir-se, fazer existir a seu redor outras existências. É, pois, toda uma política do encontro, como diz a artista, que dá o tom do trabalho. E, nessa política, ninguém sai ileso, pois justamente trata-se de se deixar arrastar pela perspectiva alheia não para imitá-la ou coincidir com ela, mas por meio dela tocar as virtualidades da sensibilidade e do pensamento que em nós estão bloqueados ou cristalizados. Sim, um devir-travesti que não implica em uma troca de identidade, mas em uma contiguidade na qual se "rouba" a força do outro sem

---

30 Virginia de Medeiros, entrevista.

que dele nada se tire, e assim se faça derivar a força própria em uma direção antes impensável.

Para tanto é preciso rasgar os clichês que veem na sombra apenas a sombra. A artista fala de "ambientes opacos e marginais da cidade de Salvador", "frágeis, precários, movediços, abandonados ao tempo, que deles se apropria e constrói suas estranhas arquiteturas. Os projetos urbanísticos contemporâneos falam constantemente em 'revitalização', como se estes fossem lugares mortos, precisando de uma nova vida. Pretendo mostrar justamente o contrário, que são lugares de grande vitalidade, povoados de mistério, de lembranças e espíritos, de lendas criadas por seus habitantes". É o que aparece nas situações, não apenas a sensualidade, os gestos, as falas, mas universos repletos de personagens de todo tipo, entidades, deuses, maldições, investimentos em lugares ou fontes, um povoamento do mundo que vai na contramão da suposta sombra sombria que a "revitalização" pretenderia sanar.

Talvez ali onde ela atinge o ápice da eficácia do dispositivo de coleta, em que não se trata de um registro, porém de um foco de subjetivação, é o projeto Butterfly: "minha infiltração nesse universo ganha a dimensão da gota d'água que, introduzindo-se pelos interstícios de uma parede, de forma delicada e lenta, a põe abaixo e aproxima territórios. Nunca uma invasão. Entrelacei-me nos comportamentos das travestis e me aproximei delas. O trabalho perde a materialidade e ganha a 'fabulação' da vida. Precisava partilhar meu ganho. Intermediei conversas com familiares, namorados; problemas e sonhos. Negociei um *book* – realizava ensaios fotográficos para as travestis, objeto prático, mas também simbólico – em troca de relatos pessoais e fotos de família. Aluguei uma sala em um edifício comercial, no centro de Salvador, localizado em uma área onde vivem e trabalham as travestis. Montei ali um estúdio para recebê-las, ornamentei uma poltrona à qual dei o nome de 'poltrona dos afetos'. Nela as travestis contavam suas histórias. Posicionei-me como mediadora de uma fala que se encontra aprisionada por uma imagem estereotipada. Tive como desafio expressar a vida dessas travestis que atravessaram a minha vida, me fazendo experimentar um estado de vibração nunca antes sentido – me tornei travesti; com toda diferença que me cabe."[31]

O CORPO OUTRO

Dizíamos acima que, para Pasolini, a beleza dos jovens tinha uma dimensão política. Em um pequeno texto publicado muito depois de sua morte, Michel Foucault esboça uma primeira hipótese: o corpo é sempre um *aqui* irremediável, antiutópico. Mas ele mesmo, em um segundo momento e no mesmo artigo, a contesta: "Meu corpo está, de fato, *sempre* em outro lugar, ligado a todos os outros lugares do mundo e, na verdade, está em outro lugar que não o mundo. Pois é em torno dele que as coisas estão dispostas, é em relação a ele – e em relação a ele como em relação a um soberano – que há um acima, um abaixo, uma direita, uma esquerda, um diante, um atrás, um próximo, um longínquo. O corpo é o ponto zero do mundo, lá onde os caminhos e os espaços se cruzam, o corpo está em parte alguma: ele está no coração do mundo, este pequeno fulcro utópico, a partir do qual eu sonho, falo, avanço, imagino, percebo as coisas em seu lugar e também as nego pelo poder indefinido das utopias que imagino. Meu corpo é como a Cidade do Sol, não tem lugar, mas é dele que saem e se irradiam todos os lugares possíveis, reais

---

31 Virginia de Medeiros, entrevista.

ou utópicos."[32] As personagens com quem Virginia se depara investem o corpo precisamente nesse diapasão – não como meros "objetos", nem circunscritos a si mesmos, mas como vetores de conexão com esferas do mundo, que os levam para outros mundos, outros lugares, em uma espécie de utopia acentrada e expandida. "Mascarar-se, maquiar-se, tatuar-se não é, exatamente, como se poderia imaginar, adquirir outro corpo, simplesmente um pouco mais belo, melhor decorado, mais facilmente reconhecível: tatuar-se, maquiar-se, mascarar-se é sem dúvida algo muito diferente, é fazer com que o corpo entre em comunicação com poderes secretos e forças invisíveis."[33] Quando se atinge a própria carne, o corpo dilatado incorpora até mesmo o espaço do contramundo: "Afinal, o corpo do dançarino não é justamente um corpo dilatado segundo um espaço que lhe é ao mesmo tempo interior e exterior? E os drogados também, e os possuídos; os possuídos, cujo corpo torna-se inferno; os estigmatizados, cujo corpo torna-se sofrimento, resgate e salvação, ensanguentado paraíso."[34]

É onde o corpo outro, utópico, se conecta com os espaços outros, heterotopias. A pesquisa de Virginia de Medeiros não é denúncia, não é reportagem, não é documento, não é idealização da marginália, mas travessia do presente vivo desses "vaga-lumes" na hora exata de sua dança, quando nada parece deslocado do mundo, já que cada detalhe do corpo ou do espaço que o rodeia, na sua desmedida expandida e transbordante, dá uma noção da pífia medida do nosso mundo, ele sim "deslocado". Como se, a partir dos sinais emitidos

---

32 M. Foucault, "O corpo utópico", in *O corpo utópico, as heterotopias*, p. 14.
33 Ibidem, p. 12.
34 Ibidem, p. 14

por esse corpo outro, a partir desses espaços outros que ele povoa, dessas falas outras que dele emanam, e dos dispositivos desenvolvidos por Virginia de Medeiros capazes de os "colher", se nos iluminasse nossa modorrenta existência à luz da intensidade dessas chamas trêmulas e efêmeras, com as quais se mistura a "apresentação" amorosa e a resistência "biopolítica", a astúcia e o desamparo, a alegria e a danação, precisamente em um momento em que parece aplainar-se o relevo das existências e a potência de emissão de signos que lhes pertence.

20. *GÓLGOTA PICNIC*, OU SOBRE A TEOLOGIA DA DESTRUIÇÃO[35]

Chama a atenção a presença da temática cristã tanto no primeiro espetáculo apresentado no Festival Internacional de Teatro, *Sobre o conceito de rosto no filho de Deus*, de Romeo Castellucci, quanto no *Gólgota Picnic*, de Rodrigo García. Também intriga o fato de que ambos se desdobrem ao mesmo tempo em uma chave iconoclasta e iconólatra, o que, como o mostrou Laymert Garcia dos Santos no seu notável comentário sobre a primeira peça,[36] implica uma estranha reversibilidade, na qual o ataque ao ícone do cristianismo apenas reitera sua eficácia e prevalência, e a desmontagem dele não impede que o dispositivo do olhar assedie o gesto iconoclasta – olhar que paira sobre o todo como um horizonte inultrapassável.

Rodrigo García diz, em comentários e entrevistas, que a Bíblia é uma obra literária que sempre o apaixonou, pois é, como o formulou Borges, "o ápice de literatura fantástica". E ele acrescenta: "A vida louca e a utópica filosofia de Cristo estarão vigentes hoje e sempre, visto que injustiças haverá eternamente e maneiras milagrosas e arrebatadoras de combatê-las, também." Não se trata, pois, de voltar a temas bíblicos por adoração religiosa ou gratuidade literária, mas de

---

35 Texto lido após a apresentação do espetáculo *Gólgota Picnic*, da Cia. La Carnicería, dirigido por Rodrigo García, na Mostra Internacional de Teatro – MITsp, em São Paulo, no dia 14 de março de 2014.

36 Laymert Garcia dos Santos, *Castelucci*: iconoclastia-iconolatria. Texto apresentado após a apresentação do espetáculo *Sobre o conceito de rosto no filho de Deus*, da Sòcietas Raffaello Sanzio, dirigido por Romeu Castellucci, na Mostra Internacional de Teatro – MITsp, em São Paulo, no dia 9 de março de 2014, disponível em https://www.revistas.usp.br/salapreta/article/viewFile/84611/91850.

usá-los para falar do que nos rodeia. Por conseguinte, o título original da peça, *As sete últimas palavras de nosso Salvador na cruz*, proveniente do oratório de Haydn, não corresponde ao tema da peça. Porém, como explicou o diretor, seu encontro casual com o pianista Marino Formenti em um táxi e a conversa em torno da peça de Haydn na sua versão para piano serviram como o "disparador para assuntos contemporâneos".

É nesse sentido que se deveria apreender o esforço e o desvio, que na verdade é um pretexto: "Tudo é um pretexto para falar da vida de hoje, da perda da fé. Quer dizer: eu não sou crente. Tenho fé no homem, que não é uma besta (...). Às vezes, quando alguém faz obras aparentemente obscuras, ou negativas, ou críticas, há uma fonte de luz, uma esperança que as coisas melhorem."

Deixo de lado as considerações mais simplórias sobre o caráter otimista ou pessimista da afirmação, pois em arte essas categorias são inócuas. Importa que a dimensão corrosiva ou a exposição da chaga do presente pode ser o testemunho da mais alta vitalidade, de modo que a presença da morbidez em estética está em um plano inteiramente distinto do que juízos contrastantes permitiriam supor. Assim, com toda a paixão que tem o encenador por Giotto, Rubens, Bellini, Antonello da Messina, não se trata de admirá-los, ilustrá-los ou transpô-los, mas de usá-los para fazer sentir nossa miséria, seja no mais trivial acidente de carro, seja no latido de um cão.

É assim que, no espetáculo, cada um se vive como Cristo, por quinze minutos, como diria Andy Warhol, e nem todos têm a sorte de serem retratados para a eternidade. Mas cada um tem seu calvário para contar e a partir dele deplorar seu destino ou o estado do mundo. Sim, os Cristos se multiplicam nas histórias e nas imagens, na desolação e nas perguntas, nas associações dos personagens do *picnic* no Gólgota.

Para ficar no registro blasfemo que não é estranho ao autor, lembra o filme de Syberberg, *Hitler, um filme da Alemanha*, no qual a imagem de Hitler se multiplica por toda parte, durante sete horas de um espetáculo fantasmal, verdadeiro teatro da mente alemã, indo dos mitos à música, do Graal aos castelos da Baviera, de Luís II a Karl May, dos objetos de fetiche pertencentes ao *Führer* às obras de arte saqueadas por ele. Em meio a isso – figuras miniaturizadas, cães e águias gigantes, caixões fumegantes, cabeças boiando em águas borbulhantes, bonecos de toda sorte, manequins, marionetes, projeções frontais de documentários da época nazista, slides, superposições, gravuras, projetos arquitetônicos – ao som de marchas militares fusionadas à musica de Wagner, entrecortadas pelos patéticos discursos de Goebbels, por manifestos futuristas, e a cada tanto ouve-se a meditação sensual de um ator que representa o próprio Syberberg. Do mesmo modo, nessa peça temos por vezes a meditação também sensual de alguém, e não sabemos se representa Rodrigo García ou qualquer um de nosso tempo.

Na obra, a multiplicação crística se estende a seu modo: o ultraje religioso; a blasfêmia; a heresia; o *picnic* no monte da crucificação; o anjo decaído que, inspirado no quadro *Lamento por um Cristo morto*, de Giotto, cai do Céu como um atleta de esportes radicais na sua queda infindável e estrondosa... Quanta provocação, quanta profanação, quanta transgressão, quanta destruição é preciso pôr em cena para dar a ver "o estado das coisas"?

A nudez, o sexo, a carne moída, o sanduíche de minhocas, as cabeças de repolho, as engenhocas domésticas, a história da pintura concebida como uma iconografia do terror, seus artistas como propagadores de perversão e a imensa torrente verborrágica que, em um estertor da linguagem, vomita referências pictóricas, relatos cotidianos, pseudomeditações, para compor esse caótico panorama sobre o estado degradado. Nesse sentido, haveria um paralelo com a degradação física que mostra Castellucci, à sua maneira, apesar do contraste imenso no tom e nos recursos – pois à diferença dali, aqui tudo é excesso, catarse, saturação, proliferação, como se fôssemos invadidos e trespassados por palavras e gestos nauseabundos, o que, como disse, compõe um afresco vertiginoso sobre a contemporaneidade.

A multiplicação dos pães de hambúrguer perfumados cobrindo o planeta. Dinheiro, por que nos abandonaste? Em quê nosso modo de vida parece ter encontrado sua baixeza ignóbil, mas também desesperada, e uma megamáquina se encarrega de perpetuá-lo, de produzir a falta, a violência, o descaso, a gregariedade, também a lamúria? Como diz Rodrigo García: "Há um sistema extremamente eficaz que existe para nos impedir de viver de outra maneira. Há um sistema extremamente poderoso que nos faz acreditar que estamos vivendo de outra maneira. O que é comum a todo meu trabalho é que nunca deixei de dizer que se pode viver de outra maneira. Essa certeza está sempre presente em meus espetáculos, mesmo quando é algo relativamente inconsciente, como um bater de asas ou uma linha musical de baixo contínuo, algo que pulsa e é inconsciente – qualquer que seja a forma de meus espetáculos."

■

O caráter polêmico e transgressivo, blasfemo e herético, que, em 2011, provocou ondas de vigília e protesto na França, com manifestações do alto clero da Igreja durante a temporada do espetáculo no país, é uma forma cuja eficácia deveria nos interrogar em sentidos diversos. Tudo choca, mas não choca mais, já que a transgressão perdeu sua eficácia de deslocamento. Ademais, não temos mais fé, mas não deixamos de desejar alguma fé, nem que seja no homem que pisa com descaso sobre aquilo que antes era objeto de veneração, desde que isso se dê na forma de um espetáculo.

Como se o século que deixamos para trás, talvez o mais ateu entre todos, atravessado pela revolução, pelo stalinismo, pelo nazismo e pelo neoliberalismo, desembocasse em uma estranha necessidade de medir o que restou do homem à luz de um olhar crístico, já que tudo mais desmoronou, como se fosse ele, o Cristo, o único capaz de dizer o tamanho da dor e da desesperança.

Paradoxalmente, é assim que se reintroduz, e por meio de um remoto luar de humanismo, a recôndita religiosidade que os holocaustos pareciam ter evacuado para sempre. Bataille foi um dos últimos autores que não percebeu que, por meio do excesso, da transgressão, do êxtase místico ou erótico, sua dialética estava presa ainda àquilo que ele pensava destruir. Talvez seja esse o drama de uma espécie de teologia da destruição hoje.

Penso no domínio da filosofia que Rodrigo García diz ter ajudado a livrá-lo da religião. Mas quantos autores se debruçam sobre o destino do homem sob o signo da luz divina que, no entanto, pretendem contestar ou constatam desaparecida, e assim ela se insinua de maneira a mais insidiosa e inaparente, justamente quando os deuses e os homens deram-se as costas, como escreveu Hölderlin? Isso é verdade para Heidegger, para Agamben e até, ironicamente, para Badiou. Em todo caso, é verdade para o século sedento de uma nova fé.

É como se no final da batalha, e ao avistar os corpos esquartejados e os cadáveres fumegantes, só nos restasse olhar para cima e perguntar: "Deus, Deus, por que nos abandonaste?" Será que essa atitude não guarda estranhas cumplicidades com a máquina que produz expectativa e desamparo?

Pensemos na espantosa versão da vida de Jesus depois de morto escrita por D. H. Lawrence, intitulada *O homem que morreu*.[37] Eis Jesus vagando pelo mundo do qual fora expulso e, tomado de náusea, vazio, desilusão, sente que para ele o desejo se extinguira. É quando pede refúgio na casa de um casal de camponeses. Mas apenas quando cruza com um galo preto e laranja, eriçado, esplendoroso, fogoso, cantando alto em desafio ao mundo entristecido que "o homem que morreu", Jesus detecta no mundo aquilo que ele mesmo havia perdido, a *necessidade de viver*.

Então, "o homem que morreu" fica perplexo diante do fogo que arde no galo e que, pensa ele, jamais arderia no camponês simplório que o acolhera, pois neste não havia "renascimento". A originalidade da versão de Lawrence é que o Salvador apenas volta a sentir-se vivo quando entende que sobreviveu à sua missão: "Este é meu triunfo (...). Morreram em mim o mestre e o salvador; agora posso viver minha vida." E ele entende que há no corpo e na existência uma pequena vida e uma grande vida, e que de nada adianta ficar afundado na pequena vida ou aspirar apenas à grande vida, que é só quando elas se entrelaçam que ele pode ser salvo de sua salvação. "A menos que o englobemos no dia maior, e coloquemos a vida pequena no círculo da vida maior, tudo é desastre."

Só por meio de tal entrelaçamento entre o pequeno e o grande, pode ele aderir ao mundo dos fenômenos e de seu

---

37 D. H. Lawrence, *Apocalipse* seguido de *O homem que morreu*. São Paulo: Companhia das Letras, 1990.

borbulhar, sem soçobrar no desastre. É em meio ao arrependimento que ele pergunta: "E por que motivo queria eu que tudo borbulhasse uniformemente? Que pena, ter eu pregado para eles!" Ele se dá conta que respondia a um temor vindo dos homens, pois era o medo final da morte que os enlouquecia. E o narrador comenta: "Todos, em uma louca afirmação do eu, queriam lhe impor uma compulsão, violar sua solitude intrínseca. Era essa a mania das cidades e sociedades e multidões – impor compulsões aos homens, a todos os homens. Tanto os homens quanto as mulheres estavam enlouquecidos pelo medo egoísta de sua própria nulidade. E ele pensava em sua missão, em como havia tentado impor a compulsão do amor a todos os homens. E a velha náusea voltou-lhe. Pois não havia contato em que não houvesse uma sutil tentativa de impingir uma compulsão."[38] O amor compulsório para enfrentar o medo da morte.

Mas o homem que morreu apenas precisou do galo esplêndido para despertar de sua morte, para desfazer-se de sua missão, para voltar à Terra. Ele precisou da garbosa vitalidade da ave e, ao se deparar com alguns fiéis que não o reconhecem, mas acreditam no poder de Cristo, retruca zombeteiro e diz que ele que, ao contrário deles, "acredita na ave", não na vida futura. Em vez de pregar a fé no Pai ou na imortalidade da alma, ele mostra o galo, admira o seu canto, adere à perenidade da terra, ao pulso do corpo.

Em *A deposição da Cruz*, de Rubens, que aparece na peça de Rodrigo García, temos o cão em movimento que se destaca da tela, cuja pata, segundo a especulação jocosa do personagem, se apoia na perna do pintor, que estaria fora do quadro. Ou talvez o cão represente o próprio pintor... Jesus

---

38 Ibidem.

e o galo, Cristo e o cão, o cão-pintor que foge à sua representação torturante...

Jesus e Cristo: mesmo Nietzsche, na sua diatribe anticristã, havia entendido a diferença entre um e outro, a conduta do Redentor, por um lado, e a fé de Paulo, por outro. O Redentor como aquele que não fundou uma nova fé, mas uma nova conduta, ao abolir as oposições, o pecado, o perdão, a redenção, em uma espécie de beatitude de assentimento, e não de ressentimento. Por outro lado, a igreja de Pedro que se apoia sobre o terror e a tortura. É Nietzsche quem, em vez de atacar a fé, melhor analisou sua fonte, a *necessidade* da fé ou o *desejo* de fé. Assim como, em vez de atacar a verdade, ele destrinchou a *necessidade* da verdade, a saber, o *desejo de segurança*. Mas eis a frase que oferece o melhor diagnóstico sobre o assunto: "A crença é sempre desejada com a máxima avidez, é mais urgentemente necessária onde falta vontade: pois é a vontade, como emoção do mando, o sinal distintivo de autodomínio e força. Isto é, quanto menos alguém sabe mandar, mais avidamente deseja alguém que mande, que mande com rigor, um Deus, um príncipe, uma classe, um médico, um confessor, um dogma, uma consciência partidária."[39]

Esta é a série daqueles a quem obedecemos: Deus, príncipe, classe, médico, confessor, dogma, partido etc... Nietzsche detecta nessa necessidade de crença e veneração um adoecimento da vontade, e é onde enxerga a fonte das religiões e fanatismos. Em contraposição ao crente, o filósofo chama por um espírito que "se despede de toda crença, de todo desejo de certeza, exercitado, como ele está, em poder manter-se

---

[39] Friedrich Nietzsche, A gaia ciência, parágrafo 347, *Os Pensadores*, trad. Rubens Rodrigues Torres Filho, São Paulo, Abril Cultural, 1974.

sobre leves cordas e possibilidades, e mesmo diante de abismos, dançar ainda".[40]

Talvez já se possa, a partir daí, voltar ao que na peça chama a atenção, a saber, o fato de que não se deixa de medir a anarquia do mundo, seus cataclismos, desmoronamentos, escombros, violência, embate físico, mesmo a loucura abjeta do cristianismo, não se deixa de avaliar essa estranha paisagem já lunar a partir de um lânguido anseio de humanidade, divindade ou eternidade, que um crítico chamou de "desejo por um supersigno que alivie nossa angústia e nos dê segurança", mesmo que isso se desdobre à luz da mais frenética e compulsiva profanação, seja da pintura, da música ou da religião. Sim, não nos desfizemos do desejo de crença.

Pode ser que vivemos à sombra da morte de Deus, mas também de seu cadáver, que não conseguimos sepultar, de modo que seus avatares ressurgem por toda parte, talvez, sobretudo, no humanismo que não cessa de ressuscitá-lo, como se não tivéssemos encontrado ainda a linguagem e a força, como diria Nietzsche, de estar à altura de nossa descrença, de sair do sistema do juízo, do julgamento, do tribunal ou da piedade e do sacerdócio, para, no embate dos corpos, como por vezes aparece lindamente no palco de Rodrigo García, aludir a outra justiça.

Para isso, seria preciso partir de um corpo que desafiasse esse complexo sócio-político que Artaud chamou de juízo de Deus e Kuniichi Uno, de biopoder, e que mobiliza corpos e almas. Como o diz Preciado: "E se, na realidade, os corpos insaciáveis da multidão, seus paus, clitóris, ânus, hormônios e sinapses neurossexuais; se o desejo, a excitação, a sexualidade, a sedução e o prazer da multidão fossem os motores

---

40 Ibidem.

de criação de valor agregado na economia contemporânea? E se a cooperação fosse uma 'cooperação masturbatória' e não simplesmente uma cooperação de cérebros?"[41]

Ou, mais radicalmente: "Vamos ousar, então, e elaborar as seguintes hipóteses: as matérias-primas do processo produtivo atual são a excitação, a ereção, a ejaculação, o prazer e o sentimento de autossatisfação, controle onipotente e total destruição. O verdadeiro motor do capitalismo atual é o controle farmacopornográfico da subjetividade, cujos produtos são a serotonina, o tecnossangue e os hemoderivados, a testosterona, os antiácidos, a cortisona, o tecnoesperma, os antibióticos, o estradiol, o álcool e o tabaco, a morfina, a insulina, a cocaína, os óvulos vivos, o citrato de sildenafila (Viagra) e todo complexo material e virtual que participa da indução de estados mentais e psicossomáticos de excitação, relaxamento e descarga, e também no controle total e onipotente. Nessas condições, o dinheiro se torna uma substância psicotrópica significante e abstrata. O sexo é o corolário do capitalismo e da guerra, o espelho da produção. O corpo sexual e viciado e o sexo e todas as suas derivações semiótico-técnicas são. Daqui em diante, o principal recurso do capitalismo pós-fordista."[42]

Talvez algo disso apareça na cacofonia da primeira parte da peça. Mas, depois dela, em um segundo tempo, sublime, que exige do espectador um reajuste no estado de percepção, a música de Haydn tocada como uma prece física, o imenso torso do intérprete (refiro-me aqui a Marino Formenti, o intérprete original, que não esteve no Brasil), que se debruça

---

[41] Paul B. Preciado, *Testo Junkie*: sexo, drogas e biopolítica na era farmacopornográfica, trad. Maria Paula Gurgel Ribeiro e Veronica Daminelli Fernandes. São Paulo: n-1edições, 2018, p. 40.
[42] Ibidem, p. 42.

sobre o piano em um corpo a corpo de nervos, carícia e garra, extrai dele bálsamo e elevação. É, diz Rodrigo García, o momento de rebobinar, "lembrar das imagens e das palavras proferidas ao longo do espetáculo, deixar-se levar pela música que se executa nesse campo de batalha que é o cenário desta obra, com os pães [de hambúrguer] destroçados espalhados pelo chão, a pintura no chão, a destruição. Creio que é uma destruição harmoniosa".

Pode ser, mas não estou seguro que não haja aí algum signo de salvação. Ao longo da música, lemos ao fundo *As sete últimas palavras de nosso Salvador na cruz*, inclusive a pergunta irrespondível, "Deus, Deus, porque nos abandonaste?". Como na encenação de Castellucci, onde, já esgarçado o rosto de Cristo, depois de ser atacado por dinamites de brinquedo e tomado de assalto por comandos sinistros, e rasgada a tela, aparece ao fundo em letras luminosas a frase que parece ser a última, "O senhor não é nosso pastor", antes que, no ultimíssimo instante, um estouro apaga o "não", reafirmando o enunciado bíblico. Laymert Garcia dos Santos assim se pronuncia, a respeito: "Ouso afirmar que *Sobre o conceito de rosto no filho de Deus* é o sonho iconólatra que perverte o iconoclasta Romeo Castellucci." E o imperial Pantocrator (aquela matriz bizantina do Salvador que, como o déspota, por trás de sua doçura, nos observa e captura) "segue sendo o Senhor das regras do jogo".[43]

Ora, o *Gólgota Picnic* é mais caótico, embora o sofrimento a que alude e que todos revivem deambulando, dançando, se contorcendo ou se esfregando no cenário do lixão social feito de pães e escombros, não é menor do que o do ancião banhado em fezes, de Castellucci. Mas aqui temos, ao final

---

43 Cf. nota 2 deste mesmo capítulo.

da música, um elemento que aparece já no começo, o salto do anjo, desportista radical em queda vertiginosa. Diz um ator, a certa altura, algo como: "Não cabe saltar da janela, mas saltar para dentro de vocês, ou extinguir-se..." É uma bela fórmula, uma aposta, um chamamento.

Em todo caso, o anjo em queda livre não deixa consumar-se a salvação musical: ele é a mulher de capacete e *collant* sensual – o que não é a imagem do desespero, mas do esporte radical; não é a vertigem moral, mas certa volúpia. Segundo a teologia cristã, um anjo caído é um demônio, é um antigo anjo que se rebelou contra o Criador e despencou do Paraíso. Wim Wenders mostrara anjos que têm inveja dos homens, de sua carnalidade, finitude, dor, e cuja queda é uma celebração. Aqui, é como um clube de esporte, a adrenalina crescente: o mal do século... Entre a adrenalina do salto no Nada e a elevação musical ao Céu, mesmo que culmine no terremoto final do oratório de Haydn, o contraste é brutal, e não há encontro possível, a não ser esse que um espetáculo pode nos oferecer, rasgando ao meio nosso abissal niilismo.

21. ZOOPOÉTICA

DEUS E O RATO
Há mais vida em um cachorro morto que em toda a literatura, diz Clarice Lispector. Na Praia de Copacabana, admirada com um inédito sentimento de carinho pelo mundo, ao imaginar com ternura que este mundo poderia ser cria sua, ela conta: "E foi quando quase pisei num enorme rato morto. Em menos de um segundo estava eu eriçada pelo terror de viver, em menos de um segundo estilhaçava-me toda em pânico, e controlava como podia o meu mais profundo grito. Quase correndo de medo, cega entre as pessoas, terminei no outro quarteirão encostada a um poste, cerrando violentamente os olhos, que não queriam mais ver. Mas a imagem colava-se às pálpebras: um grande rato ruivo, de cauda enorme, com os pés esmagados, e morto, quieto, ruivo. O meu medo desmesurado de ratos.
   Toda trêmula, consegui continuar a viver. Toda perplexa continuei a andar, com a boca infantilizada pela surpresa. Tentei cortar a conexão entre os dois fatos: o que eu sentira minutos antes e o rato. Mas era inútil. Pelo menos a contiguidade ligava-os. Os dois fatos tinham ilogicamente um nexo. Espantava-me que um rato tivesse sido o meu contraponto. E a revolta de súbito me tomou: então não podia eu me entregar desprevenida ao amor? De que estava Deus querendo me lembrar? Não sou pessoa que precise ser lembrada de que dentro de tudo há o sangue. Não só não esqueço o sangue de dentro como eu o admiro e o quero, sou demais o sangue para esquecer o sangue, e para mim a palavra espiritual não tem sentido, e nem a palavra terrena tem sentido. Não era preciso ter jogado na minha cara tão nua um rato."[44]

[44] Clarice Lispector, "Perdoando Deus", in *A descoberta do mundo*. Rio de Janeiro: Editora Nova Fronteira, 1984, p. 484.

Poucas autoras mostraram com tamanha força o quanto a vizinhança com os bichos revela de nossa própria "animalidade abafada". Em Clarice, é por meio do que temos em comum com eles (a morte? o medo? a dor?) que sentimos em nós a pulsação vital. "Às vezes me arrepio toda ao entrar em contato físico com bichos ou com a simples visão deles. Pareço ter certo medo e horror daquele ser vivo que não é humano e que tem os nossos mesmos instintos, embora mais livres e mais indomáveis."[45] E nos confundimos, já não sabemos quem é quem: "Sim, às vezes sinto o mudo grito ancestral dentro de mim quando estou com eles: parece que não sei mais quem é o animal, se eu sou o bicho."[46] E o que dizer quando se trata de um bicho morto?

O Deus e o Rato fazem parte de um mesmo mundo, mas também a morte e a vida. Não porque sejam iguais, mas porque são indissociáveis; porque é preciso passar por um para sentir o outro; ou porque é no encontro entre eles que se descobre outra coisa, não propriamente uma comunhão, mas a intensidade da passagem, entre reinos, gêneros, estados, seres. Deleuze chamou a isso de devir: "A escrita é inseparável do devir: ao escrever, estamos num devir-mulher, num devir-animal ou vegetal, num devir-molécula, até num devir-imperceptível."[47] Não se trata de virar um animal ou imitá-lo, mas se colocar em uma zona de indiscernibilidade na qual a fronteira se embaralha – nem humana, nem animal, nem vegetal, nem mineral, nem desumana: inumana. Para atingi-lo, é preciso estar do lado do informe, como dizia Gombrowicz, do inacabamento. As formas dadas,

---

45 Clarice Lispector, "Bichos – I", in *A descoberta do mundo*, p. 517.
46 Ibidem, p. 520.
47 G. Deleuze, *Crítica e clínica*, p. 11.

excessivamente definidas, esculpidas, apolíneas, não dão a ver precisamente o "monstro" que elas encobrem. O monstro só aparece, como o mostrou Aristóteles, quando na gestação a matéria não é suficientemente exposta à ação da forma – é a matéria não moldada que transborda, que excede. Por isso, diz José Gil, um monstro desvela o excesso de matéria, ele "é sempre um excesso de presença", "obscenidade orgânica". Pois é o interior visceral à flor da pele. "O que fascina é que esse interior 'se corporize' e que não seja realmente um corpo – pois não tem alma. Ao mostrar o avesso da pele, é sua alma abortada que o monstro exibe: o seu corpo é o reverso de um corpo com alma, é um corpo que atacou a alma absorvendo-a numa parte corporal. Ao revelar o que deve permanecer oculto, o corpo monstruoso subverte a ordem mais sagrada das relações entre a alma e o corpo (...). Que monstruosidade carrega o monstro teratológico com ele? A de uma alma feita carne, vísceras e órgãos."[48] Não há mais separação entre alma e corpo, e assim tampouco entre homem e bicho, vivo e morto, dentro e fora.

A MATÉRIA E O CHAMADO

Talvez seja o que nos faz estremecer diante das esculturas que Renata Huber produziu ao longo dos últimos anos: bichos rastejantes, híbridos, ventosos, polifemos, casulos – seres incomuns, ora ainda embrionários, ora já natimortos, ora em estado de decomposição, ora "sobras" de estados primevos, ora ainda em estado de experimentação científica –, cobaias acéfalas ou ocas, morcegos recompostos, seres viscosos. Não há um deles que não cause arrepio, nojo ou horror. Se fossem apenas formas, mesmo disformes, talvez

---

[48] José Gil, *Monstros*. Lisboa: Editora Quetzal, 1994, pp. 81-85.

nos deixassem indiferentes. Mas curiosamente, como em Clarice, há fascínio e mesmo ternura, pois sua matéria é a lama vital. "O que faço com as mãos é servir de testemunho, escutar toda sorte de seres interrompidos cuja única sorte foi perder a cabeça", diz com humor a escultora.[49] Em meio à deformidade inumana, há sempre um detalhe proto-humano que nos laça a alma – por exemplo, uma patinha ternamente esticada. Como diz Deleuze: "A literatura começa com a morte do porco-espinho, segundo Lawrence, ou a morte da toupeira, segundo Kafka: 'nossas pobres patinhas vermelhas estendidas num gesto de terna piedade'."[50] Não é aí, diante de detalhe tão minúsculo, que toda nossa alma se contorce? Como se aqui coubesse a reflexão puríssima de Clarice: "Não ter nascido bicho parece ser uma de minhas secretas nostalgias. Eles às vezes clamam do longe de muitas gerações, e eu não posso responder senão ficando desassossegada. É o chamado."[51]

Se a escultora precisa da matéria para responder ao chamado, não é porque não saiba escrever, mas porque a matéria a chama: "O que talvez somente fosse a nostalgia da matéria e o simples derrapar no que de longe se representa torna-se um amálgama de forças desconhecidas, um rápido aflorar de formas que pululam." Sim, formas inacabadas, incompletas, disformes, por vezes fazendo escorrer do seu oco uma lava que parece vir de outras eras geológicas e que deixa à vista precisamente a matéria viva rebelde, indomável, extrapolando o enquadre estreito do vivente bem-sucedido: "A matéria fala em nós, sempre novamente;

---

[49] Renata Huber, "Texto para Alfarrábio", março de 2015.
[50] G. Deleuze, *Crítica e clínica*, p. 12.
[51] Clarice Lispector, "Bichos, Conclusão", in *A descoberta do mundo*, p. 524.

de modo obscuro, esticando aqui e lá, entra em comunhão com as esferas diabólicas, levando-nos a questionar a englobante prisão onde passamos nossos dias tentando tudo apreender."[52] Uma prisão de onde uma zoopoética nos permite escapar – fugir de si por dentro, vazando, escoando, deixar-se escapar antes de engessar-se: será isso possível? Uma das versões de um conto imaginado por Clarice refere-se à fórmula sugerida pela vizinha para matar baratas: farinha e açúcar para atraí-las e gesso para esturricá-las por dentro. Preparado o veneno, a narradora desperta em meio à escuridão da madrugada e distingue a seus pés "sombras e brancuras: dezenas de estátuas se espalham rígidas. As baratas que haviam endurecido de dentro para fora. Algumas de barriga para cima. Outras no meio de um gesto que não se completaria jamais. Na boca de umas um pouco de comida branca. Sou a primeira testemunha do alvorecer em Pompeia. Sei como foi esta última noite, sei da orgia no escuro. Em algumas o gesso terá endurecido tão lentamente como num processo vital, e elas, com movimentos cada vez mais penosos, terão sofregamente intensificado as alegrias da noite, tentando fugir de dentro de si mesmas. Até que de pedra se tornam, em espanto de inocência, e com tal, tal olhar de censura magoada. Outras – subitamente assaltadas pelo próprio âmago, sem nem sequer ter tido a intuição de um molde interno que se petrificava! – essas de súbito se cristalizam, assim como a palavra é cortada da boca: eu te...".[53] O biscuit utilizado pela escultora não é um gesso mortífero – parece mais tenro, poroso, quase diáfano.

[52] Ibidem.
[53] Clarice Lispector, "Cinco relatos e um tema", in *A descoberta do mundo*, p. 326.

A BIOPOLÍTICA E O QUASE-SER

Uma das séries chama-se justamente "Quase". São quase-seres, ou seres quase-possíveis, ou seres impossíveis, ou seres-que-não-existem-direito, ou apenas imagináveis, ou então inimagináveis. No entanto, estão aí, não apenas na exposição, em uma galeria, no circuito da arte, na longa história dos monstros, nos bestiários literários, mas igualmente nos laboratórios científicos atuais, na experimentação biotecnológica de hoje, na produção do vivo que o pensamento contemporâneo não pode ignorar, sob a pena de se ver arrastado em uma aventura pós-humana sem volta. A cobaia oca e acéfala esticada pelas quatro pontas é uma imagem, apenas, entre várias outras, de uma aposta onde as potências demiúrgicas do capitalismo e da tecnociência, aliadas, experimentam, não mais com perplexidade filosófica, como exclamaria Espinosa, "não sabemos ainda o que pode um corpo", mas, com onipotência sobre-humana, "não sabemos ainda o que se pode fazer com um corpo", ou mais ainda, quais novos corpos se podem fabricar por meio da manipulação genética, que novas combinações, que misturas, que hibridismos se tem a capacidade de programar, como em *Blade Runner*. A experimentação em curso borrou a fronteira sempre tão categórica que a metafísica estabeleceu entre o homem e o animal.

Como diz Agamben, desde a Antiguidade assistimos a uma exclusão do não homem no homem paralelamente a uma antropomorfização do animal.[54] O homem encontra em si, e isola dentro de si, um animal que ele qualifica de não homem, em uma decisão que é ao mesmo tempo metafísica e técnica

---

54 Giorgio Agamben, *L'Ouvert*: de l'homme et de l'animal, trad. Joël Gayraud. Paris: Éditions Payot & Rivages, 2002. [Ed. bras. *O aberto*: o homem e o animal, trad. Pedro Barbosa Mendes. Rio de Janeiro: Civilização Brasileira, 2017.]

e que implica sempre e necessariamente uma zona de fronteira, de indistinção. Com a biopolítica, que produz *vida nua*, a "máquina antropológica" que separava o animal no homem, no entanto, tornou-se inoperante. Não se trata, agora, de buscar uma nova articulação entre eles, porém, antes, de mostrar o vazio central, o hiato que separa, no homem, o homem do animal e arriscar-se nesse vazio, em uma suspensão tanto do homem como do animal, reivindicando-se um novo estatuto para essa vida, ainda que nua. É diferente disso, sem dúvida, a posição de Deleuze, que sempre fez o elogio do devir-animal, que considera o animal o único ser que sabe morrer (provocação dirigida a heideggerianos?), que insiste que o próprio pensamento tem com a animalidade uma relação necessária – e na contramão de qualquer antropocentrismo ou controle, trata-se sempre de liberar a vida por toda parte na qual ela esteja aprisionada, ainda que em um reles animal, esvaziado de seus órgãos, corpo-sem-órgãos, *uma vida*.

Não cabe aqui escolher entre a franja messiânica que um pensador insiste em deixar entreaberta, como Agamben, ou a ontoetologia em que Deleuze se instala de imediato. Em ambos os casos, é do vivo que se trata, sobretudo em um contexto biopolítico em que se está imerso até o pescoço no pensamento-para-o-mercado (farinha, açúcar e gesso) e Pompeia parece ser o único horizonte. É onde temos vergonha de ser um homem e quereríamos escapar, como que "por dentro", virando-nos do avesso. Referindo-se às descrições de Primo Levi sobre o campo de concentração e à vergonha de ser um homem, Deleuze escreve: "Não somos responsáveis pelas vítimas, mas diante das vítimas. E não há outro meio senão fazer como o animal (grunhir, fugir, escavar o chão com os pés, nitrir, entrar em convulsão) para escapar ao ignóbil: o pensamento mesmo está por vezes mais próximo do animal que morre, que de um homem vivo, mesmo democrata."[55]

Talvez essa questão só possa alcançar sua "altura" a partir do mais "elementar", isto é, das vísceras, no espasmo. Em outros termos, os destinos da matéria viva e suas bifurcações por vir pedem uma sensibilidade outra, que atravesse as eras e os reinos, os gêneros e as espécies, em uma aposta cosmopolítica na qual cabe ao além-do-homem reafirmar o símio e ao filósofo, o porco. Ali, o moribundo e o recém-nascido se respondem mutuamente, assim como Deus e o rato.

---

[55] Gilles Deleuze e Félix Guattari, *O que é a filosofia?*, trad. Bento Prado Jr. e Alberto Alfonso Muñoz. São Paulo: Editora 34, 1992, p. 140.

22. NADA É

I

Eduardo Viveiros de Castro sugeriu que os acontecimentos mais impactantes são aqueles que "quase" ocorreram: "quase morri", "a onça quase me devorou" etc. Trata-se de outra ontologia, a "ontologia do quase". "Nos encontros com espíritos na mata, quase sempre nada acontece; mas sempre algo quase acontece (…). Quase-acontecer é um modo específico de acontecer: nem qualidade nem quantidade, mas quasidade: a intensidade ou virtualidades puras. O que exatamente acontece, quando algo quase acontece? O quase-acontecer: a repetição do que não terá acontecido?"[56] Ora, o próprio acontecimento, por definição, já não é da ordem do quase, ou ao menos do extra-ser? Jamais o acontecimento coincide com o fato, mesmo que dele advenha ou emane. Há no acontecimento, por definição, uma iminência (" Tem concerto hoje à noite"), que faz justamente com que ele seja sempre *por vir*, mesmo que estritamente falando ele já tenha "acontecido" (a Revolução de 1789, Maio de 1968, Junho de 2013). É que o estatuto temporal do acontecimento não se encaixa em nossa tripartição diacrônica passado/presente/futuro – ele requer um plano temporal outro, por assim dizer. Mais perto do *aión* grego, misto de jorro e eternidade, ou mais próximo do devir, tempo do advento ou da movência. O acontecimento, ou o quase-acontecimento, é por isso igualmente um tempo da espera e da iminência, ou do intervalo, do entretempo.

Seria abusivo dividi-lo em negativo e positivo? Aquela morte que quase me trespassou, aquele sucesso que por

---

[56] Eduardo Viveiros de Castro, *Conversas*, org. Renato Sztutman. Rio de Janeiro: Azougue, 2008, pp. 238-239.

pouco não aconteceu (vitória, revolução, glória)... Em todo caso, foi por um triz. Quantas promessas estão embutidas nos objetos, ruínas, lembranças, nas cenas que se viveu, porém que não chegaram a "vingar"? E não é possível cultivá-los assim, como eventualidades não realizadas, mas celebradas enquanto tais, já que sua não ocorrência produziu efeitos marcantes? Talvez seja esse o caso extraordinário da visita de dom Pedro II à cidade de Alcântara, no século XIX, visita que jamais se consumou, mas para qual a elite local construiu palacetes que hoje viraram ruínas. A capital do Maranhão em surpreendente ascensão econômica, devido à exportação de algodão e açúcar, teria atraído dom Pedro II, mas a decadência econômica subsequente pode tê-lo feito desistir da viagem. No entanto, a possibilidade dessa visita hipotética se celebra há décadas no mais glorioso luxo e em aristocrática dignidade. A promessa de glória não pode ser ela mesma gloriosa, sobretudo quando é celebrada por descendentes de quilombolas? E o quanto, nesses moldes, revela algo daquilo que faz a miséria e a esperança de um povo indefinido? De quantos futuros abortados, soterrados e por descobrir estão repletas nossas histórias, nossas cidades, nossas tradições, nossas letras e artes, nossos parques (Aragon o mapeou em sua Paris surrealista), mas também nossas tecnologias, nossos projetos mirabolantes, nossos sonhos da grande nação que jamais fomos nem seremos? Qual memória é capaz de guardar tudo aquilo que *poderia ter acontecido*, caso a história tivesse tomado outro rumo? Não haveria uma história paralela que a ficção ou o rumor não cessa de tangenciar? A história do que não aconteceu, porém "quase" aconteceu e que, ao quase acontecer, tocou com sua eventualidade o ombro de uma época e deixou nela sua marca, ainda que impalpável? Não deixa essa passagem um signo, que nos cabe acolher, talvez guardar, quiçá prolongar e até desdobrar, estética, politicamente? Será que essa "história paralela" é apenas uma eventualidade não ocorrida, não completada, ou continua sendo uma virtualidade que percorre a história e com ela se entrelaça, sob um modo ainda a ser decifrado, para além de sua improvável atualização?

Ali nada é, tudo foi ou será, diz um morador de Alcântara, dando o título de uma concisão cortante ao filme de Yuri Firmeza. Que cintilâncias feéricas fazem vislumbrar, de dentro da festa do Divino, os rastros do futuro? Como o rabo do foguete dispara a queima de fogos, ou os cantos alçam o satélite aos céus, ou as vozes nativas se mesclam à comunicação da NASA? A caosmose não é um caos, mas complexidade infinita da qual vão saltando linhas várias, que apontam caleidoscopicamente para a vertigem do tempo. Vamos cair, alçar voo, atingir as estrelas, virar pó, aguardar no luxo o advento maior, celebrar a espera?

II

Félix Guattari sugeriu que deveríamos abandonar a dicotomia ontológica entre o Nada e o Ser. Há entre esses polos mais gradações e nuances do que quer fazer crer nossa sofisticada, porém previsível, dialética. Trata-se de intensidades existenciais, graus intensivos, consistências fronteiriças que podemos percorrer na sua variação infinita em vez de oscilar na pendular lógica do sim ou não. Evidentemente, isso nos serve para pensar estados limítrofes ou liminares, passagens, lusco-fuscos, mas igualmente tipos de acontecimento que não se encaixariam nas modalidades categóricas, e até modos de existência que estariam abaixo do limiar fixado por nossas categorias por demais positivas, para não dizer positivistas. Não tenhamos medo de Guattari e sua sulfurosa teorização:

"A caosmose não oscila, então, mecanicamente, entre zero e o infinito, entre o ser e o nada, a ordem e a desordem: ela ressurge e germina nos estados de coisas, nos corpos, nos focos autopoiéticos que utiliza a título de suporte de desterritorialização. Trata-se aqui de um infinito de entidades virtuais infinitamente rico de possível, infinitamente enriquecível a partir de processos criadores."[57]

III

Não se pode, com esse fundo, deixar de tocar no que constitui o mote conceitual da forma fílmica utilizada em "nada é". Trata-se da coexistência de camadas temporais heterogêneas, distantes em uma suposta linha do tempo e, no entanto, embaralhadas e entrecruzadas quando projetadas em um plano de composição ou de consistência cinematográfico, trans-histórico, "estratigráfico" – aliás, esse termo já constava no título da exposição no MAR, inteiramente atravessada por tal princípio: *Turvações estratigráficas*.[58] Desertaríamos a sucessão histórica e seus constrangimentos para deslizar, no espaço do pensamento ou da obra, para outras lógicas, nas quais se desborda o tempo histórico e seus marcadores possíveis (de causalidade, influência, retroatividade), garantindo a cada centelha que daí resulte uma "autonomia" no interior de outra combinatória, de outro agenciamento. No campo da filosofia, sabe-se que Deleuze insiste em renunciar ao antes e depois, considerando um "tempo da filosofia" em vez de uma "história da filosofia". Nesse tempo há superposições,

---

57 Félix Guattari, *Caosmose*: Um novo paradigma estético, trad. Ana Lúcia de Oliveira e Lúcia Cláudia Leão. São Paulo: Editora 34, 1992, p. 142.
58 *Turvações estratigráficas*, de Yuri Firmeza, no Museu de Arte Contemporânea, Rio de Janeiro, 2013.

não sequências, nas quais, por exemplo, "os nomes de filósofos coexistem e brilham, seja como pontos luminosos que nos fazem repassar pelos componentes de um conceito, seja como os pontos cardinais de uma camada ou de um folheado que não cessam de retornar até nós, como estrelas mortas cuja luz é mais viva que nunca. A filosofia é devir, não história; ela é coexistência de planos, não sucessão de sistemas".[59] É o cone invertido bergsoniano, a memória-mundo, com seus pontos cintilantes e a relação a cada vez reinventada entre eles, como na experiência do padeiro referida por Deleuze e utilizada pelos cientistas. Assinalem-se em uma massa de pão dois pontos, como dois eventos distantes no tempo: ao dividir a massa, sobrepor uma metade à outra; ao cabo de algumas operações repetidas, os pontos antes distantes se tornam contíguos ou, ao contrário, um ponto se pulveriza em muitos. Nenhum evento preserva sua identidade, nem sua localização fixa. Como um lenço que, a cada vez que nele se assoa o nariz, se o amarrota diferentemente ao enfiá-lo no bolso. É um tempo amarrotado, no qual a distância ou a proximidade entre os pontos luminosos varia. Quando o cinema utiliza esse procedimento, temos tempos que beiram à alucinação, pois a relação entre verdadeiro/falso, passado/futuro, virtual/atual, acontecido/não acontecido se torna indiscernível ou reversível, abrindo a imaginação para o domínio do "quase".

Eis, pois, um documentário que trata da celebração concreta e presente de um evento que "quase" aconteceu em um passado longínquo, e que, por conta dessa mesma celebração no presente, talvez faça com que tenha "acontecido" ainda mais fortemente, mas em um tempo outro, o tempo do cinema.

59 G. Deleuze e F. Guattari, *O que é a filosofia?*, p. 77.

23. MUDAR O VALOR DAS COISAS

> "Criar não é a tarefa do artista. Sua tarefa é a de mudar o valor das coisas."
>
> Hélio Oiticica[60]

VARIAÇÃO 1 – NIETZSCHE
Se abrirmos a monografia de Gilles Deleuze sobre Nietzsche, de 1962, a primeira frase é lapidar: "O projeto mais geral de Nietzsche consiste em introduzir na filosofia os conceitos de sentido e de valor."[61] Mas logo salienta que uma filosofia dos valores só interessa caso se contraponha a um novo conformismo e funcione como uma verdadeira *crítica* dos valores, total, feita a "marteladas" – a saber, uma "transvaloração de todos os valores".

Com efeito, em Nietzsche, o valor de algo depende de uma pesagem comparativa, de uma avaliação, de uma hierarquia. O homem é o animal avaliador por excelência: ele pesa, compara, estabelece hierarquias, dá valor a certas coisas em detrimento de outras, instaura valores supremos, desejáveis, relega outros, tornando-os inferiores, indesejáveis, repugnantes. Vivemos em meio a uma escala de valores assim como respiramos. Por trás de cada atitude, gesto, fenômeno, pensamento, obra, é preciso buscar o valor que o preside.

Porém, mais decisivo do que detectar o valor ali presente

---

[60] Hélio Oiticica, *Museu é o mundo*, org. César Oiticica Filho. Rio de Janeiro: Beco do Azougue, 2011, p. 157. Essa coletânea inspiradora me foi presenteada por Celso Favaretto, a quem devo a inspiração para minhas furtivas incursões no pensamento de Oiticica. Obviamente, não tem ele responsabilidade alguma pelo uso meramente associativo que aqui será feito.

[61] Gilles Deleuze, *Nietzsche e a filosofia*, trad. Mariana Toledo Barbosa e Ovídio Abreu Filho. São Paulo: n-1 edições, 2018, p. 9.

é identificar a avaliação que lhe deu origem. A avaliação é a operação por excelência – avaliar, medir, valorar, dar peso, interpretar é o que fazemos o tempo todo. Se o primeiro passo na apreciação dos fenômenos, sejam eles morais, estéticos ou filosóficos, é remetê-los aos valores que os regem, o segundo passo consiste em remontar às avaliações o gesto que deu nascimento a tal ou qual valor. Por exemplo, talvez a moral que prega o Bem como valor supremo seja fruto mais da inveja e do ressentimento do que do altruísmo. Portanto, isso já nos ilumina sobre a natureza do valor chamado "Bem", completamente dissimulado quando se apresenta como abnegado ou altruísta.

Mas o terceiro passo é ainda mais crucial. A avaliação que cria o valor não provém de um capricho, ela é feita por um ser vivo, e esse ser vivo não é uma entidade abstrata nem uma espécie alada; está enraizado em um corpo, tem interesses e desejos, resulta de certa configuração pulsional, constitui um tipo de vida – nobre ou escravo, altivo ou submisso, superabundante ou carente, ascendente ou declinante. Que tipo de vida ou modo de existência precisou criar o valor que o expressa e o reitera? Um tipo ressentido avaliará conforme seu ressentimento, rebaixará tudo em função dele, forjará os valores que lhe correspondam e sustentará aqueles valores que corroborem o ressentimento que lhe é próprio, tratando de disseminá-los ou seu veneno, expandido seu poderio. Não é outro o caso do cristianismo, exemplifica Nietzsche, com seu desprezo pelo corpo, pela desqualificação dos prazeres, pela moral de rebanho, pelo culto ao sofrimento, à culpa, à obediência, à autonegação, que por vezes recebe o nome de humildade ou abnegação.

A crítica aos valores vigentes não equivale a um debate de opiniões nem de doutrinas, mas ao mapeamento dos sintomas que expressam maneiras de existir, sobretudo as esgotadas, enfermiças, doentias. Daí porque a questão dos valores é uma questão de vida, não de especulação, de saúde, não de entendimento. Donde a dupla tarefa de um pensamento que parte de Nietzsche, segundo Deleuze. Referir tudo a valores significa perguntar: qual é o valor que está como que por trás de uma atitude, de um fenômeno, de uma obra, de uma cultura? E qual é a avaliação que está na origem desse valor? E qual é o modo de vida responsável por tal avaliação? Remontar, pois, do valor até a avaliação e da avaliação até o tipo de vida. Mexer nos valores ou na hierarquia dos valores é mexer com a vida, com os modos de vida, com os estilos de vida.

Daí também os inimigos de uma filosofia dos valores nesse sentido radical, segundo Deleuze. Há aqueles que se preocupam apenas em inventariar os valores vigentes, ou em corroborá-los, ou fornecer-lhes fundamentos – e a história da filosofia poderia ser colocada sob o signo dessa vasta linhagem. Por outro lado, há os que traçam a gênese desses valores e, ao fazerem sua genealogia, realizam sua crítica corrosiva, revirando-os do avesso.

Mas não se trata de demolir certos valores para substituí-los por outros. Exemplo: Exit Deus, viva o Homem. Se o Homem ocupa o lugar que antes era de Deus, nada muda, substancialmente, já que o lugar do valor supremo idealizado é preservado por inteiro, e pior, o Homem, tal como o conhecemos e fabricamos, ressentido, culpado, mutilado, é alçado ao estatuto de ideal supremo. Nada pior do que endeusar o homem medíocre e doentio, projetá-lo como a meta a ser atingida. Por isso, a morte de Deus é indissociável da morte do Homem para que algo realmente seja revertido. Não se trata, portanto, de substituir um valor por outro, por exemplo, em vez de Bem, valor supremo que nos vem de Sócrates, colocar o Progresso, ou a Felicidade, ou mesmo a Inventividade, mas sim pôr em xeque a supremacia do valor supremo, e assim, mais amplamente, questionar o valor dos valores. No fundo disso, o que realmente está em questão é o modo de produção de novos valores. Como não apenas mexer nos valores, não substituir um por outro, não apenas revirar colocando no alto o que antes estava embaixo, mas interferir no modo de produção dos valores, na maneira como são criados, investidos, idealizados, reificados, para que a sua criação reflita uma relação outra com a instância que os produz. Só então toda essa série poderia ser remexida; só então faz sentido falar de uma transvaloração dos valores. De nada adianta simplesmente criar novos valores sem inventar novas maneiras de criar valor, uma nova lógica de engendramento de valores, em suma, uma relação outra entre vida e valor, entre experimentação e interpretação. Os valores não deveriam espezinhar a vida que os cria, nem doentiamente sobrepor-se a ela, mas expandi-la, tocar suas notas mais altas, intensificá-la ou prolongá-la. A frase de Nietzsche é por demais conhecida, mas não custa repeti-la: "Em um são suas lacunas que filosofam, em outro suas riquezas e forças."[62] Será possível fazer falar as riquezas e forças? Afirmá-las? A filosofia deixaria, então, de ser "tranquilizante, brandura e bálsamo, para tornar-se transfiguração".

Sem pressupor a leitura encadeada dessa série por Oiticica, podemos deixar no ar a pergunta: será que mudar o valor das coisas, como ele o enunciou, equivale a transvalorar todos os valores como quer Nietzsche?

---

62 F. Nietzsche, "Prefácio à segunda edição" In Gaia ciência, *Nietzsche, obras incompletas*, trad. Rubens Rodrigues Torres Filho. São Paulo: Abril Cultural, 1974, p. 197. (Coleção Os pensadores)

VARIAÇÃO 2 – DELEUZE

O que de mais explícito Oiticica parece ter colhido em Nietzsche, no entanto, conforme as cartas e os apontamentos disponíveis, é o elogio do artista trágico. Segundo seu próprio relato, ele o teria descoberto em meados dos anos 1970, por meio do livro *Nietzsche e a filosofia*, de Deleuze, que lhe fora recomendado por Silviano Santiago. Ora, nesse livro, ao tratar do trágico nietzscheano, Deleuze tenta livrá-lo de uma interpretação por demais dialética e cristã que privilegia o negativo, com toda a espiral das antíteses e sínteses, contradições e reconciliações, que teria por fundo uma visão profundamente pessimista do eterno sofrimento, sorvida em Schopenhauer. Na contramão dessa visão niilista, Deleuze encontra no trágico de Nietzsche um viés jubilatório, que extrai da dor um prazer, que faz da metamorfose uma afirmação vital. Sendo a vida inocente, nada há a redimir nem a justificar, muito menos a resolver. Dioniso não interioriza a dor, como o faria uma consciência infeliz, mas a exterioriza, lançando-a no jogo do mundo. Eis o que expressa Nietzsche, segundo Deleuze, ao discriminar dois tipos de sofrimento e de sofredores: "'Aqueles que sofrem de superabundância de vida' fazem do sofrimento uma afirmação, assim como fazem da embriaguez uma atividade; na laceração de Dioniso, eles reconhecem a forma extrema da afirmação, sem possibilidade de subtração, de exceção nem de escolha. 'Os que sofrem de um empobrecimento de vida' fazem da embriaguez uma convulsão ou um entorpecimento; fazem do sofrimento um meio de acusar a vida, de contradizê-la e também de justificá-la, de resolver a contradição."[63]

---

63 G. Deleuze, *Nietzsche e a filosofia*, p. 27, incluindo fragmento de *Nietzsche contra Wagner* ("Nós, Antípodas").

Em vez de angústia, a alegria; em vez da existência ressentida, a afirmação múltipla e pluralista, o poder das metamorfoses: "O que define o trágico é a alegria do múltiplo, a alegria plural. Esta alegria não é o resultado de uma sublimação, de uma purgação, de uma compensação, de uma resignação, de uma reconciliação: em todas as teorias do trágico Nietzsche pode denunciar um desconhecimento essencial, o da tragédia como fenômeno estético. *Trágico* designa a forma estética da alegria".[64] O que é trágico é a alegria: "Assim, com o renascimento da tragédia, voltou a nascer também o *ouvinte estético*, em cujo lugar costumava sentar-se até agora, na sala de teatro, um estranho quiproquó com pretensões meio morais e meio doutas, o 'crítico'".[65] E Deleuze conclui, reiterando o *leitmotiv* que atravessará todo seu livro: "Uma lógica da afirmação múltipla, portanto uma lógica da pura afirmação, e uma ética da alegria que lhe corresponde, é o sonho antidialético e antirreligioso que atravessa toda a filosofia de Nietzsche."[66]

Em última instância, a vida é inocente, isto é, ela é jogo, o que faz dela um fenômeno estético, e não moral ou religioso.[67] Se o tempo (Aión) é uma criança que brinca, é preciso assumir plenamente o lance de dados, o acaso, a combinação a um só tempo fortuita e necessária: "Nietzsche identifica o acaso ao múltiplo, aos fragmentos, aos membros, ao caos."[68]

---

64 Ibidem, p. 28.
65 Friedrich Nietzsche, *O nascimento da tragédia*, apud G. Deleuze, *Nietzsche e a filosofia*, p. 29.
66 G. Deleuze, idem, p. 29.
67 Ibidem, p. 36.
68 Friedrich Nietzsche, "Antes do nascel do sol" in *Assim falou Zaratustra*, apud G. Deleuze, *Nietzsche e a filosofia*, p. 39.

Donde a citação que Oiticica retém: "O artista trágico não é um pessimista, ele diz sim a tudo o que é problemático e terrível, ele é dionisíaco." E vem a seguir a reprodução do que Oiticica qualifica como "apoteose monumental" no escrito de Deleuze: "A alegre mensagem é o pensamento trágico, pois o trágico não está nas recriminações do ressentimento, nos conflitos da má consciência, nem nas contradições de uma vontade que se sente culpada e responsável. O trágico não está nem mesmo na luta contra o ressentimento, a má consciência ou o niilismo. Nunca se compreendeu, segundo Nietzsche, o que era o trágico: trágico = alegre. Outra maneira de colocar a grande equação: querer = criar. Não se compreendeu que o trágico era positividade pura e múltipla, alegria dinâmica. Trágica é a afirmação, porque afirma o acaso e, do acaso, a necessidade; porque afirma o devir e, do devir, o ser; porque afirma o múltiplo e, do múltiplo, o uno. Trágico é o lance de dados. Todo o resto é niilismo, *páthos* dialético e cristão, caricatura do trágico, comédia da má consciência."[69]

Um leitor de Deleuze não pode ficar indiferente ao fato de Oiticica ter retido, de Deleuze, uma passagem tão decisiva, que traz embutido o núcleo de sua interpretação geral sobre Nietzsche. Obviamente, não está ao nosso alcance medir a que ponto tal encontro ressoou com a trajetória já em curso no artista, e é pouco provável que a tenha infletido. Mas cabe lembrar aqui que o que sempre interessou Deleuze na relação entre a filosofia e as artes foram os encontros, não as influências, o que vale sobremaneira no caso do encontro entre Oiticica e Deleuze. "Assim, a filosofia, a arte e a ciência entram em relações de ressonância mútua e em relações de troca, mas a cada vez por razões intrínsecas. É em função

---

[69] G. Deleuze, idem, p. 51.

de sua evolução própria que elas percutem uma na outra. Nesse sentido, é preciso considerar a filosofia, a arte e a ciência como espécies de linhas melódicas estrangeiras umas às outras e que não cessam de interferir entre si."[70] Daí porque não se coloca a questão da influência nem da fidelidade, antes o contrário – a do roubo legítimo, das núpcias contranatura. Diz Deleuze: "Roubei Félix, e espero que ele tenha feito o mesmo comigo."[71] Ou mais precisamente: "O desejo ignora a troca, *ele só conhece o roubo e o dom*."[72]

Fiquemos, a título de ilustração, com a carta a Mário e Mary Pedrosa, de 1975, quando Oiticica escreve: "HENDRIX → INSTAURAÇÃO DO TRÁGICO (q nada tem a ver com RESTAURAÇÃO DA TRAGÉDIA q os diluidores 'explicadores' de NIETZSCHE tomam como algo NIETZSCHEANO e não é!: NIETZSCHE foi o anunciador da INSTAURAÇÃO DO TRÁGICO q IN-CORPORA comportamento-mundo-vida numa só genealogia cujo ápice é a concepção do ARTISTA TRÁGICO no qual as consequências mais extremas levam a outras que se extremam e levam a outras etc."

Ao evocar o texto acima, Lisette Lagnado Dwek os relaciona com a questão do participador, com o questionamento da representação, com a forma estética da alegria injetada no ambiental. Hendrix despontava como exemplo do artista trágico nietzscheano, "herói alegre, leve, que dança e joga", em contraposição ao cidadão Kane, herói romântico.[73]

70 G. Deleuze, *Conversações*, p. 156.
71 G. Deleuze e C. Parnet, *Diálogos*, p. 25.
72 Gilles Deleuze e Félix Guattari, *O anti-Édipo*, trad. Luiz B. L. Orlandi. São Paulo: Editora 34, p. 246.
73 Zizette Lagnado Dwek, *Hélio Oiticica: Um mapa do programa ambiental*. Tese de doutoramento sob a orientação de Celso Favaretto, Universidade de São Paulo (USP), São Paulo, 2003, p. 183 e seguintes.

Paula Braga, por sua vez, ressalta a relação entre acaso e multiplicidade tal como aparece na leitura de Deleuze, de quem cita o seguinte trecho: "Nietzsche identifica o acaso com o múltiplo, com os fragmentos, com os membros, com o caos: caos de dados que se chocam e que se lançam. Nietzsche faz do acaso uma afirmação. O reino de Zaratustra é chamado de 'grande acaso' (...). Saber afirmar o acaso é saber jogar (...). Que o universo não possui nenhum objetivo, que não existe qualquer fim a esperar, assim como causas a conhecer, é esta a certeza que convém ter para bem jogar."[74] E ela comenta: "Fazer do acaso o ingrediente fundamental para uma receita exige atitude inventiva de quem recebe um fragmento e um jogador de dados confiante no acaso, que acredita que seu lance será usado numa mistura conseguinte, mas imprevisível."[75] E acrescenta: "Até a tentativa que fizemos de aproximar a interpretação de Deleuze a respeito do jogo de dados Nietzscheano das aparições dos dados e do acaso na obra de Oiticica é mera costura de fios soltos, um cozido de fragmentos, pois os conceitos de Nietzsche não são usados por Oiticica pelo que são na obra do filósofo alemão ou de seus comentadores. Como uma cuba de vidro que passa a integrar um bólide e a formar um todo tão íntegro que perde sua característica de 'cuba' isolada, noções bastante complexas como o 'lance de dados' são empregadas por Oiticica como parte que constituirá um todo a partir da vontade do artista. Mas podemos arriscar a dizer que o acaso que faz um lance de dados cair de volta com uma combinação vitoriosa é uma

---

[74] Gilles Deleuze, "O lance de dados". In: *Nietzsche e a filosofia*. 2ª ed. Porto: Rés, 2001, pp. 42-43.
[75] Paula Braga, *Oiticica*: Singularidade, multiplicidade. São Paulo: Perspectiva, 2013.

coincidência muito forte, quase uma necessidade (no sentido de inevitável) que, quando ocorre, sugere um encadeamento mágico ou ficcional de eventos, um 'delírio concreto', capaz de embaralhar lugares e o tempo, como acontece no passeio de Oiticica pelo Rio em 1979:

> '(...) eu pego assim pedaços de asfalto na Avenida Presidente Vargas, antes de taparem o buraco do metrô, todos os pedaços de asfalto que tinham sido levantados... Quando eu apanhei esses pedaços de asfalto, eu me lembrei que CAETANO uma vez fez uma música, que disse até que pensou em mim depois que fez a música, que falava o negócio da "escola primeira da mangueira passa em ruas largas, passa por debaixo da avenida Presidente Vargas". Aí eu pensei assim: esses pedaços de asfalto... soltos, que eu peguei como fragmentos e levei para casa... agora, aquela avenida estava esburacada por baixo, e na realidade a estação primeira da mangueira vai passar por debaixo da Avenida Presidente Vargas... uma coisa que era virtual quando CAETANO fez a música, de repente se transformou num delírio concreto. O delírio ambulatório é um delírio concreto...'".[76]

VARIAÇÃO 3 – VIVER NÃO É SOBREVIVER

No fim dos 1960, anos depois de publicado o livro *Nietzsche e a filosofia*, confrontado com a pergunta o que é ser nietzscheano hoje e em conformidade com o que espocava da rua, Deleuze preferiu situar o nietzscheanismo menos nos livros ou colóquios sobre Nietzsche do que nos gestos políticos e poéticos que desafiavam os valores e poderes vigentes. Eis um exemplo dado por ele: "enunciados particularmente nietzscheanos no decorrer de uma ação, de uma paixão, de

---

[76] Hélio, Oiticica, Áudio da entrevista a Ivan Cardoso, in *Museu é o mundo*.

uma experiência", tais como *Viver não é sobreviver*, proferido por um estudante antes de ser ferido pela polícia, em meio a uma manifestação. Ou então, numa outra direção, certo modo de recusar a noção de indivíduo. Diz ele: "(...) as forças de repressão sempre tiveram necessidade de Eus atribuíveis, de indivíduos determinados, sobre os quais elas pudessem se exercer. Quando nos tornamos um pouco líquidos, quando nos furtamos à atribuição do Eu, quando não há mais homem sobre o qual Deus possa exercer seu rigor, ou pelo qual ele possa ser substituído, então a polícia perde a cabeça. Isso não é algo teórico. O importante é o que ocorre atualmente. Não é possível livrar-se das inquietações atuais dos jovens, simplesmente dizendo que a juventude passa."[77]

Desde então muita água passou por debaixo da ponte. Mas nada disso perdeu sua atualidade. Nos movimentos coletivos cujo teor político não se deixa separar de uma aposta vital, o anonimato é um princípio generalizado que poderíamos classificar de não identitário, antinarcísico, sintônico com a movência multitudinária, na contramão de uma liderança personalista. Mas também é um macete tático na luta contra a polícia e seu esforço em individualizar a imputação, no ímpeto de criminalização das manifestações ou ocupações. É a força do anônimo que testemunhamos em vários movimentos da última década.

VARIAÇÃO 4 – MOVIMENTOS ABERRANTES

Em um livro de David Lapoujade sobre Deleuze, ele sustenta que o projeto maior do filósofo teria sido detectar os

---

[77] Gilles, *A ilha deserta*, org. David Lapoujade, tradução coordenada por Luiz B. L. Orlandi. São Paulo: Iluminuras, 2006, p. 178.

movimentos aberrantes, por toda parte em que apareçam, seja na natureza, no pensamento, na vida, nas artes ou na história.[78] Um movimento aberrante não é aquele que parece anômalo do ponto de vista de um padrão externo e regular, embora isso também possa acontecer, mas aquele que não pode ser apreendido racionalmente, embora possua sua lógica própria. Quantos movimentos há no pensamento, nas artes, na vida, que não podemos explicar, que não podem ser reduzidos a seus antecedentes, a suas causas, que extrapolam nossa capacidade de análise, de deciframento, de tradução? Não significa que eles não tenham lógica – sim, eles a têm –, eles têm seu modo de funcionar ou disfuncionar, sua maneira de dobrar-se ou desdobrar-se, sua gênese singular, mas ela é justamente singular, mesmo que esquizofrênica. Um quadro de Bacon, um texto de Artaud ou de Beckett, um filme de Visconti ou Godard, uma ciência nômade, o próprio nomadismo na história, máquinas de guerra que percorrem a cidade, todos têm sua lógica e, no entanto, liberam um movimento aberrante, produzem ao seu redor um abalo, uma ruptura, uma fissura, um desregramento. Deixam vazar alguma coisa que extrapola nossa capacidade de compreender, ou de sentir, ou de pensar, ou de programar, levando-nos a um limite. Do que esses movimentos aberrantes dão testemunho é de uma potência, uma potência de vida que talvez não caiba no limite de uma vida, de uma existência definida, de uma sensibilidade configurada, de um pensamento possível. Como se a potência que eles liberam extrapolasse nossa vivência ordinária, nossa existência corriqueira, nossa normalidade cotidiana. Pois, de fato, isso que irrompe parece grande demais até para quem o

---

78 David Lapoujade. *Deleuze, os movimentos aberrantes*, trad. Laymert Garcia dos Santos. São Paulo: n-1 edições, 2015.

vive, forte demais para quem o experimenta, terrível demais para quem o sofre, belo demais até para quem o admira. Há aí um excesso que já não pode ser domado, domesticado, normalizado, e diante do qual nos sentimos como que impotentes, mas essa impotência não passa do signo de uma potência superior. Segundo Deleuze, é esse limite que o pensamento persegue, bem como certa literatura, certo cinema – por que não certo teatro, certa política? Cito o filósofo no domínio literário: "O ato fundador do romance americano, o mesmo que o do romance russo, consistiu em levar o romance para longe da via das razões e dar nascimento a esses personagens que estão suspensos no nada, que só sobrevivem no vazio, que conservam seu mistério até o fim e desafiam a lógica e a psicologia (...) o que conta para um grande romancista, Melville, Dostoiévski, Kafka ou Musil, é que as coisas permaneçam enigmáticas e, contudo, não arbitrárias: em suma, uma nova lógica, plenamente uma lógica, mas que não nos reconduza à razão e que capte a intimidade da vida e da morte."[79]

Vidas que desafiam as razões, as razões psicológicas, as razões pragmáticas e, no entanto, nada aí é arbitrário, há nesses personagens uma necessidade imperiosa, como no caso do Capitão Ahab; do escrevente Bartleby; de *O homem do subsolo*, de Dostoiévski; ou de Stavróguin, em *Os possessos*; ou K. Mas poderíamos citar Riobaldo, Rubião e tantas personagens de Clarice... São o que Deleuze chama de seres originários. Não são necessariamente extraordinários, embora muitas vezes pareçam anômalos, mas no geral estão obcecados por uma ideia incompreensível, mordidos por uma inclinação irrefreável, inexplicáveis, tomados por um movimento arrebatador ou por uma imobilidade enigmática. Embora

[79] G. Deleuze, *Crítica e clínica*, p. 13.

pareçam doentios, na verdade lançam sobre o entorno uma luz lívida por meio da qual iluminam as doenças do entorno. Mais do que neuróticos ou psicóticos, são médicos da civilização, diagnosticam as doenças do entorno, dominado pelo homem-branco-ocidental-racional-eurocêntrico-colonialista-machista-heteronormativo, como dizem hoje nossos pós--humanos – ou apenas trata-se do que Nietzsche chamava de "humano, demasiado humano".

Não nos enganemos: tais experimentos vitais só são possíveis caso impliquem muitas mortes, não dos outros, mas de camadas caducas que obstruem a própria vitalidade. É preciso destruir o organismo, dizia Artaud, o que pode ser aplicado a esferas várias, da dança à política, e qualquer instância que se apoie num corpo tomado como um organismo, corpo físico, corpo institucional, corpo social, corpo doutrinário, organismo que precisa funcionar direito – mas o que acontece quando ele é desorganicizado? Certas decomposições abrem seus elementos para outras composições. É preciso fazer morrer, esquizofrenizar, tornar a vida aberrante para livrá-la do que a impede de respirar ou expandir-se, ou atingir seu ponto máximo... Em outros termos, é preciso atingir algo de invivível da vida. Já Foucault dizia que jamais o interessou a experiência vivida, com a qual a fenomenologia se ocupava bem, a saber, o cotidiano, "esta mesa", "este papel", "este cubo de açúcar" se dissolvendo na água, "este garçom de café" – mas o interessava o invivível da vida, esses pontos em que algo do vivencial se rompe, como na loucura, no crime, na revolta, na sexualidade temas, aliás, que ele pesquisou a fundo. Para retomar o Nietzsche de Oiticica lido por Deleuze: "O artista trágico não é um pessimista, ele diz sim a tudo o que é problemático e terrível, ele é dionisíaco."

Ora, precisamente esta é a dificuldade maior: ir por uma

espécie de necessidade até um ponto-limite, inevitável e ao mesmo tempo inacessível. Mas o que é mesmo esse ponto-limite, essa experiência limite? O pensamento, quando vai ao seu limite, isto é, vai até sua enésima potência, atinge o impensável; a memória, levada ao seu limite, atinge o fundo do tempo, o imemorial; a sensibilidade, quando vai a seu limite, atinge a intensidade; a vida atinge não o vivido, mas o seu invivível que, no entanto, só a ela cabe experimentar. Não se trata de nada místico nem religioso, nem esfumaçado. É passagem ao limite. O limite aqui não significa limitação, fronteira, mas potência: desdobrar seu grau de potência, ir ao máximo de sua potência, atingir a enésima potência. Como o escreveu Oiticica: "o ARTISTA TRÁGICO no qual as consequências mais extremas levam a outras que se extremam e levam a outras etc." E Lapoujade pergunta: mas o invivível na vida, o imemorial na memória ou o impensável no pensamento, se eles permanecem inacessíveis, se as faculdades, em seu uso empírico, não podem atingi-los, para que persegui-los? Em outros termos: para que acompanhar os movimentos aberrantes?

Porque "os movimentos aberrantes nos *arrancam* de nós mesmos" e permitem acessar dimensões outras. "Há algo de 'forte demais' na vida, intenso demais, que só podemos viver no limite de nós mesmos. É como um risco que faz com que já não nos atenhamos mais à *nossa* vida no que ela tem de pessoal, mas ao impessoal que ela permite atingir, ver, criar, sentir através dela. A vida só passa a valer na ponta dela própria", esclarece Lapoujade.[80] E se dermos mais um passo, poderemos perguntar: que direitos esses movimentos aberrantes reivindicam? Em prol de que novas existências testemunham? Que novos seres ou novas existências esses movimentos

---

80 D. Lapoujade, *Deleuze, os movimentos aberrantes*, p. 23.

testemunham, que novos modos de existência, que novas maneiras de viver, mas também, mais radicalmente, que novas populações afetivas, políticas, sonoras, pictóricas, libidinais se liberam e poderiam povoar diferentemente o mundo? Por isso, quando Deleuze e Guattari fazem um arrastão teórico e passam "pelos nômades, os metalúrgicos, os índios, os trabalhadores itinerantes, a geometria arquimediana ou a música", é porque em todos eles há um combate de vida e morte, mas já não apenas com aquela morte positiva da autodestruição necessária de que falávamos acima, mas contra outra morte, "aquela através da qual o capitalismo nos faz passar e que nos transforma em mortos vivos, em zumbis sem futuro" e contra a qual "certos movimentos aberrantes estão sempre lutando, molecularmente, minoritariamente".

DESVIO 5 – UEINZZ
Permitam-me fazer uma ponte com a experiência de já vinte anos com a Cia Teatral Ueinzz, que jamais teve o propósito de fazer teatro com T maiúsculo nem propriamente algum gênero específico – talvez o melhor nome dessa experimentação ainda seja o de "esquizocenia". Em tal extremo da existência como a dos ditos loucos, por meio dessa vida precarizada, desapossada de todos os penduricalhos civilizatórios, submetida a exclusões, violências, esmagamentos, é justo aí, nesse ponto zero social e psíquico, que a "vida nua" revela seu avesso inesperado: maneiras menores de ver, sentir, pensar, perceber, vestir-se, viver. O que é posto em cena é a fronteira na qual arte e vida se confundem: uma maneira de representar sem representar, de estar no palco e sentir-se em casa simultaneamente, de associar dissociando e, sobretudo, de transmutar o desmoronamento em acontecimento, talvez passível até, por vezes, de ser designado de estético. A partir da vida nua e de um

corpo que não aguenta mais as coerções e os adestramentos que sobre ele se exercem, não se trata de recorrer a belas formas que compensem ou camuflem o desmanchamento, mas sondar no âmago dessa passividade, dessa impotência, uma potência superior: "O artista trágico não é um pessimista, ele diz sim a tudo o que é problemático e terrível, ele é dionisíaco."

Claro que por meio dessa experimentação minúscula é toda uma ética que se desenha, nas antípodas de qualquer fascismo, seja nas suas versões clássicas ou pós-modernas e mesmo pós-humanas: ter a força de estar à altura de sua fraqueza, em lugar de permanecer na fraqueza de cultivar apenas a força. Se quisesse me valer do pensamento de Oiticica para justificar o que acabo de evocar, eu diria simplesmente: há uma miscigenação não só das raças que desafia o condicionamento branco, mas outra miscigenação, entre razão e desrazão, sanidade e loucura, vida e morte, razão mestiça, dizem uns (Yann Moulier-Boutang), supraestado cannabiano, diria Oiticica, corpo sem órgãos, diria Artaud. Aí e agora roubo tudo de Oiticica, nessa área aberta do mito, fios soltos do experimental se cruzam, menos para fazer obra do que para mudar o valor das coisas (da razão, da sanidade, do corpo performático, da linguagem ordenada ou em outra ordem do corpo, das assimetrias, da dissonância, da passividade), em um contexto no qual coexistem singularidades tão heterogêneas, em uma temporalidade estratigráfica, na qual se sobrepõem várias camadas de tempo, afeto, acontecimento, em uma duração que também pode ser dita flutuante, quando o corpo pesa na sua presença de chumbo ou levita, na qual a gestualidade primeva, imemorial, pré--humana ou da aranha, diria Deligny,[81] conjuga-se com a

---

81 Fernand Deligny, *O aracniano e outros textos*. São Paulo: n-1 edições, 2015.

caricatura de super-heróis. A subjetividade que se desenha aí tem pouco a ver com nosso padrão eurocêntrico. É tudo muito pequeno, diminuto, modesto, vagalume, sub-sub, e não importa o tamanho, somos moleculares ou subterrâneos, "levantes infinitesimais", e os terremotos sempre começam assim, as revoluções também, assim como os desmoronamentos dos grandes impérios ou das pessoas anônimas. O que caracteriza essa esquizocenia é trazer à cena certa experiência-limite em prol de existências menores. Ou modos menores de existir, que não se restringem às minorias concretas necessariamente, como os usuários de saúde mental, uma população excluída e preterida, mas ao devir-minoritário de todos e de cada um – como dizia Foucault, todos nós temos um lado de plebe, ou como diria Guattari, todos nós temos virtualmente ao menos um devir-esquizo. Trata-se, com esse grupo e certamente em outros experimentos, de trazer à tona essa dimensão invivível, impensável, imemorial, a partir de certos gestos, ritmos, lentidões, afetos, rupturas de linguagem, devires-menores, gagueiras, que, para ganharem alguma visibilidade, precisam escapar aos holofotes do grande mercado de arte, mercado de ideias ou circuito de clichês. É preciso apagar os holofotes fascistas ou espetaculosos para dar a ver a bioluminescência dos vagalumes, como o diz Didi-Huberman com base em Pasolini. Para que os vagalumes possam aparecer, precisamos de penumbra, clandestinidade, lentidão, silêncio, desconexões, até para que os movimentos aberrantes possam se afirmar e para que, com eles, venham à existência populações moleculares que nos cabe sustentar, na medida exata em que são elas que nos sustentam.

VARIAÇÃO 6 – A INVENÇÃO

Feitos todos esses desvios, já é hora de voltar a Oiticica. Quando indagado "O que é invenção?", ele responde: "Invenção é invenção. Invenção é o que não pode ser diluído e o que não será fatalmente diluído, aliás, isso é muito importante dizer, é a primeira vez que eu estou formulando isso desse jeito: antigamente a invenção, depois dos inventores viriam os mestres e os diluidores, quer dizer a invenção seria fatalmente diluída. Agora não, a invenção é aquilo que está imune à diluição. A invenção é imune à diluição. A invenção propõe outra invenção, ela é a condição do que o Nietzsche chamava de 'o artista trágico'. A invenção, ela gera invenção. O 'artista trágico' de uma consequência que ele chega, ele gera outra consequência, acima daquela e diferente daquela; ele nunca volta atrás para repensar uma consequência. Quer dizer, a invenção é a condição do 'artista trágico' nietzscheano, isso é muito importante. (...) eu não me transformei num artista plástico, eu me transformei num declanchador de estados de invenção."[82]

Ninguém melhor do que Celso Favaretto para colher os vários sentidos dessa formulação: "Para Oiticica, a invenção não se reduz à aplicação de categorias estéticas à vida, o que conduz à mistificação da criatividade. Além da maneira enviesada de reinstalar a arte, tal prática leva frequentemente à complacência moral, pois confunde liberdade de invenção com rituais em que se produzem 'catarses psíquicas'. Para Oiticica, o 'estado de invenção' é o reencontro com o estado nascente das pesquisas modernas, mas também a libertação da tendência a estetizar a vida."[83]

---

[82] *Hélio Oiticica*, org. César Oiticica Filho e Sérgio Ingride Cohn. Rio de Janeiro: Editora Azougue, 2009.

[83] Celso Favaretto, *A invenção de Oiticica*. São Paulo: Edusp-Fapesp, 2000, p. 206.

Portanto, lembra o autor, é toda uma operação de desmistificação que aí se empreende, inclusive das vivências populares, tão facilmente sequestradas. É Oiticica quem o diz, perguntado se vinha ao Brasil reencontrar as "raízes", ao que ele responde: "Odeio este negócio. Pode botar aí, as raízes já foram arrancadas e queimadas há muito tempo. Em Nova York me perguntavam: 'Não tem saudades da Mangueira? E do Rio?' Eu respondia que não posso ter saudades da Mangueira, porque sou da Mangueira. Não sentia saudades, porque comi a fruta inteira. Saudades só sente quem deu apenas uma dentada." E Favaretto arremata: "A desmistificação consiste, pois, em não procurar reativar experiências como se manifestaram um dia, pois o processo de significação é situado. Trata-se, apenas, de repropor ações fora das expectativas que as tornaram passagem necessária no projeto de desconstrução (da arte, do corpo). Depois do processo de desconstrução, fica a experiência concreta do encontro com as coisas, sem nenhuma busca: 'o delírio ambulatório é um delírio concreto'; ele não promete nada, é pura disponibilidade criadora. A busca de uma nova disposição de signos efetiva o 'mito de viver'. Oiticica não redescobre as ruas, o morro; reafirma a sua experiência inicial, isento de mito e da utopia."[84]

Talvez nessa postura resida um dos aspectos mais desafiadores de Oiticica, no qual ele ressoa com os fios soltos que fomos tocando em nossa trajetória ziguezagueante. Como preservar a radicalidade da transvaloração, a aposta de mudar o valor das coisas, o modo de engendrar valores, talvez também rastrear as novas formas que toma o "artista trágico" hoje, sem que tal operação fique subordinada a um mito a ser revivido, a uma utopia imperativa, a uma ideia prévia até mesmo do que é o popular, ou o povo, ou o novo?

---

84 Ibidem, p. 221.

24. SOPRO E VIBRAÇÃO

Artaud busca o pensamento, mas diz o tempo todo: "Não consigo pensar." E gira em torno desse ponto doído: "Eu não consigo pensar." O vai-e-vem entre a paralisia e a reflexão, entre o estado petrificado e o movimento, põe em marcha uma máquina pensante liberada de todas as operações racionais, reencontrando a pura intensidade que precede o pensamento. É preciso refazer o pensamento, ou fazê-lo nascer a partir da intensidade e como pura intensidade. É preciso que o pensamento "lance fogos, mesmo loucos". O pensamento não é automático, não é natural – ele nasce de um corpo metálico, frio, imóvel e vazio, que pode então ser atravessado por todo tipo de forças, que, por sua vez, desmontam o automatismo do pensamento. Se o pensamento é impossível, para Artaud, é porque em seu espírito a forma foi quebrada. Portanto, nem formas, nem imagens, nem representações, nada daquilo que prenderia ou escamotearia as flutuações intensivas do ser. Mas como compor um pensamento em uma terra assim devastada? De fato, é outra imagem do pensamento, sem forma, sem imagem, sem representação, o pensamento lançado ao absoluto informe, à "matriz fervente do inconsciente", diz ele, portanto, o pensamento como vibração emocional ou flutuação das forças. O pensamento como grau de vibração. Pensar então passa a ser pesar os nervos, captar as vibrações no corpo – mas não desse corpo organizado e distribuído em partes, funções e hierarquias, mas de um corpo outro, que cabe justamente inventar, descobrir, escavar, em outra economia das forças, dos fluxos, que abandona seus limites, que se manifesta como onda gasosa, tal como ele a descobre entre os índios do México. O corpo deve ser essa vida animada que não conhece o limite, vida aberta às forças, que se figura como sopro ou vibração. Corpo atômico, não anatômico.

Kuniichi Uno insiste no seguinte: "É preciso colocar-se no grau zero do pensamento para ser capaz de pensar."[85] Esvaziar o pensamento, o corpo, as palavras. Aparentemente, é uma operação de nadificação. Mas, se a força aparece inicialmente como força de esvaziar, em seguida a pergunta é: como ela pode apropriar-se daquilo que esvaziou? Será suficiente esvaziar ou espicaçar? Como devolver as palavras, o corpo, o pensamento ao campo das forças, e assim recolocá-los em estado de eterno movimento ou de eterna vibração, de devir?

É onde aparece a função do signo. Os signos, como para as crianças, são aquilo que coloca em relação seus próprios corpos com os corpos dos objetos. Uma palavra, um sinal, um gesto, e já o corpo da criança faz corpo com outro corpo. A linguagem constitui, assim, essa instância que coloca em relação; ela mesma é uma força, que o mundo arcaico ou mítico conhecia perfeitamente. Daí a recusa da linguagem como representação, como essa fina película que deve quase desaparecer para mostrar aquilo que ela designa. Não, diz Artaud, a linguagem é um incorporal que não deve ser apagado em favor de outra coisa. Se ele suspeita da linguagem, é porque as palavras por vezes tornam-se demasiado etéreas, e o pensamento deve ser corpóreo, a cada vez diferente, e mergulhado nas forças.

Um livro sobre Nietzsche serve aqui de inspiração maior – trata-se de *O círculo vicioso*, de Klossowski.[86] O autor mostra

---

85 Kuniichi Uno, *Artaud et l'espace des forces*, tese sob a orientação de Gilles Deleuze. Inédito.
86 Pierre Klossowski, *Nietzsche e o círculo vicioso*. São Paulo: Editora Pazulin, 2000.

como, em Nietzsche, a flutuação intensiva é indispensável, e os signos não podem congelá-la ou evitá-la, sob a pena de abortar o movimento. Em Artaud, algo semelhante se passa: por vezes, as palavras congelam as forças vitais; por conseguinte, é preciso o tempo todo colocar os signos em estado de vibração, no limiar em que esses signos não interrompam o vai-e-vem entre a forma e as intensidades, o consciente e o inconsciente, de modo que sejam o sintoma dessa vibração de forças. Talvez, assim, os signos deixem de ser signos *de alguma coisa* para serem *corpos que comunicam com outros corpos*, de modo que o sentido nada mais é do que o movimento do corpo.[87] Podemos retomar a expressão de Klossowski para Artaud: trata-se de uma semiótica pulsional. Pois os signos não representam nada; não significam nada, mas apresentam; comunicam com outros corpos; são ondas indeterminadas, porém diferenciais, e se revoltam contra a fixação idêntica da linguagem articulada. Assim, o sentido de uma frase está muito mais próximo do sentido na acepção própria, a saber, aquilo que se sente, portanto, à faculdade de sentir, do que da significação ou da representação. As palavras captam as forças e as vibrações e comunicam no seu movimento. É nessa acepção que as palavras devem misturar-se com os corpos. Elas têm o aspecto incorporal, mas igualmente corporal, isto é, sopro, acento, gagueira, escansão, todos os fenômenos que diferenciam a sonoridade. É preciso devolver a escritura à voz, ao sopro, à vibração, à potência indeterminada.

Os signos, em Artaud, são linhas finas, flutuantes, em movimento. E a aspiração de Artaud é tornar-se uma linha impalpável, mas poderosa, indeterminada. Tornar-se uma linha em

---

[87] Não é à toa que Deleuze pode dizer "O escritor emite corpos reais", in G. Deleuze, *Conversações*, p. 167.

vez de ocupar um espaço – eis a geometria de Artaud, explica Uno. Eis uma ideia que também cabe em Deleuze, que a vida inteira passou falando das linhas, das linhas de vida; a linha, e não o ponto; a linha que passa no meio das coisas, e não o ponto que faz o balanço ou o acabamento. Não fazer territórios no espaço, mas se tornar a pura linha que atravessa a "geometria sem espaço", eis o modo de negar o espaço homogêneo organizado e tornar-se puro movimento, pura vibração. Não repartir o espaço por meio de fronteiras, mas, ao virar linha, criar outro espaço. E, se esse espaço criado não é homogêneo, é porque há membranas que não param de flutuar, que não estabelecem fronteiras fixas. Na verdade, como os tímpanos, as membranas servem mais para instaurar diferentes graus, uma gradação na intensidade. Assim, a membrana recusa o jogo das oposições, entre vida e morte, verdade e erro, vazio e força, ela apenas escalona intensiva, vibratoriamente.

Artaud recusa as imagens para refazer os signos a partir do som como pura vibração do corpo e das coisas. Se, na experiência da dor e da angústia que caracteriza uma primeira parte da obra de Artaud, é possível dizer "tudo é corpo", na experiência do teatro, se pode se exclamar "tudo é fluxo"! Ali, os signos não significam, eles vibram. Os signos são estados dos corpos ou das matérias colocadas em comunicação. Eles significam apenas forças puras. E o teatro só vale, para Artaud, se for abertura às forças puras. É uma espécie de atletismo afetivo. Como ele escreve: "Assim, pela acuidade aguçada dos sopros o ator cava sua personalidade. Pois o sopro que nutre a vida permite remontar seus estádios de maneira escalonada." O sopro torna-se grito. O sopro e o grito seguem e captam as ondas das forças. É pelo grito e pelo sopro elaborados que o corpo se transforma em matéria fluida e comunica com as forças. Aprender o ofício de ator, por exemplo, é saber captar as ondas das matérias e do corpo e elaborá-las, seu grito, seu sopro. Como se vê, o sopro não provém dos órgãos, mas de uma fome vital.

Na verdade, o outro nome do sopro é desejo. "Ora, o que no corpo humano representa a realidade desse sopro não é a respiração pulmonar, que seria para esse sopro o que o sol, no seu aspecto físico, é para a reprodução; mas esse tipo de fome vital, cambiante, opaca, que percorre os nervos de suas descargas, e entra em luta com os princípios inteligentes da cabeça. E esses princípios, por sua vez, recarregam o sopro pulmonar e lhe conferem todos os poderes."[88]

Em sua *História da loucura*, Foucault afirmou que Artaud é desses que borram a fronteira entre razão e desrazão, de modo que, em vez de medirmos Artaud pela régua do mundo, considerando-o um desviante ou desmesurado, ele nos obriga a medir o nosso mundo segundo a desmedida de sua obra. Isso significa que nossas mais elementares certezas sobre a razão, a sociedade, o corpo, a cultura sofrem um baque tamanho ao nos depararmos com seus textos que nos força a nos repensarmos inteiramente, a colocar em xeque tudo que nos parecia evidente, dado, necessário. Ele desnaturaliza até mesmo o que considerávamos a evidência primeira, desde o corpo até os poderes que nos rodeiam, inclusive o poder da linguagem e da razão. Por isso, quando o lemos, algo em nós se quebra, se esfacela. Ele dizia que escrevia para analfabetos. Haveria duas maneiras de entender essa frase. Uma, como o fez Deleuze, ele escreve no lugar dos analfabetos, dando uma língua àqueles que não a tem. Outra, proposta por Évelyne Grossman: diante de Artaud, somos nós os analfabetos e nos sentimos obrigados a reaprender a ler. Inclusive a ler o mundo.

[88] Antonin Artaud, *Oeuvres Complètes*, t. VII. Paris: Gallimard, 1967, p. 220.

HOMENAGEM

Ele era um desertor

ALEXANDRE BERNARDES é conhecido como o "fundador" de nossa Cia Teatral Ueinzz. Quando ainda éramos parte de um hospital-dia, foi ele quem propôs fazer "teatro de verdade", e não "de louco para louco" (isto é, apresentações em festinhas institucionais para os familiares). Com um histórico psiquiátrico pesado, ele era uma espécie de pensador bruto, que jamais parou de perguntar-se e perguntar à queima-roupa àqueles com quem cruzava as questões mais vitais: "Quem está vivo? E os pobres? Quem vai sobreviver às guerras em curso? Por que ela não me ama? E a dominação das máquinas? Você está dormindo bem?" Com a libido à flor da pele e o espírito provocativo, seu terrorismo poético não deixava ninguém indiferente. Às vezes, ele beijava uma desconhecida na boca – por exemplo, Sandra Álvarez de Toledo, a editora francesa de Deligny que veio a São Paulo por ocasião do lançamento de *O aracniano*, no subsolo do Itaú Cultural. Ou então deitava por terra durante horas, petrificado, ou desaparecia, ou propunha as ideias mais extravagantes: "Façamos um varal com pedaços de carne pendurados, a foto do Datena e caixas de remédio tarja preta." Amiúde lia o pensamento do interlocutor com precisão e humor – quantas vezes ele me disse: "Hoje você está deprimido", ou "Você virou um burguês", ou perguntava "Você ainda dá no couro?". Distribuía diagnósticos a torto e a direito e, no fundo, era nosso terapeuta. Quando o diretor alemão Christoph Schlingensief buscava atores para montar o *Trem fantasma*, de Wagner, no Sesc Belenzinho, e quis nos conhecer, bastou Alexandre lhe perguntar se ele já tinha transado com um cadáver para sermos imediatamente contratados: era desse tipo de presença sem mediação que o diretor precisava em sua peça.

Alexandre desempenhou vários papéis ao longo de nossas montagens. O primeiro foi o imperador anarquista, inspirado em *Heliogábalo*, de Artaud. O último foi César, humilhado por sua mãe. No palco, ele sustentava diálogos tocantes, ou monólogos exaltados, ou exortações estapafúrdias ("Vocês estão precisando de mais sexo", lançou ele à plateia finlandesa atônita, em Helsinque). Acontecia de ele apenas atravessar o palco em silêncio, cabisbaixo, mão na cabeça, o corpo curvado como se carregasse o peso do mundo. E, no seu crânio, se enfrentavam as vozes do planeta inteiro em uma batalha sem trégua. Ele repetia que a arte não o consolava.

Viajamos, em dezembro de 2016, a Amsterdã, convidados pelo *If I Can't Dance I Don't Want to be Part of Your Revolution*. Alexandre estava muito angustiado. Não parava de repetir a palavra "passagem". Será que se referia ao pai, já idoso, cuja morte ele temia? Ou a si mesmo? Ou à nossa viagem? Ou ao estado do mundo? Nós o acompanhamos de perto ao longo dos dias na Holanda, mas ele parecia afundar-se em um desgosto infinito. No museu Van Gogh, ele soltou um grito medonho, mobilizando toda a segurança e sendo expulso no ato. Se Van Gogh estivesse ao seu lado, teriam gritado juntos. É que Alexandre recusava a vida de museu, a vida museificada. Sua solidão era enorme, mesmo tendo à sua disposição um grupo que ele não parava de mobilizar dia e noite, afetiva, concretamente.

Durante as apresentações em Amsterdã, ora ele permanecia estranhamente silencioso, ora cruzava as cenas como um astronauta vindo de outro planeta, enfiado nos cinco casacos sobrepostos, como se precisasse se proteger de um frio insuportável, que, no entanto, vinha de dentro.

De volta a São Paulo, ao chegar em casa, saiu imediatamente. Foi encontrado na rua, desacordado. A polícia o recolheu e o deixou em um ambulatório psiquiátrico. Ali teve início sua *via crucis*. Enfermeiros musculosos tentaram conter sua agitação, amarrando-o à cama pelas mãos e pelos pés. Que ingenuidade da equipe pensar que isso o impediria de deslocar-se. Pedro França e Ana Goldenstein foram visitá-lo e o encontraram no ambulatório, de pé, com a cama nas costas, urrando como um King King indomável. Bastou se aproximarem que ele se acalmou para incredulidade de todos. É que sua aparente violência era um protesto performático. Na sequência, já durante nossa ausência, lhe administraram toda sorte de medicamentos e o enviaram a um hospital geral "para exames clínicos". Na unidade de terapia intensiva de um hospital geral degradado, Paula Francisquetti o encontrou amarrado, entuchado de calmantes, no escuro, abandonado. Não sei se ele morreu durante minha visita no dia seguinte ou se já estava morto há horas, sem que ninguém do hospital tivesse se dado conta. O importante é que ele deixou de perturbar a equipe médica. Eduardo Lettiere disse com razão que ele não teria morrido se estivesse na Praça da Sé, aonde ia com frequência e onde tinha amigos entre os sem-teto e os profetas de rua – certamente estariam mais atentos ao que ele dizia e queria do que a equipe do hospital. Ninguém do serviço hospitalar suportou o grau de sofrimento ou inquietação que ele carregava nem o ruído que fazia – não é civilizado perturbar a calma ambiente. A vida deve se desenrolar sem barulho nas cidades e, sobretudo, nos hospitais, que, no entanto, supostamente deveriam cuidar do que dói, e não calar os que sofrem. Segundo a definição de Erika Inforsato, "era um homem-bomba" – mas conseguiram implodi-lo antes que ele explodisse. Ou segundo as palavras de Alejandra Riera, amiga e parceira, com quem realizamos vários projetos em que ele teve um lugar relevante: "Ele era um desertor, como muitos entre nós, mas à sua maneira. Ele precisava fazer-se ouvir! Não para dizer algo articulado como os filósofos, ou algo justo como pretendem os políticos, ou os militantes, não, esse gênero de fala o irritava, ele precisava fazer ouvir todo seu corpo, que pensava tão forte o tempo todo, fazer ouvir um grito como 'Deus é uma máquina' e golpear a mesa com seu punho para, por fim, dizer o que pensava sobre os computadores, os 0 e 1. Ele precisava que aquilo ressoasse tal como certamente aquilo ressoava no interior dele." E ainda: "No fim das contas, Alexandre não falava senão de uma maneira política e poética, fugindo de todo enquadramento. Ele parecia muito tomado por tudo o que acontecia no mundo e, ao mesmo tempo, não queria que ninguém estruturasse seu pensamento, sua fala, nada. Ele tinha um caráter destrutivo sob um modo não violento, pois era um destruidor de falsas ilusões, de falsas promessas, de falsas falas políticas ou amorosas, ou outras. Era alguém muito sutil, e contido."

Pedro França, que se tornou nos últimos anos seu melhor amigo e que o convidou a ser seu "assistente" nas aulas de História da Arte que ministrava no Instituto Tomie Ohtake, escreveu: "O teatro era um lugar de estar no mundo... Roubar um McDonald's por glamour, assaltar o banco Itaú, obter através do esbulho as geladeiras de Higienópolis, Pinheiros, Moema, Vila Nova Conceição, Itaim e etc. (com apoio do PMDB), sustentar minutos de silêncio andando em roda, rolê na Sé, isso é estar no mundo... E se tinha um abismo entre o Alê que a gente conhecia e o que era a vida dele fora dali, fico pensando que esta vida que conhecíamos, no teatro, nas viagens, nos rolês e almoços etc. é muito vida de verdade (também...) – e, por um lado, é onde há efetivamente vida, onde se pode tocar outros e ver dissolverem-se carimbos, passaportes, tickets, passagens. Cara, ali mesmo, no pronto-socorro em que o encontramos pela primeira vez [de pé, com a cama nas costas], ele mantinha um tipo de consciência cênica... monumental... Em algum lugar, não há diferença entre Dockzaal [a sala onde nos apresentamos na Holanda] e hospital, entre teatro, performance e o mundo aí, entre Herodes e Herodíase... O Alê é o cara que realmente, *realmente*, para além do clichê, arregaçou a linha entre arte e vida, destruiu documentos, certificados e diplomas, deu a volta em todas as formas (da moda, da retórica, do teatro, da gastronomia) e, sei lá, pra mim é um tipo de herói, além de um amigão."

Apesar de toda a alegria que ele nos ofereceu ao longo dos vinte e tantos anos, desde o início da Cia Teatral Ueinzz, que ajudou a sustentar, com seu humor, causticidade, deslocamentos, não soubemos e não pudemos evitar o pior. Ele foi um suicidado da sociedade. Creio que a sua presença na exposição "Olhares do Delírio" é de uma dignidade imensa. Virou um Imortal. Na Academia Universal dos Esquizos Imortais, a única que realmente importa, pois não deixa entrar um presidente que escreve um livro chamado *Marimbondos de fogo*, ele está lado a lado com Arthur Bispo do Rosário, Isa Cremonine, Antonin Artaud, Luiz Augusto Collazzi Loureiro, Janmari, e deve estar rindo da solenidade com que nós aqui o homenageamos.[1]

---

1 A exposição *Lugares do Delírio* ocorreu no Sesc Pompeia, em julho de 2018, com curadoria de Tânia Rivera, onde foi lida esta homenagem.

REFERÊNCIAS DOS TEXTOS

Todos os textos abaixo foram modificados para a presente edição.

"EU TRAGO A GUERRA" (NIETZSCHE)
Palestra proferida por ocasião da Ocupação Deleuze, na Aliança Francesa, em São Paulo, sob o título DA GUERRA E DA LUTA, E MAIS ALÉM, em setembro de 2017.

É A POLÍTICA A CONTINUAÇÃO DA GUERRA POR OUTROS MEIOS? (FOUCAULT)
Palestra ministrada na 1ª Jornada Michel Foucault na Faculdade de Filosofia, Letras e Ciências Humanas (FFLCH) da Universidade de São Paulo (USP), em abril de 2017.

CÓLERA E ALEGRIA (COMITÊ INVISÍVEL)
Texto lido por ocasião dos vários eventos promovidos ao longo do ano de 2016, em diferentes cidades, sempre em torno do livro *Aos nossos amigos: Crise e insurreição*.

"ANOTA AÍ, EU SOU NINGUÉM" (JORNADAS DE JUNHO)
Texto parcialmente publicado na Folha de S.Paulo, sob o mesmo título, em 2013, e lido em vários eventos em distintas cidades do Brasil.

ENTREVISTA COM FOUCAULT SOBRE A CÁTEDRA DA PUC-SP
Publicado na Folha de S. Paulo, em junho de 2015, sob o título ENTREVISTA FICCIONAL COM FOUCAULT, por ocasião do veto do grão-chanceler da Pontifícia Universidade Católica de São Paulo (PUC-SP) à abertura da cátedra Foucault na mesma universidade, escrito em coautoria com Ana Westphal.

POR QUE UM GOLPE ATRÁS DO OUTRO? ENSAIO SOBRE A ASSOMBRAÇÃO NACIONAL
Publicado na revista eletrônica *peixe elétrico*, em maio de 2018, sob o mesmo título.

"DEPOIS DO SUJEITO, QUEM VEM?"
Apresentado no 11th International Deleuze and Guattari Conference, na Universidade Estadual de Campinas (Unicamp), em junho de 2018, sob o título **SUBJETIVIDADE, BIOPOLÍTICA, NECROPOLÍTICA**.

DESSUBJETIVAÇÃO NOMÁDICA, SUBJETIVAÇÃO HERÉTICA
Publicado em *Reinvenções de Foucault*, organizado por Ana Kiffer, Maurício Rocha et al., Rio de Janeiro, Lamparina, ed. digital, 2016, e apresentado antes disso em diferentes encontros públicos.

NEGROS, JUDEUS, PALESTINOS – DO MONOPÓLIO DO SOFRIMENTO
Apresentado no Sedes Sapientae, em maio de 2018, no evento "Deslocamentos", na mesa "A língua errante e/ou o apátrida", e publicado na revista *Percurso*, n. 60, no mesmo ano.

FILOSOFIA E NAZISMO
Resenha do livro de E. Faye, *Heidegger, a introdução do nazismo na filosofia: sobre os seminários de 1933-1935*, publicada na revista *Aurora*, v. 28, n. 44, em 2016, sob o título **HEIDEGGER NAZISTA?**.

FRAGMENTOS DE UM PESADELO EM CURSO
Texto publicado às vésperas do segundo turno da eleição

presidencial, na forma de cordel, pela n-1 edições, em outubro de 2018, sob o título NECROPOLÍTICA TROPICAL.

DA PERFORMANCE COMO LITURGIA (MARINA ABROMOVIĆ)
Texto publicado no livro *Terra Comunal: Marina Abramović +Mai*, organizado por Jochen Volz e Júlia Rebouças, São Paulo, Ed. Sesc, 2015, sob o título A VIDA COMO INICIAÇÃO.

CARTOGRAFIA DA DANAÇÃO URBANA (VIRGINIA DE MEDEIROS)
Texto publicado no livro *Studio Butterfly*, organizado por Virginia de Medeiros, Rio de Janeiro, Circuito, 2014.

GÓLGOTA PICNIC, OU SOBRE A TEOLOGIA DA DESTRUIÇÃO
Texto lido após a apresentação da peça *Gólgota Picnic*, na Mostra Internacional de Teatro, em São Paulo, em março de 2014.

ZOOPOÉTICA (RENATA HUBER)
Texto lido por ocasião da exposição de Renata Huber, no Ateliê Alê, em São Paulo, em julho de 2016.

NADA É (YURI FIRMEZA)
Texto publicado no livro de mesmo título, de Yuri Firmeza, da n-1edições, em agosto de 2017. O livro e o texto partiram do filme *Nada é*, realizado por Yuri Firmeza para a 31ª Bienal de São Paulo, em 2014.

MUDAR O VALOR DAS COISAS (HÉLIO OITICICA)
Texto apresentado no Seminário Internacional *Hélio Oiticica para além dos mitos*, organizado por Barbara Szaniecki e Giuseppe Cocco, no Centro Municipal de Arte Hélio Oiticica,

em julho de 2016, e publicado em livro com o mesmo título pela R&L Produtores Associados.

SOPRO E VIBRAÇÃO (ANTONIN ARTAUD)
Palestra ministrada na *Ocupação Artaud*, na Aliança Francesa de São Paulo, em agosto de 2016, a convite do Taanteatro.

HOMENAGEM – ELE ERA UM DESERTOR
Texto lido por ocasião da exposição *Lugares do delírio*, com curadoria de Tânia Rivera, no Sesc Pompeia, em julho de 2018.

Presença comum

você tem pressa de escrever
como se estivesse em atraso com a vida
se for assim corteje suas fontes
corra
corra para contar
sua parcela de maravilhoso de rebelião de generosidade
de fato você está em atraso com a vida
a vida inexprimível
a única à qual você aceita se unir enfim
que lhe é recusada a cada dia pelos seres e pelas coisas
da qual custosamente obtém alguns fragmentos extenuados
ao cabo de combates impiedosos
fora dela tudo não é mais que agonia submissa fim áspero
se encontrar a morte durante seu labor
receba-a como a nuca suada se alegra com o lenço árido
inclinando-se
se quiser sorrir
ofereça sua submissão
jamais suas armas
você foi criado para momentos pouco comuns
modifique-se desapareça sem pesar
sob o desejo do rigor suave
rua após rua a aniquilação do mundo continua
sem interrupção
sem desvario

disperse a poeira
ninguém desvendará sua união.

RENÉ CHAR

tradução de RAPHAEL LUIZ DE ARAÚJO

Então há *livro* quando há vários livros, ao menos dois, em um livro, quando há estratos ou lógicas que coexistem e combatem entre si, que se acompanham e se duplicam mutuamente, seguindo cada qual uma linha e compondo afinal uma língua que aponta para seu próprio esgotamento e extinção, sua explosão e suspensão: canto, grito, silêncio.

YANNICK BEAUBATIE, in *Tombeau de Gilles Deleuze*

Não me aporrinhe com suas paisagens! Fale-me das minhocas!

SAMUEL BECKETT

PETER PÁL PELBART nasceu em Budapeste, na Hungria, em 1956. Graduou-se em Filosofia pela Universidade Paris IV (Sorbonne) e doutorou-se pela Universidade de São Paulo (USP) com tese sobre a concepção de tempo em Gilles Deleuze, sob orientação de Bento Prado Jr.

Vive em São Paulo, onde atualmente é professor titular na Pontifícia Universidade Católica (PUC-SP), no Departamento de Filosofia e no Programa de Estudos Pós-Graduados em Psicologia Clínica (Núcleo de Estudos da Subjetividade).

Escreveu principalmente sobre *loucura, tempo, subjetividade* e *biopolítica*. É especialista na filosofia de Deleuze, de quem traduziu *Conversações, Crítica e Clínica* e parte de *Mil Platôs V*, todos pela Ed. 34.

Publicou no Brasil os seguintes livros: *Da Clausura do Fora ao Fora da Clausura: Loucura e Desrazão* [Brasiliense, 1989, Iluminuras, 2009]; *A Nau do Tempo-rei: 7 ensaios sobre o tempo da Loucura* [Imago, 1993]; *O Tempo não-reconciliado: imagens do tempo em Deleuze* [Perspectiva, 1998]; *A vertigem por um fio: Políticas da subjetividade contemporânea* [Iluminuras, 2000], *Vida Capital: ensaios de biopolítica* [Iluminuras, 2003] e *O avesso do niilismo: Cartografias do esgotamento* [n-1 edições, 2013 e 2016].

No exterior publicou *Filosofia de la desercion: Nihilismo, locura y comunidad* [Buenos Aires, Tinta Limon, 2009 e 2016], *A um hilo del vértigo: Tiempo y locura* [Buenos Aires, Milena Caserola, 2011], *Cartography of Exhaustion: Nihilism Inside Out* [Minneapolis, Univocal/University of Minnesota Press, 2015].

Há mais de vinte anos é parte da Cia Teatral Ueinzz, laboratório esquizocênico e biopolítico. Ali aprendeu a desfrutar da liberdade de ir e vir entre mundos vários.

Participou do filme *Gyuri* ao lado de Claudia Andujar, Davi Kopenawa, Carlo Zacquini, na companhia de Mariana Lacerda.

Desde 2011 é coeditor da n-1 edições, que define como um projeto de guerrilha editorial.

Dados Internacionais de Catalogação na Publicação (CIP) de acordo com ISBD

P381e   Pelbart, Peter Pál

Ensaios do assombro / Peter Pál. — São Paulo : n-1 edições, 2019.
304 p. ; 14cm x 21cm.

Inclui bibliografia e índice.
ISBN: 978-856-694-384-9

1. Ciências políticas. 2. Filosofia. I. Título.

2019-590   CDD 320
                                                               CDU 32

Elaborado por Vagner Rodolfo da Silva - CRB-8/9410

Índice para catálogo sistemático:
1. Ciências políticas 320
2. Ciências políticas 32

n-1

O livro como imagem do mundo é de toda maneira uma ideia insípida. Na verdade não basta dizer Viva o múltiplo, grito de resto difícil de emitir. Nenhuma habilidade tipográfica, lexical ou mesmo sintática será suficiente para fazê-lo ouvir. É preciso fazer o múltiplo, não acrescentando sempre uma dimensão superior, mas, ao contrário, da maneira mais simples, com força de sobriedade, no nível das dimensões de que se dispõe, sempre n-1 (é somente assim que o uno faz parte do múltiplo, estando sempre subtraído dele). Subtrair o único da multiplicidade a ser constituída; escrever a n-1.

GILLES DELEUZE E FÉLIX GUATTARI

n-1edicoes.org